전략적 성과관리

IT 성과극대화를 위한 비즈니스 인텔리전스

PERFORMANCE **M**ANAGEMENT
FINDING THE MISSING PIECES
(TO CLOSE THE INTELLIGENCE GAP)

PERFORMANCE MANAGEMENT

Copyright © 2004 by John Wiley & Sons, Inc.
Authorized translation from the English language edition published
by John Wiley & Sons, Inc.
All rights reserved.

Korean translation copyright © 2008 by MPLANNING
Korean edition is published by arrangement with John Wiley & Sons, Inc.
through Imprima Korea Agency

이 책의 한국어판 저작권은 Imprima Korea Agency를 통해
John Wiley & Sons, Inc.와의 독점계약으로 엠플래닝에 있습니다.
저작권법에 의해 한국 내에서 보호를 받는 저작물이므로 무단전재와 복제를 금합니다.

전략적 성과관리

IT 성과극대화를 위한 비즈니스 인텔리전스

게리 코킨스 지음
주순제 외 옮김
김윤건 감수

엠플래닝

CONTENTS

- 저자 소개   6
- 서문   9

1장 성과관리의 시스템화가 왜 필요한가?   23

PART I 성과관리 프로세스   43
2장 검증된 방법론 통합   45
3장 사실기반의 데이터와 정보기술의 지원   57

PART II 전략맵과 균형성과표: 전략과 성공적인 실행의 연결   65
4장 측정의 문제와 솔루션   67
5장 솔루션으로서의 전략맵과 성과표   77
6장 전략적 목표의 구동기어   83
7장 성과관리 구현 방법   89
8장 인적측면에서의 협업   101
9장 사실에 근거한 관리회계 데이터   109
10장 성과표와 전략맵 : 성과관리 구현수단   115

CONTENTS

PART III 재무적 분석결과와 현실의 조화 119
11장 ABM이 답이라면, 문제는 무엇인가 121
12장 ABM 모형의 구성과 원칙-성공의 열쇠 137
13장 지속적 개선을 위한 운영 ABM 151
14장 고객과 유통경로 수익성 분석을 위한 전략적 ABM 159
15장 예측적 원가회계와 예산 175
16장 ABM의 성과관리 지원 187

PART IV 성과관리와 핵심 솔루션의 통합 191
17장 고객 인텔리전스와 고객관계관리(CRM) 197
18장 공급자 인텔리전스: 가치사슬에 걸친 이익관리 221
19장 6시그마 품질관리와 Lean 사고에 의한 프로세스 인텔리전스 245
20장 주주 인텔리전스: 누구를 위한 ROI인가? 267
21장 종업원 인텔리전스: 인적자원관리(HR) 289

PART V 성과관리, 비즈니스 인텔리전스, 그리고 정보기술 299
22장 성과관리를 통한 데이터 관리와 데이터마이닝 301
23장 고객과 주주를 연결하는 최종 생각 317

역자소개 330

■ 저자 소개 _

게리 코킨스 Gary Cokins는 세계적인 소프트웨어 회사인 SAS의 성과관리 담당 전략가이다. 게리 코킨스는 원가관리와 성과개선시스템 분야에서 전 세계적으로 잘 알려진 전문가이자, 연설가이며 저자이다. Tau Beta Pi와 Alpha Pi Mu 학회의 멤버이기도 했던 저자는 1971년 Cornell 대학에서 산업공학 학위를 받았으며, 1974년 Northwestern 대학 Kellogg 비즈니스 스쿨에서 MBA를 받고, Beta Gamma Sigma 학회 활동을 하기도 했다.

저자는 FMC사에서 재무회계팀을 거쳐 생산관리자로 재직했으며, 이 기간동안 원가와 전략, 운영, 성과측정 등에 관심을 가지게 되었다. 1981년 Deloitte & Touche 에서 경영컨설팅 업무를 시작하였으며, Eli Goldratt과 Robert Fox 에게서 업무를 배우고, TOC (Theory Of Constraints) OPT 소프트웨어 운영 경험을 쌓았다. 그 후에 KPMG Peat Marwick으로 옮겨서 통합 비즈니스 시스템, 특히, ABC를 포함한 원가관리 시스템에 집중하여 경험을 쌓았으며, 여기서 하버드 대학의 교수인 Robert S. Kaplan과 Robin Cooper 교수에게 ABC에 대해서 배우게 되었다. 그 후 EDS (Electronic Data Systems)의 원가관리 컨설팅서비스팀을 이끌었으며, 1996년 ABC Technologies (SAS 자회사)에 입사했다.

저서로는, IMA (Institute of Management Accountants) 와 CAM-I (Consortium for Advanced Manufacturers - International) 로부터 연구비를 받아 1992년에 출판된 'ABC Manager's Primer' 와 하버드 비즈니스 스쿨 출판사에서 '가장 먼저 읽어야 할 책' 으로 선정된 'Activity-Based Cost Management: Making it Work (New York:McGraw-Hill, 1996)' 이 있으

며, 이 외에도 2001년 'Activity-Based Cost Management: An Executive's Guide (New York: John Whiley & Sons, 2001)'는 베스트셀러로 여러 번 선정되기도 했다.

미국 생산/재고관리학회 (APICS, American Production and Inventory Control Society) 주관의 공인 생산/재고관리자 (CPIM, Certified in Production and Inventory Management)이며, 다수의 성과관리 관련 협회 위원을 역임했다. 현재는 Institute of Industrial Engineers (IIE)와 Purchasing Management Association of Canada (PMAC), ASQ에서 강의를 하고 있다.

■ 서문 _

　이전 저서인 *Activity-Based Cost Management : An Executive Guide*의 서문에서 다음과 같이 언급한 바 있다. "때로 행운이 계획을 능가한다. 나는 운좋게도 1973년부터 회계사로, 그 이후에는 운영 관리자와 경영 컨설턴트로 내 전문적인 경력을 쌓아갔다. (여러 다른 직무와 컨설턴트라는 업무경험의 연속으로) 이를 인식하지 못하였지만, 어쨌든 활동기준원가관리(Activity-Based Cost/Management; ABC/M)분야의 국제적인 전문가로서 명성을 얻게 되었다. 사실 나는 관리체계 구축 및 활용이라는 분야에 대해서 새로운 것들을 계속 학습해왔다. 나는 ABC/M 분야에 전문가가 있는지 확신할 수는 없다. 다만 ABC/M을 주창하게된 1988년 이후 줄곧 ABC/M에 대해 공식적으로 일을 할 수 있는 행운이 있었을 뿐이다."

　나는 산업공학과에서 운영관리Operations Research를 공부했고, 이러한 기초는 – 마치 자동차 변속기어의 연결과 같이 – 조직이 어떻게 하면 잘 맞물려 있는 시스템의 집합으로 운영될 수 있는지 생각할 수 있게 하였다. 1990년대 나의 연구는 전략과 비재무적인 성과를 어떻게 결합할 것인가에서 출발하였다.

　이 책은 앞에서 언급하였던 나의 업무경험과 운좋게도 서로에게 영향을 주는 몇몇 뛰어난 사람들의 영향을 받아 쓰게 되었다.

조직의 방향성, 견인력 그리고 속도

　방향성, 견인력, 그리고 속도. 여러분이 차를 운전하거나 자전거를 탄다면 이 세가지 모두를 *직접적*으로 통제하게 된다. 자동차나 자전거의 방향을 변경하려면 핸들을 돌려야 한다. 가파른 언덕에서 더 큰 견인력을 얻으려면 저속기어로 변속해야 한다. 빠른 속도를 얻으려면 자동차의 가속페달을 밟거나 자전거의 페달을 좀 더 세게 밟아야 한다.

그러나, 조직을 관리하는 상위 관리자는 조직의 견인력, 방향 그리고 속도를 *직접적으로* 통제할 필요는 없다. 왜 그럴 필요가 없는 것일까? 상위 관리자는 종업원이라고 불리는 사람들에게 영향을 주어 이를 성취할 수 있을 뿐이다. 직원들은 때로 아이들과 같이 행동을 한다: 그들은 말과 행동이 일치하지 않거나, 때로는 정 반대의 행동을 하기도 한다.

이 책의 목적은 관리자나 모든 직원들이 조직의 방향성, 견인력 그리고 속도를 *올바른쪽*으로 향상시킬 수 있는 능력을 제공하는데 있다. 그 방향은 레이저빔처럼 선명하고 초점이 맞춰져야 하며, 전략을 가르키고 있어야 한다.

성과에 대한 끈임없는 압력

관리자들은 조직의 에너지 정렬과 상승효과를 추구하는데 있어서 끈임없는 장애와 도전에 놓여 있으며, 이러한 장애는 종종 의문을 가져온다, 용서가 허용되지 않는 경영환경에서 각 기능부서를 책임지고 있는 임원들은 다음과 같은 곤란한 질문을 한다

- **CEO(사장, 대표이사)** : "어떻게 하면 전략과 업무운영을 통합하여 수익성 있는 성장을 달성할 수 있을까? 어떻게 하면 통제력을 잃지 않고 혁신을 촉진할 수 있을까? 어떻게 우리가 이길 수 있을까?"
- **CFO(재무담당 임원)** : "어떻게 하면 원가절감을 위한 정책적인 역할 이상의 전략적 파트너로서의 역할로 이동할 수 있을까? 임의적 원가배분에 의한 잘못된 정보가 아닌, 신뢰성 있는 이익과 원가자료를 어떻게 보고할 것인가? 어떻게 하면 가시성을 높일 수 있을까?"
- **인사담당 임원 및 정보기술 담당 임원** : "어떻게 하면 조직 내 서비스 제공자로서 사용자들에게 공정한 서비스과금보고Charge-Back Reporting를 할 수 있는 서비스수준협약Service Level Agreement 체계를 수

립할 것인가? 조직내에서 어떻게 우리의 가치를 증명할 것인가?"
- **영업담당 임원 및 마케팅담당 임원** : "수익성 높은 고객들을 어떻게 파악하고 유지할 수 있는가? 경쟁자들과 차별화하기 위하여 점점 규격화되는 제품과 서비스라인에 대하여 어떻게 수익성 있는 서비스를 추가시킬 수 있는가?"

위의 질문들은 오늘날 조직의 복잡성에 의한 것이지만, 새로운 것은 아니다. 새로운 것은 점점 더 복잡하고 상호연관성을 가지는 프로세스들로부터 정확한 해답을 찾아내야 한다는 압력이다. 또한 일부 문제점들은 비표준 소프트웨어 패키지, 기존 시스템 및 호환성 없는 컴퓨터 체계 등과 같이 실질적인 문제가 아닌 솔루션으로 구현된 정보 시스템적인 측면에서 더욱 해결이 어려워지고 있다.

그리고, 문제를 더 어렵게 만드는 것은 이런 경영진들의 성과 개선을 위하여 업무를 부여받은 직원이나 관리자들이 다음과 같은 그들 자신의 질문에 의해 방해를 받게 된다는 것이다.

- 서비스나 품질 수준을 희생하지 않고 어떻게 예산을 줄일 수 있는가?
- 현재 예산한도내에서 어떻게 하면 예상되는 미래의 업무량이나 신규 프로그램을 효율적으로 지원할 수 있는가?
- 어떻게 곤경에서 벗어날 수 있는가? 현재는 프로세스 오너이고 책임을 지고 있으나, 최소한의 영향력과 통제력을 가지고 있는가!
- 내가 예상하는 규모만큼 창고공간을 확장시킬 필요가 있는가? 아니면 대안으로 직접 배송해야 하는가? 어떤 대안이 더 나을까?
- 일부 제품의 단종에 대한 영향을 무엇일까? 또는 배송주기나 경로를 변경한다면? 또는 포장형태를 변경한다면?
- 공급체인상 누가 낭비를 발생시키는가? 불필요한 업무는 어디에서 발생하는가?

관리자들의 딜레마는 자신들의 거래기반의 운영시스템Transaction-Based

Operational System에서 답을 찾지 못한다는 것이다. 그들의 실행 시스템은 주문을 입력하고 처리하는데 적합한 반면, 조직의 전략과 직원들의 업무를 보다 잘 정렬시키기 위해 어디를 개선시켜야 하거나 무엇을 변경하는게 좋은지는 제시하지 못하고 있다. ERP 시스템은 주문을 처리하고, 예상 수주계획을 수립하는데 인기 있는 도구이다. 하지만 ERP가 업무 운영상 일부 교차기능적 시각은 제공하더라도 ERP 도구(또는 계획 및 운영통제시스템)는 성과관리 중심의 분석적 정보를 제공하지는 못한다. ERP 시스템은 직원들을 데이터의 홍수에 빠지게 할 뿐 의사결정을 지원하는 *비즈니스 인텔리전스(BI)*를 제공한다고는 할 수 없다.

전략과 직원 행동양식의 정렬

"정렬Alignment"은 내가 앞으로 자주 언급하려고 하는 핵심어이다. 정렬이라는 말은 "먼저 옳은 일을 하고, 그리고 옳은 일을 잘 해야 한다."라는 고전적인 명언으로 요약된다.

즉, 효과적인 것이 효율적인 것보다 더 중요하다. 조직이 업무수행에 아무리 뛰어나도 그 업무가 중요한 것이 아니라면 절대로 시장의 선도자는 될 수 없다. 비전, 미션, 전략이 업무와 정렬된다는 개념은 중요하다. 그래야 앞뒤가 맞는 경제활동이 되는 것이다.

또 하나의 도전은 최고 경영진이 그의 전략에 대해 얼마나 직원들과 의사소통하느냐이다. 그림 A는 이를 설명하고 있다. 대부분의 직원과 관리자들은 그들이 속해있는 조직의 전략을 말해보라는 요구를 받아도 적절하게 설명해내지 못한다. 많은 직원들은 그들 조직의 전략에 대하여 관심이 없으며, 매일 매일의 문제에 대응하기에 급급하다. 요약하면 상위 관리자들의 미션이나 비전과 직원들의 일일 행동에는 의사소통 갭이 있다.

성과관리는 이러한 의사소통의 갭을 메꿀 수 있다. *전략 맵핑(Strategy Mapping)*과 *성과관리 스코어카드(Performance Management*

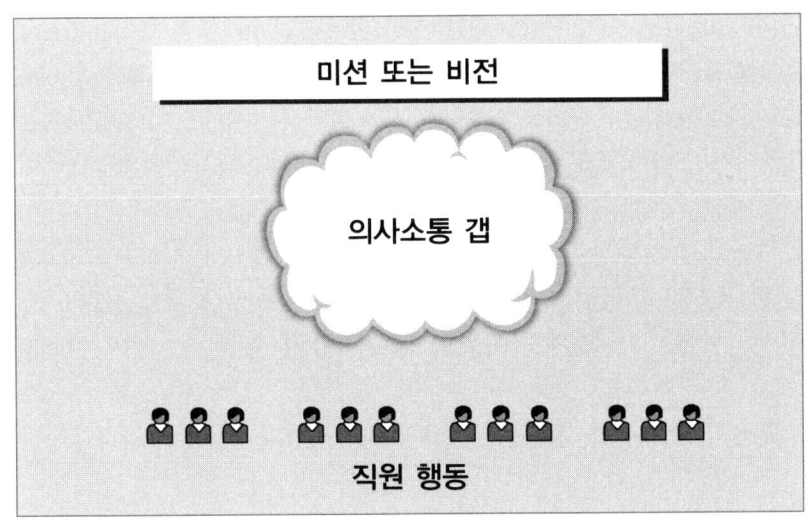

많은 리더들은 조직적 차원에서의 공유 비전으로 변환시키지 못하는 개인적 비전을 가지고 있다. 개인의 비전을 공유 비전으로 변환시키기 위한 훈련이 결여되어 있기 때문이다.

Peter Senge, The Fifth Discipline

그림 A | 의사소통의 도전

Scorecards; Part II에서 논의)같은 지원도구를 갖춘 방법론들은 전략이 모든 사람의 업무라는 것을 인식하도록 한다. 성과관리는 경영진의 개인적인 비전을 관리자나 직원들이 가치 창출을 위하여 활동할 수 있도록, 전체적인 비전으로 전환하도록 한다. 엄격한 관리체계를 통해서 직원을 통제하려고 하는 전통적인 감독자나 지휘관은 최상의 성과를 내게 할 수 없다. 성과관리는 관리자들이나 직원들이 마치 자신이 경영주가 된 것처럼 진정으로 참여하는 업무환경을 촉진시킨다. 조직문화상 발생하는 일반적인 부정적 신념과 비공식적인 기준(예를 들면 "항상 초도 예산은 늘려 잡아 제출하라.")은 원칙적 기준으로 대체된다.

그러나, 이런 차이는 의사소통의 차이 이상이다. 그것은 인텔리전스의 차이이기도 하다. 비즈니스 인텔리전스_{Business Intelligence}와 자산의 잠재적인 가치를 충분히 인식하고 있는 조직조차도 이에 대한 <i>경제적 가치</i>를 실현하는데 종종 어려움을 겪어왔다. 대부분의 기업들은 아직도 그들이 필요로 하는 비즈니스 인텔리전스를 얻지 못하고 있다; 또한 얻어낸 것들도 실행 가능할 정도로 충분히 제공되지 못하고 있다. Part III에서 논의할 활동기준관리Activity-Based Management와 같은 방법론들은 업무 프로세스, 제품, 서비스, 고객들(서비스 수혜자 및 일반 시민들)의 원가에 대해서 신뢰할만하고 사실적인 재무적 데이터를 제공할 수 있다.

혁신 가속화와 정보기술의 충격

세계적으로 성공한 시장 선도 기업 중 일부 기업의 주가가 왜 갑자기 급락하는 것일까? 왜 기업들은 최상의 영업성장을 달성하는 것 대신에 소위 말하는 목표수익예측액을 달성 또는 능가하기 위한 종원원들의 해고가 이어지는 것일까? 다수의 기업들은 낮은 이익 및 예측이 힘든 재무적 성과를 달성하기 위하여 노력하고 있다.

이러한 문제점들의 일부에는 변화의 속도 증가가 반영되어 있다. 기술, 조직구조, 프로세스, 정책, 그리고 절차들의 수명주기가 절반으로 줄어들고 있다. 예를 들어, 연간 예산은 재무적으로 계산, 확정되어 인쇄되기 이전에 진부화되므로 일반적으로 분기별 이동예산으로 전환되게 된다. 또 다른 예로는 제품이나 서비스 수명주기의 단축이다. 제품들은 점점 상용상품화Commodity되어 신제품이 출시되자마자 경쟁자들이 빠르게 복제하여 생산할 수 있게 된다. 결과적으로, 고객 수요를 유지하기 위하여 제품 차별화보다는 부가가치가 있는 서비스 차별화쪽으로 이동하게 된다.(그리고 소수의 기업들만이 점점 중요해지고 있는 다양한 고객 세분화군별 제공원가를 적절히 측정하고자 하고 있다. 이는 대부분의 기업들은 어떠한 고객이 수익성이 높고 낮은지를 모른다는 의미이다!)

1990년대 극적인 경제적인 부를 창출했던 기술혁신(통신 및 컴퓨팅 발전 등)은 고도의 경영계획과 의사결정 주기가 필요한 유통 경로상의 3자 물류 기업들과 계약된 생산업체들과 같은 새로운 조직의 등장을 주도하게 되었다.

분기단위로 추적되었던 추세는 이제 주단위로 요동치고 있다. 어제는 고대의 역사가 되었고, 미래를 예측하는데 종종 도움이 되지 못한다. 비즈니스 인텔리전스가 없는 경우 기업은 눈깜짝할 사이에 타격을 입을 수 있다. 그러나, – 수익기회를 놓치는 것 뿐만 아니라, 통합과 유지보수에 높은 비용이 드는 틈새 소프트웨어 제품이나 호환이 되지 않는 어플리케이션에 자금지출이 실제 일어나고 있어 – 불완전하고 불충분하게 생성된 인텔리전스 비용은 엄청날 수 있다. 그럼에도 더 나쁜 경우는 새로운 소프트웨어 시스템이 종종 하나의 일관된 진실을 제공하지 못하고 있다는 것이며, 그로 인해 조직성과나 산출물에 대해 의사결정자들으로부터 의심을 사게 만드는 것이다. 다시 말해서 부족한 비즈니스 인텔리전스는 무지한 결정과 잘못된 전략들을 초래할 수 있다.

균형성과표 : 허구인가 진실인가?

이 책은 마치 도로 표지판과 난간이 차량통행을 안내하듯이 전략맵strategy maps와 *성과표*scorecards가 어떻게 사람들에게 동기부여를 하고 리더십을 발휘하도록 하는지에 대하여 설명할 것이다. 전략맵은 상위수준에서 의사결정이 가능하도록 인과관계를 설명한다. 전략맵, 전략목표의 최종 선택, 그리고 이를 달성하기 위한 실행 항목들을 통하여 관리자와 직원들은 쉽게 업무상 우선순위를 정할 수 있게 되고, 이를 통해서 업무 계획을 수정하게 된다. 사람들은 모든 곳에서 모든 일을 할 수 있는 충분한 시간을 가지지 못하지만 때로는 시도하기도 한다. 전략맵과 성과표는 집중이 필요한 영역에 시간을 투자하도록 하며, 시험되지 않은untested 귀염둥이pet 프로젝트는 폐기된다.

단순히 독립형의 리포팅 시스템이라는 오해와는 달리 성과표는 전략맵에서 도출된다. 그러나 성과표는 성과 측정치로서 지나치게 재무 결과를 강조하여 문제를 해결하고 있다. 더 이상 다이얼 전화기가 남아있지도 않는데, 전화 걸 때는 "다이얼을 돌린다"라고 하고 있다. 자동차의 앞 좌석 도구함에 장갑이 들어있는 경우는 거의 없다. 실제로 영화산업도 필름이 아닌 디지털 기술에 의존하게 될 것이다. 마찬가지로 재무성과는 더 영향력이 있는 고객 서비스 수준 지표와 같은 비 재무성과지표와 같이 관리될 것이다. 좀 더 나아가서 관리자와 직원들이 신속하고 짧은 시간내에 바람직한 방향으로 의사결정을 하게끔 할 필요가 있다. 비즈니스인텔리전스(BI)의 지원이 있는 성과표는 의사결정력을 향상시킨다.

전략적 계획에서 예산, 예측, 성과표, 원가계산, 연결회계, 재무보고 및 분석에 이르는 웹중심의 폐쇄형 프로세스를 제공함으로써 상업용 소프트웨어는 성과관리상의 중요한 수행자 역할을 하게 된다. SAS와 같은 통계기반의 분석기능과 BI 선도 업체들의 상업용 소프트웨어는 강력한 예측도구를 제공한다.

계산된 리스크 감수로부터 나오는 리더십

조직은 전통적인 비즈니스 관행을 뒤집을 필요가 있다. 조직과 그들의 고객, 공급업체를 단일의 전략방향으로 나갈 수 있도록 전체 기업을 관리하여야 한다. 리더십의 역할은 방향을 결정하고 사람들이 그 방향으로 진행하도록 유도하는 것이다. 전략적 방향이 정의 또는 수정된 이후, 상위 관리자에게는 이를 하위 조직으로 그리고 거래 상대방에게 신속하게 전파해야 하는 도전에 직면하게 된다.

관리(Managing)과 리더십(Leading)간에는 큰 차이가 있다. 리더십은 보통 방향성(Directing), 일치성(Aligning), 비전(Visioning), 보상(Rewarding), 활력화(Energizing) 또는 응원지휘(Cheer leading)로 정의된다.

반면, 관리는 업무 수행과 연관되어 있다. 관리가 마무리 되고 리더십이 시작되는 둘 간의 경계는 위험을 감수하느냐, 과단성이 있느냐와 관련이 있다. 향상된 리더십은 위험을 제거하거나 적어도 계산된 위험 수준으로 최소화 할 수 있다. 불확실성과 위험은 없어지는 것이 아니라, 감소시킬 수 있는 것이다.

위험회피형 관리자는 계산된 위험 이상을 감수함으로써 리더로 나아갈 수 있다. 나의 아버지는 인생은 10%의 일을 90%의 노력으로 처리하는 것이다 라고 하셨다. 리더십이란 항상 용기와 선택이다.

직무 기술서

나의 기본적인 신념은 단순하며 몇 개 되지 않는다:

- 관리의 학습체계(Discipline of Managing)는 미숙하다. 기호화를 통해서 그들의 학습을 수세기간 발전시켜 온 의학이나 공학과 달리, 관리(Managing)는 도제학습 프로그램과 좀 더 비교할만 하다고 하겠다. 관리자들의 습관이 좋은지 나쁜지는 모르지만, 우리는 그들을 관찰하면서 배운다. 통합된 도구와 솔루션을 겸비한 성과관리의 소개는 동등한 수준에서 학습체계를 운영할 수 있도록 보다 진일보하게 되었다. 그리고, 신뢰성 있게 계산된 위험에 의해 관리가 이루어지면 관리자는 리더로 전환이 되는 것이다.

- 우리는 경영행위 변화의 중요성에 대해서 실질적으로는 과소평가를 하고 있다. 나는 해를 거듭하면서 사람의 태도와 행동을 바꾸는 변화관리의 중요성을 점점 더 부각시켰다.

- 전략은 가장 중요한 것이다. 전략은 선택과 집중에 대한 이야기이다. 한정된 자원을 가지고 경영진은 성과를 최대한 이끌어내야 한다. 전략이 뛰어나지 못하면 뛰어난 비즈니스 프로세스와 조직 효과를 달성할 수가 없다. 전략을 정의하는 것은 상위 관리자의 의무이며, 그들의 직무중에 가장 우선시되는 업무이다.

- 인터넷에 의해 불가피하게 공급자에서 고객으로 권력이동이 일어났다. 고객만족도 향상 필요성이 증대되면서 상위관리자는 고객만족도를 그들의 전략수립의 핵심으로 만들어 가야 한다. 고객으로의 권력이동으로 공급업체들과 서비스 제공자들에 대한 압박이 증가할 것이다. 이를 해소하기 위해서 각종 사업들의 연결이 예상되고 있다.

- 직원이나 브랜드와 같은 무형자산이 유형자산보다 더 중요해진다.

- 모든 의사결정에는 고객 서비스 수준 목표와 예산비용(예를 들면 수익)목표와 같이 어쩔 수 없이 상충되는 것들이 포함된다. 자신의 이익을 확보하기 위한 정치적인 행동을 허용하는 것보다는 상충되는 상황에 대한 보다 나은 의사결정을 통해서 전체적인 기업성과의 균형을 가져오는 것이 중요하다.

- 신뢰성 있고, 사실에 기반한 운영이 중요하다. 예를 들어 조직은 정확한 원가에 대한 가시성을 요구하지만, 대부분 임의적 원가 배분 방식에 의한 잘못된 원가정보를 받게 된다. 그리고 마케팅이나 판매경로상 숨겨진 비용에 대하여 파악하지 못하고 있다. 또한 거래 상대방의 이익, 원가구조 및 운영 자료에 대한 투명성의 증가를 요구하게 된다. 사실에 근거하면, 어떤 결과와 원가가 유발되는지에 대한 깊은 이해가 가능해진다. 합의, 신뢰성 있는 실제 정보 및 인과관계에 대한 이해가 없다면 조직은 흔들리거나 새로운 아이디어를 위한 강력한 비스니스 사례를 만들어 낼 수 있는 능력을 잃을 수 있다.

- 독자들이 조직의 다양한 관점에 대한 상호 의존성에 대해 기술해 놓은 내용에 심취하기를 바란다. 수요예측, 성과측정, 세그먼트별 수익과 비용의 측정 및 자원수준의 계획 등의 방법론이 어떻게 통합될 수 있는지에 대해 이 책을 통해 학습하기 바란다.
  나의 희망은 이 책을 읽음으로써 복잡한 조직이 명확히 보일수 있도록 하는 확신을 전달하는 것이다. 얼마나 효과가 있을지 모르지만, 반조직적 행위를 제거할 수 있을 것이다.

정보기술은 어디에 적합한가?

보다 깊이 있는 신념에 대한 토론으로 들어가기 전에 정보기술의 역할을 말하고자 한다. 어디에서 소프트웨어와 데이터 관리가 적합할까? 소프트웨어는 성과관리 방법의 솔루션으로 활용할 수 있는 도구들의 집합이다. 그러나, 크게 보면 성과관리 소프트웨어는 필수조건이지 충분조건은 아니다. 소프트웨어가 성과관리에 포함되어 있는 전략과 계획에 필요한 사상을 대체하지는 못한다. 그러나, 사고 프로세스를 가능하게는 한다. 소프트웨어와 정보기술은 성과관리 업무 수행을 위한 중심 단계는 아니다. 그러나, 1990년대 중반과 달리, 소프트웨어는 더 이상 장애요소가 아니다. 도구가 어떻게 될 것인가를 생각했던 그 당시에는 기술적인 한계가 장애물이였다. 이러한 상황은 더 이상 없다.

오늘날, 소프트웨어와 데이터 관리의 발달은 이러한 도구를 가지고 활용할 수 있도록 대부분의 모든 조직능력을 잘 이끌고 있다. 장애요소는 기술이 아니라 조직의 사고인데, 이는 상호의존성을 모형화할 수 있는 방법에 대한 개념화, 소프트웨어 환경 정의 및 올바른 가정과 규범화된 논리의 통합화 능력을 말한다. 상용 소프트웨어는 구축, 유지보수 그리고 무엇보다도 사용 편이성이 크게 증대되었다. 훈련된 기술자나 통계전문가가 아닌 일반 사용자들도 통계나 분석 소프트웨어 프로그램을 쉽게 사용할 수 있다.

정보기술은 실질적으로 리더들이 위험을 관리하고 보다 의사결정을 잘 할 수 있도록 도와주고 있지만 여전히 툴을 잘 사용하지 못하는 사람들은 있다. 비즈니스, 상거래, 정부정책 등을 이해하는 사용자가 세계적인 소프트웨어를 사용할 때 뛰어난 성과를 기대할 수 있다. 이런 소프트웨어들은 기업들이 독보적인 경쟁우위를 구축하는데 총체적인 도움을 주고 있으며, 공공이나 비영리조직의 경우 한정된 자원하에서 서비스 수준을 극대화하는데 도움을 준다.

경영진은 컴퓨터와 정보기술이 단순한 데이터 관리 이상이라는 것을 깨닫고 있다. 지식관리는 더 큰 그림을 포함하고 있다. 사람들이 데이터에 접근할 수 없다면 데이터를 획득하는 것이 무슨 소용이 있는가? 데이터를 현명하게 활용할 수 없다면 데이터를 사용한다는 것이 무슨 의미가 있는가? 정보기술은 성과관리를 가능하게 하지만, 성과관리는 그 이상의 것이다. 그것은 관리를 정형화된 체계로 가속화시키는 기반을 구축한다.

이 책의 구성

1장은 앞에서 소개한 여섯 가지의 신념을 확장하고 정형화된 체계로 성과관리를 진화시켜야하는 필요성을 제시하는 비즈니스 사례를 소개한다. Part I은 성과관리에 대하여 설명하게 된다. Part II와 Part III는 성과관리의 두 가지 항목에 대하여 설명한다. : 성과관리(전략체계도, 균형성과표 및 직원 의사소통), 관리회계와 경제학 ABC 및 이익과 원가의 측정, 미래 자원 소요량 및 비용 예측)

Part IV 는 Part II 와 III로부터 도출된 측정값이 지원하는 다섯 가지 주요 업무 프로세스 솔루션을 설명한다. 여기서는 정보로 전환되는 거래처리 자료가 향후 의사결정지원을 위한 비즈니스 인텔리전스(BI)의 보다 상위 형태로 전환이 된다. Part V는 데이터 관리와 추출 기술(Mining Technology)이 어떻게 성과관리로 운영되는지를 설명한다.

이 책은 처음부터 끝까지 읽을 필요는 없다. 그보다는 참고가이드나 매뉴얼로 활용하는 것이 더 나을 것이다. 나는 독자들이 처음에는 책의 윤곽과 어떤 섹션이 먼저 읽을 관심을 가지게 할 것인지 파악하기 위하여 책의 그림들을 훑어 보기를 바란다. 그러나, 기본적인 생각은 각 경영개선 방법에 대한 검증이 아니라 통합된 솔루션임을 명심하였으면 한다. 또한, 전략과 일치된 성과관리 (Part II)와 자원소비 비용 측정 (Part III)이 Part IV 에 담겨있는 코어 솔루션을 위한 토대임을 기억하였으면 한다.

나는 SAS의 많은 동료, 특히 원고를 읽고 가치 있는 피드백을 준 Eleanor Bloxham 에게 감사를 표한다. 그리고, 나에게 통찰력과, 이를 활성화시키고, 종합화할 수 있게 해주신 특별한 분들께 감사드린다. 또한, 나를 두번 (Deloitte, EDS)이나 채용한 친구이자, 멘토이자, 성과개선 분야에서는 장인인 고 Robert A. Bonsack에게 감사를 드린다.

  마지막으로, 이 책을 쓰는 몇 년간 나에게 가정과 일을 균형있게 – 물론 가끔씩은 아니였지만 – 하도록 해준 아내 Pam Tower에게 항상 고마움을 느끼고 있다.

게리 코킨스 Gary Cokins
garyfarms@aol.com (당신의 e-mail을 환영합니다.)

**FINDING THE MISSING PIECES
TO CLOSE THE INTELLIGENCE GAP**

1
성과관리의 시스템화가 왜 필요한가?

" 새로운 아이디어에 매료되면 원래의 마음으로 결코 돌아오지 못한다"

– 올리버 홈즈, 미 대법원 판사, 1897 –

성과관리는 조직전략의 수행을 관리하는 과정이며, 계획이 어떻게 결과로 전환되었는지를 알려준다. 정보기술적 관점에서 유사한 비즈니스 개선 방법론들을 통합한다는 광의적인 개념으로 성과관리를 생각하자. 즉 방법론은 단독으로 적용되는 것이 아니라 조화를 이루어 적용해야 한다는 것이다.

성과관리는 종종 인적자원 및 인사시스템과 혼동되는 경우가 많지만 그보다 더 많은 것을 내포하고 있다. 성과관리는 방법론, 측정지표, 프로세스, 소프트웨어 툴 및 조직성과를 관리하는 시스템으로 구성된다. 성과관리는 C-레벨 경영진으로부터 전체 조직 및 프로세스에 중대한 영향을 미친다. 이에 대한 효과를 요약하면 조직의 전략 실행 측면에서 정확하고 신뢰성 높은 관련 정보를 사용하여 조직 전략의 수행에 대한 가시성을 제공함으로써 의사결정과 위험의 감수를 전사적으로 확대할 수 있다. 그러나, 전략을 지원하는 것이 왜 중요한 것인가? 잘 운영하는 것만이 충분한 것은 아니다. 장기적으로 조직 효과성은 잘못된 전략하에서는 실현될 수가 없다.

그러나, 성과관리는 계획-실행-통제의 전 사이클에 걸쳐있기 때문에, 하나의 성과관리 방법론만 있는 것은 아니다. 좀 더 광범위하게 생각해보면, 솔루션의 최종 사용자 측면에는 다음의 세가지 주요한 기능이 포함되어 있다 : 데이터 수집, 데이터 모델링 및 정보로의 전환, 사용자 중심의 웹 리포팅. 많은 성과관리 방법론이 수십년간 제시되었으나, 균형성과표(Balanced Scorecards) 같은 성과관리 방법론은 최근에 유명해졌다. 활동기준관리(Activity-Based Management ; ABM)와 같은 일부 성과관리 요소들은 부분적으로 다수의 기업이 구축하였으며, 성과관리는 이러한 부분적인 요소들을 정교화하여 다른 성과관리 요소들과 조화를 이루도록 하고 있다. 초기 도입 기업들은 성과관리의 일부분을 적용하였으며, 전체적으로 적용한 기업은 거의 없었다. 본서에서는 성과관리의 전체적인 비전을 제시할 것이다.

지식관리(Knowledge Management)는 경영학논문에서 자주 언급되고 있다. 이는 조직이 필요로 하는 무언가인 것 같지만, 용어가 모호하고 의사결정 개선에 대한 방향성을 제시하지는 못한다. 반면, 성과관리의 주 목적은 산출물에 의하여 객관적으로 측정할 수 있는 의사결정을 하자는 것이다.

많은 조직들은 개선 프로그램을 일반적인 프로그램처럼 수행히는 듯 하면서도 각 기업들은 독보적인 경쟁우위를 갖기를 바란다. 하지만 많은 관리자들은 개선이 단추 하나 누른다고 해서 실질적인 변화가 이루어지지 않는 다는 것을 알고 있다. - 특히 장기적인 실질적인 변화. 개선의 중요한 핵심은 다양한 개선 방법론의 통합과 균형이다. 따라서 여타의 경영 프로그램들을 배제하고 하나의 개선 프로그램만 실행할 수는 없다. 하나의 계기판과 단순한 방향 조작 기능만 있는 조종실(Management Cockpit)이 좋을 수도 있지만, 조직이나 프로세스, 기능을 관리한다는 것이 그렇게 쉽지는 않다.

일부의 사람들은 균형성과표(경영역점의 균형을 가져오기 위해서 재무와 비재무 지표를 혼합하는 것으로 Part II에서 기술)를 구축하는 것이 최상의 솔루션이라고 믿고 있다. 하지만, 균형성과표는 다른 경영관리 프로세스와 연계성이 떨어지면 실패할 가능성이 크다. 균형성과표의 구축이 때로 기대하는 효과를 내지 못하는 경우가 있는데 이는 특히 운영관리 수준에서의 성과관리 프로세스와 통합이 결여되었기 때문이다. 기업이 성과관리 방법과 균형성과표의 통합에 실패하였고, 툴들에서 균형성과표를 만들어 내지 못했으며, 성과지표 측면에서도 조직화가 떨어지고, 효과가 떨어진 결과를 나타냈다고 믿고 있다.

목표, 결과, 갈등, 제약요인, 상충요소에 대한 강조

명확하게 전략이 정의되었다 하더라도 갈등은 조직의 일반적인 현상이다. 예를 들어, 고객 서비스 수준, 프로세스 효율성, 예산이나 이익 제약 간에는 항상 갈등이 있을 수 있다. 관리자와 종업원들은 지속적으로 목표와 갈등이 있으며, 이를 해소할 방법은 없다. 따라서 그들은 영향을 받을 수도 있는 유사한 상황과 개인적인 관심사에 역량을 집중하려는 경향이 있다. 성과관리는 정량화된 산출물이나 결과에 대한 가시성을 증대시켜 준다. 성과관리는 전략적, 운영적 그리고 재무적 목표간의 외형적인 연계관계를 제공한다. 관리자와 종업원들이 이해할 수 있는 방식으로 성과관리에 대한 내역을 공유함으로써 종업원들이 주저하거나 관리자들로부터 지시를 기다리기 보다는 행동을 독려한다. 성과관리는 또한 전략맵과 균형성과표로부터 추출된 주요 성과지표를 사용함으로써 계획비용의 영향을 정량적으로 측정한다.

전략적 목표와 그들의 상대적 중요성을 알게 된다면, 관리자와 직원들은 객관적으로 상충관계를 평가하기 위해 ABC 자료나 CRM 정보와 같은 성과관리 툴을 사용하게 된다. 현업부서 직원이 자신의 분야에 대한 지식이 가장 뛰어나다는 것은 모두가 아는 사실이다. 경영진이 직원들이 무엇을 원하는지에 대하여 대화를 하게 되면, 직원들은 어떤 신경영 활동이 수행될 것이며, 어느 정도의 원가가 들지에 대하여 공감하게 될 것이다. 내부적인 관계와 게임의 법칙에 따라 종업원들은 마치 독립적인 업무 주체로 책임을 가지고 일을 하게 될 것이다.

문제가 끊임없이 제기되면, 상충되는 의사결정을 위한 상황이 구조화 된다. 이는 장단기적으로 상호절충을 하기 위해 노력하는 궁극적인 가치창조자들인 최고 경영진들에게 적용된다. CEO와 CFO 또한 투자자나 주가분석가들이 기대하는 분기별 원가와 고객 서비스 목표에 대한 재무 이익간의 상충되는 문제로 고민을 하게 된다. 주주가치를 통해 고객가치를 차별화한다는 것은 교묘한 방법이며, 성과관리는 비용집행과 투자 의사결정을 하는 절차상의 목표와 균형 있는 관리를 제공한다. 예산수립은 회계적 통제수단 보다는 수익보장을 위한 기금체계로 되어가고 있다. 우선순위의 선정과 조화가 통제를 대체하고 있다.

성과관리는 경영개선 프로그램, 관리방법론 및 핵심 프로세스가 중요하다는 것을 알 수 있게 하고 있다. 성과관리는 인식과 대응의 균형에 관한 것이며, 향상 보다 나은 조직 방향성, 견인력, 속도를 추구한다. 성과관리는 경영혁신활동(Lean 또는 6시그마)에 의하여 향상된 핵심프로세스와 조직의 활동을 기업 전략과 일치시킬 수 있는 BI 분석 툴과 같은 소프트웨어의 강력한 결합이 있어야 한다. 만일 성과관리가 제대로 구축되었다면 조직내부 및 거래 상대처나 상호관계가 있는 모든 대상에 대하여 상식으로 인식될 것이다. 모든 것을 극대화하는 것이 최적화는 아니다. 단지 부분최적화에 지나지 않는다. 최적화는 제약이 따르며, 성과관리는 갈등 상황을 균형 있게 만든다.

어떤 이슈나 환경이 지금 성과관리를 수행하도록 하는가? 그것들에 대해서 다음에 탐색해 보도록 하자. 몇 가지 고통, 또 다른 기회 및 성과관리를 추구하는 기업들이 직면한 이러한 상황의 조합이 있을 수 있다.

경영진 직무 이동의 가속화 원인

시카고에 있는 인력채용 관련업체인 Gray & Christmas사는 과거 수세기에 비해서 경영진의 직무 이동률이 높게 나타나고 있다고 한다. 만일 여러분이 C-레벨 직무를 수락했다면 여러분들은 날짜가 없는 사직서에 서명한 것과 같다.

이러한 경영진의 이동은 전략 수행의 실패가 일차적인 이유이다. 내 생각으로는 전략을 정의하고 수정하는 것이 CEO의 가장 중요한 목표이다. 그러나, 그들이 계획을 최상으로 수립했다 하더라도 경영진이 전략을 수정할 때 그들이 가장 크게 실패하는 것은 수정된 전략이 종업원들에게까지 도달하지 못한다는 것이다. 부분적으로 볼때는 새로운 전략이 계획될 때 성과관리 시스템은 새롭게 부각된 전략을 강조하고, 중요성이 떨어지는 전략은 약화시키는 것이 일반적인 추세이다. 측정할 것만 받아 들인다. 즉, 측정지표의 변화가 없으면 기존의 방식을 그대로 유지하게 된다. 요약하면, 전략을 수립하는 것과 실행하는 것에는 큰 차이가 있다는 것이다.

균형성과표는 경영진이나 경영 컨설턴트들에게서 이러한 좌절감을 해소할 수 있는 도구로서 각광을 받았다. 경영진의 전략을 종업원과 의사소통 하도록 하고, 전략과 사람들을 일치시킴으로써 방향성을 탐색할 수 있게 한다. 균형성과표는 성가신 문제점들을 해소하였다. 비즈니스 시스템상의 원천 자료와 조직전략간에는 상당한 차이가 있다. 그림 1.1 에서는 전략이 최상위에 있고 운영 및 거래 기반 시스템과 데이터가 밑에 있는 역 피라미드 형태의 다이어그램을 보여주고 있다. 최하위의 시스템인 ERP, 총계정 원장 등의 시스템은 마치 배관공사를 하는 것과 비슷해서, 여러분들은 시스템이 필요는 하지만, 전략적으로 무엇을 해야 하는지, 또는 무엇을 선택해야 하는지에 대해서는 알려주지 않는다. 그림에서 성과관리에 대한 BI는 조직이 대규모로 투자한 운영 시스템에 가치를 증가시켜 주는 것이다. 이상적으로는 전략과 일일 업무운영이 일치되어야 한다. - 그러나 정말 그런가? 즉, 거래처리 시스템이 자원을 소비하고 최하위에서의 지출이 최상층의 가치로 변환되는가? BI 또는 AI(Analytical Intelligence) 단계 없이는 불가능하다. 이것이 상위 관리자들의 딜레

그림 1.1 | 전략 시스템과 거래처리 시스템의 차이

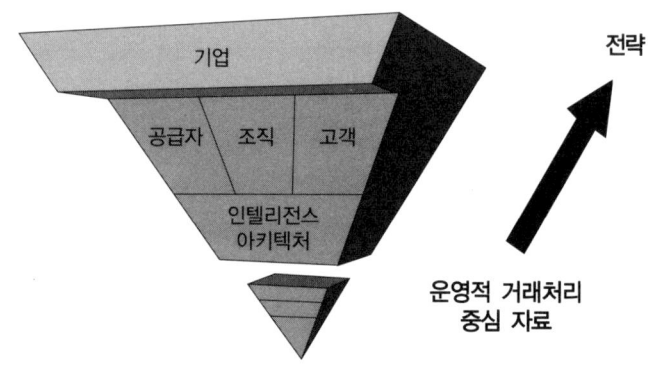

마이다.

　최고 경영진이 되는 것이 어려운 시기이다. CEO가 하나의 문제를 해결하면 또 다른 문제가 발생하고 있다. 최고 기업경영진들은 주가 상승을 위하여 예상 이익을 달성해야 하고 변화하는 경제 상황 속에서 수익률을 개선해야 하는 강한 압박을 항상 받고 있으며, 지속적으로 원가절감 기회를 파악하여 실질적인 절감을 달성할 수 있도록 노력하고 있다. 그리고 장기적인 수익을 저해하지 않는 수준에서 단기적인 투자수익율(ROI)을 달성하고자 하는 압력도 받고 있다. 또한 시장에서의 우위를 갖기 위한 비용과 투자를 유지하면서 주주의 부의 증대를 이루어야 할 상호절충의 책임을 지고 있다. 불행하게도 주식분석가와 자본시장에서 분기별 주당순이익(EPS)에 지대한 관심을 표명하는 것도 경영진에게는 압박이다. 경영진의 보상 프로그램 대부분이 EPS를 지표로 포함하고 있고, EPS를 경제적 부가가치 창출과 동등하게 보고 있다. 그래서 원하든 원하지 않든 간에 많은 경영진들은 분기 성과보고라는 쳇바퀴를 달리고 있다는 것을 알게 되지만, 어떻게 탈출할 것인지는 모른다.

정보기술에 대한 잘못된 믿음

　이제 그림 1.1의 아랫부분을 보자. 비싼 운영 및 거래처리 중심의 정보시스템이 존재하는 곳이다. 그림 1.2는 그림 1.1 피라미드의 아래 부분을 확대한 것이다. 쉽게 IT

그림 1.2 | 데이터베이스의 핵심

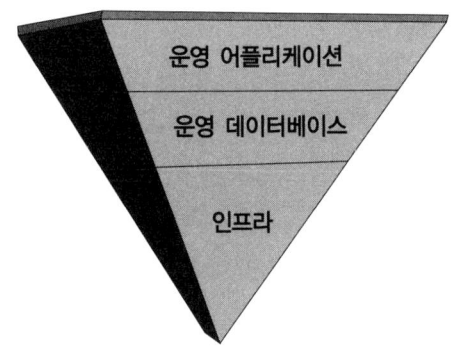

데이터 센터의 소프트웨어 3계층을 나타내고 있다.

1. 하드웨어와 통신 통제, 관리, 경로관리 등을 수행하는 보안, 백업, 복구 체계 등의 하위 *IT 인프라 시스템*
2. 운영 소프트웨어 시스템이 자료관리를 위한 운영 *데이터베이스*
3. 거래처리와 기본적 요약 보고서를 생성하는 운영 *어플리케이션*

하위 영역에서 어떤 일이 진행되든 상관없이 이러한 자료가 분석이나 의사결정을 지원하도록 전환되면서 가치가 증대된다. 조직은 일상적인 업무 기능을 수행하기 위하여 ERP나 CRM 같은 운영 및 거래처리 중심의 IT 시스템에 의존하고 있으며, 이러한 시스템에서 데이터를 분석하는 데에서 개선기회가 발생한다.

정보기술(IT)은 조직에 실행력을 불어넣음으로써 경쟁자를 뛰어 넘을 수 있는 새로운 물결을 지속적으로 알려 주고 있다. 응용 소프트웨어 공급업체는 자신들의 시스템을 만능열쇠와 같다고 판촉하고 있다. 최악의 경우 이러한 응용 소프트웨어들은 정보 자원들을 어지럽힐 수도 있다.(IT 매거진 등의 잡지를 보면 소프트웨어 업체에게 구현의 실패에 대한 소송이 제기되는 것을 볼 수 있다.) 소수의 조직만이 그들의 IT 시스템 역량을 지속적인 수익 성장으로 전환시킨다.

IT시스템의 지속적인 개선은 필요조건이지 충분조건은 아니다. IT 시스템이 없다면 기업은 위험을 파악하기가 힘들어진다. 또한 고객 및 서비스 수혜자가 우리 기업,

그림 1.3 | 인텔리전스 아키텍처의 진화

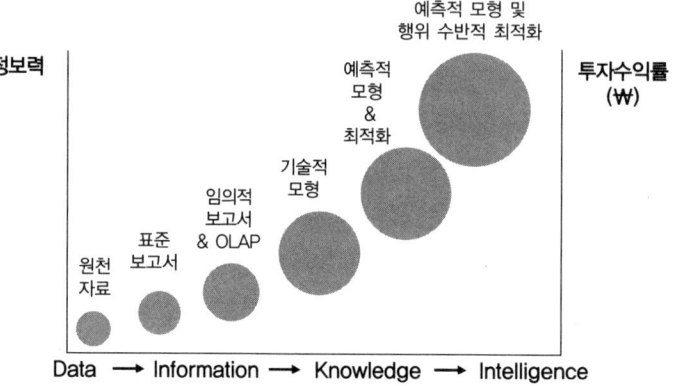

경쟁사 또는 다른 산업으로부터의 IT를 통한 서비스를 경험하게 된다면, 고객들의 서비스에 대한 기대치가 올라가기 때문에 IT는 반드시 필요한 것이다. 예를 들어 자동현금출납기를 사용해본 사람은 호텔 체크인과 같은 다른 사업영역에서도 비슷한 형태의 키오스크(Kiosks) 시스템을 사용하고 싶어할 것이다. 미래에는 고객들이 기업의 서비스에 대하여 평가하고 더 나은 서비스를 기대하게 될 것이다.

좀더 복잡한 문제로 대두되는 것으로는, 1990년대의 기업들은 업무 시스템을 통한 거래처리 정보의 기록과 보고 수준에 만족해했다. 그러나 현재는 이 정도 수준은 당연한 것으로 여겨지고 있다. 거래처리시스템은 데이터를 생성하는데에는 효과적이지만 지식을 제공하지는 못한다. 그러므로 기업들은 그들이 필요로 하는 자료에 필요한 만큼 접근하지 못한 상태에서 자료의 홍수에 놓이게 된다. 즉 자료는 많지만 정보는 부족하다는 것이다.

그림 1.1은 거래처리 시스템에서의 원천 자료를 의사결정을 위한 의미있는 정보로 전환하는 인텔리전스 아키텍처로서의 소프트웨어 기술 계층을 묘사하고 있다. 그러나 기술은 단순히 운영 방법론을 지원하는 것이다.

비즈니스 시스템은 보다 미래지향적이어야 하여, 성과와 운영효율을 이끌어 내어야 한다. 또한 예측적 정보를 제공해야 한다. 그러나 과연 그런가? 그렇지 않다면 오늘날의 IT 시스템은 단순히 역사적인 리포트와 현재 방법론을 지원하는 것인가?

그림 1.3은 성공하는 조직이 거쳐가는 시계열적 인텔리전스 아키텍처를 보여주고 있다. 수직축은 제공되는 자료의 정보력과 투자수익율(ROI)을 나타내고 있다. 대부

분의 조직들은 IT 부서에서 모든 직원들이 사용할 수 있도록 제공하는 몇가지 툴을 사용하여 표준 보고서와 일부 분석 정보를 제공하는 정도로, 그림의 왼쪽 아래 부분에 위치하게 된다. 이 그림에서는 기업들이 자신의 기업과, 고객, 공급업체, 시장정보, 경쟁자 및 정부 규제에서 날씨에 이르기까지 모든 기타의 외생 변수들을 분석하고 이해할 수 있는 상위 영역으로 나아갈 무한한 잠재력이 있다는 것을 보여주고 있다.

IT 기반의 거래처리 시스템은 과거 사건의 결과를 보고하기는 좋지만, 계획을 위한 예측 기능을 수행하기에는 부족하다. 훌륭한 전략이 제시되었더라도 전략이 달성가능한지 어떻게 알 수 있을까? 전략과 새로운 프로그램을 추구하려고 할 때 무엇이 부의 자금흐름과 재무손실을 발생시킬 것인가? 요구 자원이 기존 용량을 초과할 것인가?

직원들이 자신들의 목표나 목적이 달성 가능하다는 것을 알게되면 창조적이고, 혁신적이며, 동기부여가 된다. 그러나 관리자들은 종종 달성해야 할 근본적인 재무, 프로세스 또는 필요자원에 대한 검증 없이 비현실적인 목표를 밀어부칠려고 한다. 운영 시스템은 다른 목적으로 설계되어 있어 결국 분석 솔루션인 것 같은 오인을 불러 일으키기도 한다. 목표를 성공적으로 설정하고 달성하려면 관리자와 직원들은 목표 달성을 지원하고 이끌수 있는, 정확하고 실현 가능한 계획과 예산을 수립할 수 있어야 한다.

가치사슬에서의 주요 권력 이동

권력은 불가피하게 공급업체에서 고객으로 이동하고 있다. 그 이유는 인터넷이다. 비즈니스에서 구매 대리인과 구매자를 포함한 고객과 소비자들은 현재 공급업체의 제품과 서비스를 강력한 검색엔진을 활용하여 탐색하고 비교할 수 있으며, 보다 풍부한 정보를 바탕으로 의사결정을 할 수 있도록 교육도 받고 있다. 공급업체는 효과적으로 구매자의 학습을 지원하고 그들의 웹사이트와 산업별 인터넷 거래소 등을 통해서 점점 유용한 정보를 얻을 수 있도록 쇼핑 경험을 학습 시키고 있다.

지난 20세기 후반에 미국에서는 상품이나 서비스의 고객 수요가 높았기 때문에 다소 공급자들이 오만에 빠졌었다. 기업들은 고객수요를 너무나 당연시 했다. 일부 기업들은 "만일 고객이 우리의 솔루션을 좋아하지 않으면 고객이 문제를 가지고 있는 것이다."라는 식의 태도를 취하였다. 이제 그러한 시대는 지나갔다.

World Wide Web은 비즈니스 속도를 영원히 바꿔놨고 조직이 내부적이거나 외부적으로 어떻게 상호작용하는지에 대한 모든 것을 바꿔놨다. Web-Time과 Web-Speed 시대의 변동성으로 인하여 전통적인 산업화 시대의 비즈니스 모델에 의존하는 모든 조직은 격차해소를 위한 운영에 노력을 쏟아 붇고 있다. 웹은 경영계획과 의사결정 주기를 단축시켰다. 분기단위의 추세 파악은 이제 주 또는 일단위로 변동되었다. 여러분은 이러한 추세에 대응을 할 것인가 아니면 현상을 유지할 것인가? 이제는 즉각적으로 실시간 데이터에 접근해야 하는 위험과 믿음이 생겼다.

대부분의 조직들이 항상 한정된 자원으로 운영된다고 가정하면, "고객 수익률"(투자 수익률의 변형)과 "고객 수명주기 가치(CLV)"와 같은 재무적 용어는 기업의 CFO 기능에서부터 나타나게 된다. "고객 만족도", "평생고객"같은 용어는 유행하는 영업 및 마케팅 저서에 나타나고 있다. 그럼에도 고객들은 이익에 공헌하는 방법 측면에서 동일하게 나타나지는 않는다. ABC/M 시스템을 통해서 밝혀진 바로 본다면 다수의 고객들은 수요나 유지보수 요구사항, 개별사양에 대한 지속적인 요구 등으로 수익성이 없다는 것을 알게 되었다. 이러한 점은 성별, 소득수준, 구매빈도와 같이 전통적인 차원이 아닌 또 다른 차원을 추가하여 고객 세분화 및 차별화를 해야 한다는 것이다. 고객의 매출규모는 고객의 이익공헌도에 대한 대안이 되지 못한다. 결과적으로 CFO는 CMO (Chief Marketing Officer)와 CLO(Chief Logistics Officer)에게 미션 중심적 정보를 제공하는 서비스를 점점 더 늘리게 된다. (마케팅 자동화 툴을 내장한 CRM과 가치사슬 분석 및 관리는 Part IV에서 논의된다.)

유형자산을 무형자산으로 대체

성과관리는 가치창출을 이해하는 효과적인 방식이다. 가치는 모호한 용어이다. 고객가치나 주주가치를 의미하는 것일까? 조직의 자산을 설명할 때는 금전적인 관점에서의 주주가치를 의미한다. 지속적인 가치창출은 최고경영진의 또 다른 숙제이다. 그러나, 이 부분에서도 경영진들은 문제에 봉착한다. 가치의 원천이 이동하기 때문이다. 가치의 창출은 토지, 재산 등에 기반한다고 생각했다. 그러나, 조직은 이제 지식 기반 쪽에 가까워지고 있다. 지혜롭게 일하는 것이 열심히 일하는 것보다 앞서게 되었다.

Balanced Scorecard Collaborative의 통계에서는 이러한 변동을 증명하고 있다. 1982년에 미국 자본의 62%(증권거래소 등 금융가에서의 측정값)는 유형자산에 의한 것이였다. 유형자산은 건물, 기계, 재고자산 등이다. 장기자산의 단순한 정의는 기간 비용으로 감가상각 대상을 구매한 것이다.

그러나, 2001년에는 미국 자본의 15%만이 유형자산이다. 85%는 투자자가 가치로 인정하는 브랜드, 관계성(Relationship), 종업원들이다. 종업원들은 무형자산이다. 저녁에 각자 집으로 갔다가 아침에 되돌아 오는 작업자들의 지식이야말로 오늘날 많은 조직들이 가치를 생산하는 원동력이다. 이런 형태의 무형자산에 대한 단순한 정의는 유형자산과 달리 상각이 아닌 시간에 따른 잠재적인 성장력이다.

가치창출의 원천은 개인의 노하우와 이를 실행하려는 열정이다. 여러분은 보다 나은 제품이나 광고 문구를 개발하고자 하는 엔지니어나 광고 편집인을 감독하지 않는다. 그것보다는 적절한 환경하에서 그들 스스로 일을 한다. 성과관리는 사회적 시스템(Social System)이 에너지원이라는 인식하에 조직을 경제적인 엔진으로 활력을 불어넣게 하는 것이다. 이는 조직의 미션이 기반이라는 이야기다. 성과가 요구하는 협력, 팀웍, 전체적 효익를 위한 노력을 의미하는 것이다. 가치창출은 조직목표 달성을 위한 핵심이다. (주주의 경제적 부를 증가시키기 위한 의사결정과 행위를 위한 경제적 가치 관리는 Part IV에서 논의함)

일부 공개적으로 거래되는 기업들은 투자자들이 예상 투자수익을 달성하기 위해서 통상 종업원 해고로 이어지는 비용절감 압력을 느끼게 된다. 그러나, 단순히 사람 수와 비용절감이라는 것 만으로 합리적 규모를 결정하는 것은 조직의 중요한 재능을 없앨 수 있다. 인적자원 시스템은 종업원 각각이 독특한 기술과 경험을 가진 가치 있는 무형자산으로 인식하여야 한다. (우수성과자 유지를 목적으로 한 인적 자산 관리 또한 Part IV에서 논의함) 종업원들을 해고하는 것보다 기존 자원으로부터 보다 많은 것을 달성하도록 함으로써 기준선을 높이도록 하는 것이 관리에서는 필연적이다. 이러한 책무는 성과관리의 관심을 증가하게 하는 것이다.

이와 같은 무형자산 가치에 대한 실질적인 이동에도 불구하고, 현행 회계 및 성과측정 시스템은 여전히 오래된 산업모형을 반영하고 있다. Enron의 갑작스러운 붕괴와 같은 회계 스캔들은 회계 관행이 조기경보를 해줄 수 없다는 것을 경고하고 있다.

회계의 세 파수꾼인 외부감사업체(회계법인), 이사회 및 주식 분석가들은 다가오는 재앙을 발견하거나 보고하는데 실패했다. 회계적 규제 강화를 통한 간섭이 해결책이 아니라는 것이다. 현상을 꼬집기보다는 각 단체가 보호에 관심을 보일 수 있도록 회계산업은 투자자의 관점을 가져야만 한다. 이러한 과정이 정보 공시와 운영 프로세스상의 재무적 투명성을 제공하도록 한다. 프로세스의 성과는 갑자기 개선되거나 낮아지는 것이 아니라 점진적으로 변화하는 것이다.

상충되는 내용을 포함한 주주가치 창출

앞에서 가치라는 것은 애매모호한 용어라고 하였다. 고객 가치인가 또는 주주가치인가? 여기에는 좋은 서비스를 하려면 많은 비용이 드는 것과 같은 자연적인 갈등상황으로 인하여 항상 상충관계가 나타난다. 성과관리의 토대는 이러한 상충관계를 절충할 수 있도록 보다 나은 의사결정을 하는 것이다. 예를 들어, 만일 고객에 대한 제품, 서비스들이 증가하면 추가적인 비용이 발생하는데 주주의 경제적 부는 증가할 것인가 또는 감소할 것인가? 그것은 많은 요인에 의해 좌우되는데 고객이 높은 가치를 수혜 받는 반면 주주의 경제적 부가 줄어드는 경우가 많을 것이다.

앞서 언급하였듯이, 투자자 관점에서 가치를 고려하는 것은 좋은 행동 방식이다. 예측되는 가치 보고 시스템은 관리의사결정과 기대값을 정하고 계량화할 것이다. 관리자나 투자자는 반드시 그들의 회사가 어떻게 의사결정을 하거나 그들이 어떤 관점을 가지는지에 대해서 보다 나은 그림을 제공해야 한다. 그들 모두 기업의 비즈니스와 무형자산에 대한 지표로서 보고될 수 있다. 그러한 지표의 예로 종업원 유지율, 고객회전률, 제품개발 주기(시간), 종업원과 고객 유치 비용, 신제품성공률, 고객 유형별 서비스 수준 및 불합격률 등이다.

미래에 대한 예측은 매우 강조되어야 한다. 이를 달성하기 위해서 가치를 이해하고, 재무적 용어로 기술된 조직의 가치 변화를 이해할 수 있는 일반적으로 인정된 방법이 요구된다. 합리적인 직원은 과거 재무제표에만 의존하여 판매 및 구매 의사결정을 하지 않는다. 가치의 결정은 주당순이익(EPS) 보고 보다 더 많은 것이 관여되어 있다. 경제적 가치 창출은 자본비용 이상의 현금흐름 창출을 의미하는 것으로 단지 과거의 수익, 비용 및 회계적 이익만을 의미하는 것은 아니다. 이는 경제적 이익의 측정을 내포하고 있다. 경제적 가치창출의 일차적 원천으로서 무형자산에 의한 경제는 새로운 전략방향, 측정방법, 의사결정 분석 및 조직을 요구하고 있다. 원칙으로서의 성과관리 수립은 이러한 새로운 형식에 중요한 위치를 차지하다.

무엇이 빠졌을까? 인텔리전스 교량으로서의 성과관리

조직 전략, 미션, 궁극적으로 비전을 효과적으로 달성하기 위한 최상위 전략과 전술적인 운영 시스템에는 커다란 차이가 있다. 복잡하고 간접비가 높은 조직에서는 전략과 실행의 연계가 충분히 이루어지지 못하고 있다. 1990년대 BPR 운동을 이끌었던 마이클 해머Michael Hammer는 이러한 목표와 실행의 불일치와 차이점에 대한 문제들의 증거를 제시하였다.

> 기업의 성과측정 시스템은 전통적으로 지표의 중요성에는 상관없이 손쉽게 정량화할 수 있는 무의미한 데이터들의 집합이다. 이들은 어떤 특별한 원인도 없고, 사용하기 힘들 정도로 분량이 많으며, 너무 늦게 전달되어 거의 쓸모 없게 되고, 특정한 목적도 없이 책을 요약하거나 출력하는 등… 요약하면, 측정자체가 무의미한 것들이다.
> 우리는 측정지표의 2%를 사용한다. 나머지는 쓸모 없는 것들이다… 우리는 사소한 것에는 전문가들이다. 우리는 종이클립 구매시간을 측정한다. 정확성이라는 것은 본질은 변화시킨다… 우리는 우리가 필요로 하는 더 좋은 것을 도출해 본적이 없어서 성과측정을 위해 너무 많거나 너무 적게 측정하고 있으며, 상위수준의 의사결정을 지원하는데 우리의 측정값을 강하게 결부시키지 못하고 있다.

비용 통제에서 경제적 가치 창출 및 전략적 방향성으로 경영진들의 중점사항을 확장 시킬 수 있는 해답은 무엇인가? 변화무쌍한 바다에서 보다 이익률이 높은 방향으로 항해하려고 하는 비즈니스 전략가들을 위한 해답은 무엇일까? 기업의 방향성, 견인력, 속도에 대한 통제력을 어떻게 다시 가질 수 있을까?

무엇보다 조직은 고객, 서비스 수혜자, 공급업체, 계약자, 그리고 그들 조직 자체가 하나의 전략방향으로 일치시킬 필요가 있다. 이러한 전략적 방향성은 기능 및 조직 경계적인 측면에서 상호의존적 변수 및 상충관계의 총체적인 관점에 기초해야 하는 것이다. 조직의 모든 계층별 의사결정자는 짧은 시간내 신속하게 효과적인 의사결정을 하도록 독려받고 있다. 의사결정자들은 주의가 필요한 위기상황에서 해당 업무분야를 짧은 시간 내 훑어보고 내용을 판단할 수 있도록 하는 보고체계가 필요하다. 특정 사건이 한계를 초과하여 발생할 것 같다면 실시간으로 "경고" 메시지를 그들에게 알려줄 체계가 필요한 것이다. 성과관리는 이러한 이슈를 해결한다.

앞에서 언급한 바와 같이 거래중심의 생산 및 운영 시스템에서 추출된 원천 자료와 의사결정을 위해 필요한 비즈니스 정보는 차이가 있다. 불행하게도 대부분의 기업들은 인텔리전스 차이를 인식하지 못한다. 예를 들어 ERP 툴들은 원천 자료를 보여주고 있지만, 산출물의 결과는 비즈니스 동인을 작업자들이 적극적으로 관리할 수 있도록 하지는 못한다. 이러한 차이 또는 누락 부분은 운영과 전략간의 연계를 강조한 그림 1.1의 화살표에서 제시하고 있다. 이러한 차이는 인텔리전스 아키텍처라고 불리는 소프트웨어 툴들의 집합으로 채워질 것이다. 이러한 도구의 예로는 데이터 관리, 데이터 마이닝, 분석, 예측 그리고 최적화 툴 들이다.

방법론과 툴들의 통합적인 툴인 성과관리 솔루션 세트는 인텔리전스 차이를 연계한 분석체계를 제공하게 된다. 이런 통합화된 툴 세트는 최고 경영진의 전략을 지원한다. 여러 가지의 관리시스템을 하나의 전략 방향으로 끌고 나감으로써 성과관리는 당신이 경쟁하는 어떤 시장에서도 깊이 있게 행동하는 방법 및 이해력을 제공하게 된다. 성과관리는 의미 있는 방향에서 이종의 정보간 상관관계를 가지며, 숨겨져 있던 문제영역까지 상세한 분석을 가능하게 한다. 또한 성과관리는 전략을 올바로 평가할 수 있도록 한다. 경영진과 종업원들은 "불리한 차이"가 재무제표에 보고되고 이에 대한 설명이 필요해지기 전에 문제점에 대한 경고를 받을 수 있어야 한다. 성과관리는 종업원과 관리자가 적극적으로 변화를 관리하도록 지원하고 있다. 물론 바람직한 방향으로의 변화이다. 성과관리는 그 기업의 무형자산인 브랜드, 관계, 지식 등을 장기적인 관점에서의 성공으로 전환시킨다.

요약하면, 성과관리는 운영정보와 재무정보를 단일의 의사결정과 계획 프레임워크로 통합한다. 오늘날의 성과관리 시스템을 효과적으로 만든 것은 성과관리 보고서, 분석 및 계획의 기반이 되는 사람, 설비, 그리고 자산 들의 활동이다. 활동은 전략맵 구축과 성과표의 성과로 측정되는 전략적 목표와 일치하는 중요한 활동 또는 프로젝트이다. 활동은 원가와 고객 수익성을 정확하게 측정하기 위한 ABM 시스템의 핵심 요소이다.

ABM은 활동 동인과 자원 소비 능력(예, 비용)을 이해하는데 도움이 된다. 그런 지식을 기반으로 조직은 제품/서비스 수요량 및 믹스의 다양화 등과 같은 다른 종류의 사건들이 제공된 상황에서의 발생할 수 있는 미래의 산출물을 검증하고 타당성을 평가할 수 있다. 이것은 관리자나 종업원들이 자원에 대한 제약요소를 이해하고 선형은 아니지만 산출물의 변화에 따라 다소 복잡하게 변형된 준고정비용의 원가 행태를 파악할 수 있도록 도움을 준다. 업무량은 최상의 계획을 선택하기 위하여 자원계획시스템에서 예측된다. 성과관리는 계획하지 못한 계획에서부터의 차이를 경보라는 용어와 신호등과 같은 신호를 사용하여 즉각적인 피드백을 제공할 수 있도록 확장한 인텔리전스 소프트웨어 시스템의 기능을 통하여 균형성과표와 같은 인정된 전략적 프레임워크를 만들어 내는 것이다. 성과관리는 사건이 발생하거나 진행되어 관리자와 종업원들이 반응을 요구하기 이전에 적극적으로 행동할 수 있는 능력을 제공한다.

이 책의 목적은 성과관리가 의사결정 도구의 통합된 집합체이자 보다 넓은 시각을 유지하고자 하는 원칙과 전체적인 관점에서 조직이 어떻게 움직이는지 이해하는 것을 설명하는데 있다. 성과관리는 기업, 병원, 학교, 정부조직 또는 군부대 등 종업원과 파트너가 어떠한 목적을 가지고, 이익 창출이 목적이든 아니든 상관없이 모든 조직을 관리하는데 적용되는 것이다. 요약하면, 성과관리는 널리 적용할 수 있다.

"원칙"으로서의 관리는 초기단계이다

조직들이 성과관리에 대한 정형화된 접근방식을 경시하는가? 이러한 질문의 답으로 성과관리는 계획을 결과 즉 실행으로 전환하는 것이라고 정의하였던 것을 상기하자. 전략의 중요한 영역이라는 의미에서 전략수립은 성과관리 영역밖에 남겨져 있다. 사실 전략과 실행을 구분하는 경계는 모호하며, 전략은 이미 많이 언급되어왔다. 이러한 성과관리는 전략을 관리하는 프로세스이다.

높은 확설성 하에서 가치실현의 큰 그림 속에 실행이 포함된다. 그러나, 계획을 결과로 전환하는 것은 간단한 일이 아니다. 실행은 결과가 나쁠 수도 있고, 고급 종업원을 참여시키는 것이 아닐 수도 있다. 실행은 작업메뉴얼을 따라 하는 일이 아니다. 지식, 추론, 세심함을 필요로 한다.

한걸음 물러서서 조직을 관리한다는 것이 무엇인지 생각해 보는 것이 도움이 될 것이다. 물론 비즈니스 스쿨, 최고 경영자 과정, MBA 학위가 있다는 것은 관리를 전문 영역으로 한다고 할 수 있지만, 공학, 법학, 의학 영역은 정형화되기 어려운 분야이다. 그러한 영역들은 지식과 규칙들을 체계적으로 문서화하고 있어 수세기 동안 그들의 전문성을 자체적으로 개선해 오고 있다. 예를 들어 사혈은 다행히 과거 의학 사례였지만, 그 이후로 큰 진보가 있었다. 그러나, 조직을 관리하는 것은 그렇게 멋지고 밝은 경로를 따르고 있지는 않다. 새로운 경영관리 용어는(3글자 약어로 많이 표시되는) 주기적으로 제시되며, 관리자는 재빠르게 최근 유행하는 책을 사서 새로운 유행을 알리곤 한다.

우리는 보다 나은 조직을 원하기 때문에 보다 나은 성과관리가 필요하다. 그러나, 조직은 단순히 발생하는 것처럼 여기고 있기 때문에 이를 아주 당연시 하고 있다. 예전에 사람들은 지역별 시장에서 물건을 교환하였다. 구두 수선공은 자신의 신발과 농장에서 나오는 농산물과 교환할 수 있었다. 생활비를 벌기 위한 사회적인 조직은 규모의 경제와 전문화를 기반으로 한 길드나 마을의 장인에 의해서 시작되었다. 조직은 개인이 혼자 가는 것보다 바람직한 방향으로 진화하였다. 조직은 개인들이 하지 못하는 성과물을 창조할 수도 있다. 관리는 조직을 일하게 만든다. 그러나 좀 더 효과적인 관리는 그러한 일이 더 잘 되게 하는 것이다. 그것이 우리가 있는 이유이고, 조직은 좀 더 효과적으로 관리하고자 한다.

현재의 딜레마는 모든 관리자가 훌륭한 관리자는 아니라는 것이다. 일부는 실제로 부족하다. 많은 관리자들이 잘못은 하고 있지만, 이는 그들이 부적합해서가 아니라 그들이 해야 할 일이 무엇이며, 어떻게 해야 조직목표와 일치시킬지 모르기 때문이다. 많은 작업자들은 관리에 대한 잘못된 인상을 가지고 있는데, 이는 다른 사람들에 의해 관리되어 졌던 경험에 의해서 형성된 것이다. 관리에 대한 진정한 "원칙"을 이해한다는 것은 정말로 어려운 일이다. 기본적으로 관리자는 도제로서의 작업 및 정열적인 시도를 통하여 학습되어진다. 만일 여러분이 부족한 관리자라면 제대로 배우지 못한 것이다.

관리 원칙에 대하여 피터 드러커와 같은 몇몇 유명한 사상가가 있으나, 나는 그들의 책이나 논문은 단지 시작일 뿐이라고 본다. 특정 관리 분야별로도 유명한 사상가들이 있다. 마케팅 분야의 필립 코틀러, 경쟁전략의 마이클 포터, 관리회계와 성과측정의 로버트 S. 캐플란 등이다. 이들 유명한 공헌자들은 전체적인 프레임을 만들었다고 본다. 그러나, 그러한 비전들이 조직상황에서 충분히 현실화되도록 사용되고 실행되도록 제공받은 아이디어들을 계속적으로 관찰해 오고 있다. 이것이 관리이다. 그리고, 나는 관리가 원칙 또는 지식의 체계적인 구조로서 정형화된 사례를 가지도록 하고 있다.

오늘날의 관리는 모든 경영문헌들에서 프로세스 중심의 사고라고 하고 있다 하더라도 대부분 기능중심적이다. 내과의사는 환자의 질병을 진단할 때 관리자들이 그들의 비즈니스에서 하듯이 환자를 구성요소적 관점으로 보려 하지 않는다. 즉 내과의사는 환자의 폐, 심장, 순환계통 및 기타 계통을 하나의 시스템으로 보려 한다. 사실, 나는 성과관리가 프로세스 중심의 사고에서 좀더 상위 수준의 시스템적 사고로 전환되도록 투자를 해야 한다고 설교하고 있다. 조직을 하나의 시스템으로 봄으로써 조직의 관리자들은 그들의 전략, 측정지표, 조직도, 프로세스, 보상체계, 종업원 역량, 문화 그리고 기술을 관리적 변수로 충분히 고려할 수 있어야 한다.

나의 입장을 극단주의자나 경고자로 잘못 해석하지 말았으면 한다. 나는 사람들이 관리자가 되기 위하여 공인회계사나 석사와 같은 자격증이 필요하다는 것이 아니다. 경험이 지혜로운 책이나, 교육과정에서의 훈련보다 더 중요하다. 관리는 행동하는 것이 중요하지만 잘 하기는 어려운 것이다. 또한 성과관리에 대한 대학의 학위는 없다. 성과관리에는 전략, 가치창조, 의사결정 그리고 성과 모니터링 과 같은 많은 방법론과 기법들이 포함되어 있다. 그러나 비명시적 규칙이 많고, 성과관리는 중요한 프레임웍을 제공한다.

나는 이 책을 통해 성과관리가 일반 경영관리의 중요한 영역 중 하나라는 것을 인식했으면 한다. 이 책은 BPR이나 CRM과 같은 몇몇 관리적 사고를 어떻게 서로 연관시킬지에 대한 인식방법을 제공하는 의도를 가지고 있다. 이 책은 또 하나의 큰 상투어나 슬로건을 늘어놓는 것이 아니다. 그것보다는 전략맵, 성과표, ABM, 그리고 CRM과 같은 경영관리 기법을 너무 복잡하지 않고 간단하지만 간단하게 보이지 않게 묘사하였다. 일부는 KISS(Keep It Simple Stupid) 규칙이 필수적이라고 생각하지만, 결론적으로는 LOVE (Leave Out Virtually Everything) 규칙이 있다. 메시지는 여러분이 좀 더 깊이 있게 파악해야 한다는 것이다.

성과관리 – 사람, 프로세스, 제품, 고객의 복잡성 관리

　조직이 수직조직에서 프로세스 기반과 고객 중심으로 전환하여 수평적인 구조를 가져가게 되면서 기능중심의 업무들을 주요 프로세스(Core Process)로 대체하게 되므로 좀 더 복잡해진다. 많은 종업원들은 두 개 이상의 프로세스에 걸쳐있는 업무를 수행하고 있다. 매트릭스 조직의 필요성이 증대되고 있으며, 종업원 입장에서는 최소한 두 가지 유형의 관리자가 필요하다는 것을 의미한다. 즉 하나는 기능, 다른 하나는 프로세스 중심의 유형이다. 또한 프로세스 관리가 더 이상 새로운 개념이 아님에도 프로세스 정의와 범위는 점점 넓어지고 있으며, 일부에서는 내부 프로세스를 기업간 프로세스인 공급체인Supply Chain으로까지 확대되고 있다.

　조직도는 조직을 작업단위로 나눈다. 조직의 지휘 체계가 지속적으로 재정립되더라도, 개인들에게는 계속 멘토링, 코칭, 경력개발 상담, 방향성 등이 필요하기 때문에 계층구조는 결코 없어질 수 없다. 기능 관리자는 전통적으로 그러한 역할을 수행하고 있다. 고객 주문 접수에서 최종 청구 및 기타 여러 기능을 담당하는 프로세스 소유자의 등장은 프로세스 관리자에게 소수의 인력을 배치하여 프로세스 수행에 대한 모든 책임을 지게 한다. 즉, 기능 관리자에게 배분된 자원에 대하여 프로세스 소유자가 통제를 함으로써 둘 이상의 상사를 상대해야 하는 종업원들의 골치아픈 이슈를 해결하는 것이다. 계층적인 권한구조가 하나의 문제이나, 다소 비가시적이지만 같이 중요한 것은 누가 무엇을 결정하느냐이다.

　수평화된 명령계층구조를 관리하는데 가상의 작업자가 포함되는 것이 다소 문제가된다. 종업원들은 더 이상 물리적으로 동일한 장소에서 일하지 않는다. 팀원의 다수는 집이나 현장 사무실에서 원격으로 일한다. 소수의 관리자들이 있지만, 그들이 결코 관리에 소홀한 것은 아니다. 사실 정반대이다. 성과관리는 전략을 실행, 성과, 결과로 전환하도록 하는 것이다. 최고 관리자들의 역할은 있는 것처럼 보이지만, 종업원 성과에 대한 직접적인 통제는 적어졌음을 알 수 있다. 이것이 성과를 어떻게 정의하고, 어떻게 작업하여 의사결정할 것인가, 성과 달성을 위하여 무엇이 필요한가에 대해 모든 사람의 이해가 필요한 이유이다.

　조직들은 다양한 제품, 서비스라인, 채널유형, 고객유형이 증가하고 있는 것을 알기 때문에 복잡성의 수준이 증가할 것으로 보인다. 경쟁우위를 달성하기 위하여 제품 차별화에서 서비스 차별화로 변하고 있기 때문에 비용증가가 예상되고 있다. 조직은 제품이나 서비스 라인의 표준화를 위해서 최선을 다하고 있지만, 세분화된 고객 만족도를 증대시키려는 대량 맞춤화(Mass Customization)라는 강한 추세와 상반되는 것이다. 복잡성의 증가와 부가가치 서비스는 성과관리 원칙의 필요성을 증대시키고 있다.

추가로, 모든 고객이 수익성이 있지는 않다. 어떤 경우에는 특정 상황을 처리하는 관리가 잘못됨으로 인하여 주주가치가 파괴되는 경우가 발생한다. 고객과 주주의 가치를 최적화하는 것은 목표간의 갈등이 발생할 수 있으므로 섬세한 균형이 고려되어야 한다. 이러한 갈등은 활동에 미치는 상충관계에 대한 의사결정이 필요하며, 성과관리의 광범위한 정보는 상충관계에 대한 분석을 향상시키고 자원의 배분을 보다 합리적으로 수행할 수 있도록 한다.

성과관리가 필요로 하는 또 하나의 요소는 특별한 기술을 보유한 작업자나 설비이다. 숙련된 작업자가 있다는 것은 감독을 하지 않고도 스스로 알아서 할 수 있다는 것을 의미하지만, 그들의 기술범위가 생산성 있는 조직 성과를 이끌 수 있도록 하는 상호의존성을 제거하지는 못한다. 관리자는 반드시 개인의 재능과 능력을 활용할 수 있어야 한다.

요약하면, 전문화, 복잡화, 부가가치 서비스가 증대되면서 성과관리의 필요성은 더욱 증대하고 있다. 기술력이나 보다 신축성 있는 작업 방식과 정책 등은 계속적으로 조직구조를 변화시키고 있지만, 인정되는 서비스 수준의 정확한 작업이 체계적으로 수행되지 않는다면 제대로 업무를 수행하지 못할 것이다. 감독자가 아닌 지식근로자라고 칭하는 자들은 그들 자신의 업무에 대한 책임을 져야 한다는 것이 사실이다. 모든 종업원들은 업무 수행 결과를 관리할 수 있어야 한다. 그러나, 각 작업자들이 스스로 책임을 져야 함에도 불구하고, 어쨌든 전체적인 성과는 조화를 이루어야만 한다. 조직의 전략적 목표는 명확하게 의사소통 되어서 모든 사람들이 동일한 방향으로 갈 수 있도록 해야 하며, 그 결과 노력들이 합쳐져서 성공을 창출해야 한다. 성과를 결합하고 유지하는 것은 관리의 도전적인 영역이며, 성과관리는 조화를 이루어내기 위하여 필수적이다.

**FINDING THE MISSING PIECES
TO CLOSE THE INTELLIGENCE GAP**

PART I
성과관리 프로세스

"세상에 그 무엇도, 어떤 군대도, 성숙한 아이디어 만큼 강력한 것은 없다."

- 빅토르 위고, The Future of Man, 1861 -

    살아가면서 매우 필요한 두가지인 현재상황에 대한 불만족과 보다 나은 미래에 대한 비전에 따라 사람들의 결과는 달라진다. 본서는 후자와 관련되어 있다. 그렇지만, 많은 독자들은 전자에 대한 경험을 가지고 있을 것으로 생각한다. 본서는 전략목표와 계획, 예산, 프로세스, 원가, 성과측정 그리고 무엇보다 중요한 사람에 대한 포괄적인 연계를 지원하는 기업전반의 방법론과 도구에 대한 비전을 설명하고 있다. 조직은 이러한 비전을 실현함으로써 수익성 있는 가치창출을 가속화 시킬 수 있을 뿐만 아니라 경쟁자들보다 앞선 경쟁우위를 확보를 위한 기회를 가지게 될 것이다.

    적용가능한 기술의 필요성은 더 이상 조직의 비전을 실현하는데 장애요소가 되지 않는다. 기술은 이미 존재한다. 장애요소는 조직의 경영진의 비전실현에 대한 생각과 의지이다.

2
검증된 방법론들의 통합

성과관리는 계획을 결과(실행)로 전환하는 것이다. 여러분의 전략을 관리하는 프로세스이다. 전략은 절대적으로 중요한 것이고, 상위 관리자들의 제일 중요한 책임이다. 영리목적의 기업들에게 전략은 다음 세가지의 주요 선택으로 압축될 수 있다.

1. 제품, 서비스 라인 중 무엇을 제공하고 무엇을 제공하지 말아야 하는가?
2. 어떤 시장에서 서비스를 제공해야 하며, 제공하지 말아야 하는가?
3. 어떻게 우리는 이길 수 있는가?

성과관리가 세 가지 선택 모두를 개선하는 통찰력을 제공한다고 하더라도, 성과관리의 목적은 전략을 수정하고 실행하면서 세 가지를 달성(승리)하는데 있다. 성과관리는 불확실한 변화를 먼저 인식하고 보다 빨리 대응하도록 관리자들을 도와주고 조직의 전략을 가능한 최하위 조직단위까지 실행하게 하는데 필요한 책임감을 부여함으로써 전략달성을 가능하게 한다.

각 프로세스 단계(Step)와 과업(Task)을 급진적으로 재설계하여 명시적인 프로세스 맵으로 표현하였던 1990년대 유행한 BPR과 달리, 성과관리는 적절성과 관련성을 매우 강조하고 있다. 전략목표를 선택하고 이를 지원하는 프로젝트, 측정지표, 그리고 적절한(과거의 형태가 아닌) 전략목표를 달성하기 위한 예산을 수립하고 나면 나머지가 자연스럽게 따라오게 된다. 즉, 작업활동은 전략방향성과 정렬되고, 때로는 고객중심으로 집약되어 직무 중 가장 중요한 것이 된다. 성과관리를 BPM Business Process Management 또는 워크플로우 도구, 그러한 소프트웨어 공급업체와 혼동하지 말

그림 2.1 | 사실 중심 자료에 의한 성과관리

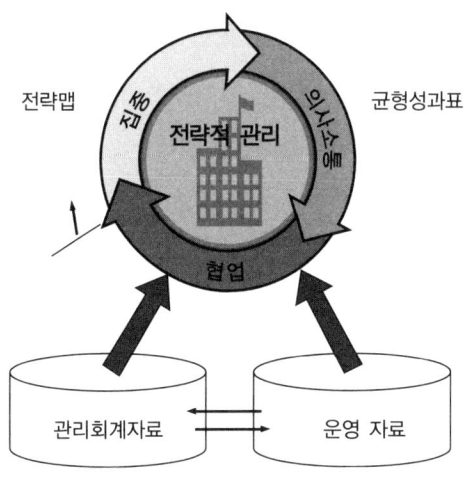

아라. 성과관리는 BPM 도구 이상의 것을 가지고 있다. 성과관리는 그러한 사상뿐만 아니라 대량의 수치계산도 포함하고 있다.

성과관리가 그 이상을 가지고 있다면, 무엇으로 구성되어 있는 것인가? 성과관리는 전략계획, 성과표 측정, 예산수립, 원가측정(ABM 포함), 자원소요예측, 연결회계 등을 하나의 우산 아래 포괄하는 통합된 범용 방법론들이다. 또한 성과관리는 범산업적인 관련 주요 방법론들(고객 인텔리전스 시스템(CRM); 공급자 인텔리전스 시스템; 주주 인텔리전스 시스템(자본비용, 경제적 이익과 가치), 인적자원관리 시스템; 6시그마와 린운영)을 포함하고 있다. 이들은 주요 핵심프로세스 솔루션들로 Part IV (특히, 17, 18, 19장 참조)에서 설명할 것이다.

유명한 품질개선분야 전문가인 데밍W. Edward Deming이 고안한 Plan-Do-Check-Act(PDCA)의 반복 사이클과 유사하게 성과관리도 반복 사이클을 가지고 있다. 그림 2.1에 나타나듯이 성과관리를 집중, 의사소통 및 피드백, 협업의 세가지 요소로 구분할 수 있다. 이 그림은 또한 성과관리 원천정보로 관리회계 실 데이터와 운영데이터가 어떻게 제공되는지를 보여주고 있다.

성과관리 사이클의 기본전제는: 종업원은 전략과 전략달성을 위한 개개인의 노력이 어떻게 연계되지는지를 명확하게 이해해야만 전략은 효과적으로 실행할 수 있다.

이 문장은 많은 내용을 내포하고 있다. 또한 두번째 단계인 ("의사소통")이 왜 모든 종업원과 관리자들이 "어떻게 중요한 일을 계속할 것인가 ?"에 대해 빨리 대답할 수 있어야 하는가에 대한 강력한 질문인지도 설명한다.

우리는 전략맵과 성과관리표를 재무 분석가가 조직의 재무건전성을 파악하기 위해 대차대조표와 손익계산서를 어떻게 활용하는지와 비슷하게 생각할 수 있다. 전략맵과 성과표로부터의 피드백은 조직의 전략적인 건정성을 파악하고, 결과적으로 점증적인 성공기회들를 찾아낼 수 있다. 많은 조직들이 성과지표를 리포트하지만, 시사점이 없다. 사용자는 결과를 볼 수 있다. 그러나, 성과가 좋든 나쁘든 근본적인 원인을 조사할 수 없다. 데이터 관리 시스템을 보유한 또는 연계한 성과표는 이 문제를 해결할 수 있다. 성과표는 전략을 측정가능한 용어로 표현하여 무엇이 진행되어야 하고 모두가 어떻게 진행하고 있는지를 의사소통한다.전략의 무엇을 의사소통해야 하고 어떻게 모두가 수행할 것인지에 대해서 측정 가능한 것으로 표현하고 있다.

요약하면, 종업원과 관리자들은 그들의 작업과 전략을 정렬시키기 위한 도구를 제공받아서, 조직의 성공을 위한 그들의 공헌도를 인식할 수 있어야 한다. 전략중심 조직은 효과적이고 지속적인 전략이행을 위해 특정 종업원팀에게 전략성과에 대한 의도한 피드백이 가능하게 된다. 조직은 최상의 길을 가더라도 조심성있게 구덩이를 살펴야 하겠다. 모든 조직원들이 단일의 관점에서 전략에 집중하고 의사소통하며 협업해야 한다는 것을 아는 것이 성과관리에서는 중요하다. 이렇게 하는 것이 하나의 성과지표가 다른 지표에 어떻게 영향을 주는지 모든 조직원들이 이해하는데 도움을 준다. 또한, 인과관계를 파악하고 작업활동을 전사적으로 관리하여 모든 조직원들이 똑같이 이해하고 행동할 수 있도록 하는 것이 중요하다.

이 책의 Part II는 반복 사이클의 각 요소에 대한 내용을 좀 더 깊이 있게 탐구하도록 한다. 그러나 현 시점에서 각각을 간략히 살펴보면:

1. 집중. 전략관리 프로세스는 선택과 집중에서부터 시작한다. 지구상의 모든 기회나 시장을 쫓아갈 만한 충분한 자금이나 자원은 없다. 우리는 끊임없이 희소하고 귀한 자원과 시간에 제한된다. 그러므로 핵심은 집중이고 전략은 집중의 결과이다.

이러한 중요한 첫단계에서 상위 관리자는 전략을 정의하고 지속적으로 수정한다. 다음으로 인과관계에 따라 맵핑하면서 전략목표와 전략목표 달성에 중요한 영향을 미치는 활동단계 및 프로젝트를 선택하고 정의해야 한다. 전략맵은 집중할 영역을 개발하기 위한 중요한 도구이다. 전략맵의 중요성을 과소평가 하지 마라. 그들은 두 번째로 중요한 성과표에 지나치게 가려져 있었다; 그러나 성공적인 전략실행의 핵심인 성과표를 전략맵과 비교하면 전략맵이 보다 강조될 수 있다.

기업들은 이상적으로 큰 목표를 달성 가능한 작고 관리 가능한 프로젝트로 전환할 수 있다. 이러한 일은 일어날 수 있다! 전환시 첫 단계는 현재의 운영 상태와 미래의 바람직한 상태간의 차이를 연결할 전략적 주제를 정하는 것이다. 이 주제는 기업의 작업을 조직화하고 다양한 운영 사업부, 부서 그리고 종업원들의 작업으로 나누게 된다. 당신의 전략이 균형성과표, 말콤 볼드리지상 Malcolm Baldrige Award 기준, 6시그마, TQM, 또는 Lean생산구조 등 어디에 토대를 두고 있든 간에 종업원들이 전략의 인과관계를 파악할 수 있도록 조직은 압축되고 명확한 지표를 정의하여 사용해야 한다. 전략맵은 그러한 프로세스에서 출발한다. 중요한 영역에 집중함으로써 모든 사람들은 비즈니스 실패 뿐만 아니라 미래 성공을 이끌어 낼 베스트 프랙티스도 알 수 있게 한다. 또한 전략과 예산수립 프로세스를 연계하는 논리적 수단이기도 하다.

2. 의사소통 및 피드백. 전략관리프로세스는 지속적인 의사소통을 필요로 한다. 상위 관리자들이 종업원들에게 조직의 전략을 분명히 표현하기 위해 필요한 내용이다. 전략을 분명하게 명시하는 것이 종업원들에게 중요한 피드백을 위한 출발점이다. "중요한 것을 어떻게 해야 하는가?"라는 슬로건을 기억하라. 전략 의사소통을 강화하는데는 성과표가 중요한 도구이다. 성과표를 전략맵의 동력기어로 생각하라. 성과표는 전략맵에서 각각의 상대적인 중요도를 반영한 신중하게 선택되고 정의된 지표와 측정치들이라고 생각하라. 성과표는 선행과 후행지표를 통해 작업노력과 조직 미션, 비전을 정렬시키도록 유도하는 전략맵과 전략목표의 연결고리로 생각하라.

전사차원의 정보를 통합, 분산 및 분석함으로써 조직은 경쟁자보다 앞서 이러한 정보에 대한 실행력을 얻는다. 모든 종업원들에게 전략적 비전을 의사소통하고 적극적으로 전략을 실행 할 수 있도록 동기부여하는 것이 목적이다. 우선 조직의 가설이나 과거의 뉴스가 아닌 시의 적절한 사실에 기반하여 의사결정을 할 수 있도록 개인들은 그들 조직의 BI를 그려내야 한다. 그리고, 너무 늦었을때는 상황을 타개하여 제궤도에 오를 수 있도록 인과관계 분석을 수행할 수 있는 충분한 기업단위의 인텔리전스가 있어야 한다.

3. 협업. 전략관리 프로세스 사이클의 마지막은 협업이다.(이 사이클은 사실 마지막이 아니다; 계속적으로 반복적인 사이클을 수행하게 된다.) 사업부간 다양한 전략을 정렬시킴으로써, 조직은 종업원들의 총체적인 지식을 활성화하여 개인들의 잠재력을 이끌어낸다. 최상위에서 실무자까지 성과표상의 주요 성과지표(KPI)에 대한 피드백을 기반으로 e-mail 토의를 함으로써 보다 빠른 문제해결과 합의가 이루어진다. 성과관리 프로세스는 최고 경영진의 전략을 모든 사람의 일로 만드는 것이다. 협업은 그야 말로 총체적인 대화를 의미한다. 관리는 통제와 같지 않다. 관리는 지속적인 개선을 위해 사람들을 코칭하는 것이다.

이러한 성과관리 사이클을 쉽게 생각하면 계획과 실행 모두를 포함하는 것이다. 그러나, 성과관리는 관리자와 종업원들이 ABM을 통한 풍부한 정보를 획득하는 것과 같은 사실 기반의 인텔리전스에 접근하고 가시성을 가질 경우에 크게 도움이 된다. 사실 기반의 인텔리전스를 통해 올바른 전략이 수립되고 보다 나은 의사결정을 위해 종업원들은 무엇이 일어나고 있으며 무엇이 일어날 것(what-if analysis)으로 예상되는지를 분석할 수 있다.

성과관리는 또한 통상 재무기능에 의해서 수행되는 연간 예산 프로세스와 전략계획 프로세스를 연계하고 있다. 만일 최고 경영진이 전략목표를 달성하기 위해서 프로젝트와 개선과제를 승인했다고 하면 종업원들에게 적당한 규모의 자원을 제공해야 할 필요가 있다. 그러나 예산은 전통적으로 총계정 원장의 계정과목으로만 표현된다. 반면에 전략은 프로그램과 성과측정지표로 표현된다. 누락된 것은 그들을 명확하게 연결하는 메커니즘이다. 모든 것이 논의되고 마무리되었다면, 논의된 내용에 비해 실행은 미미할 것이다. 성과관리는 최고 또는 최적의 의사결정을 지원하기 위해 계산된 위험을 기반으로 실행을 이끌게 된다.

5장에서는 전략맵과 성과표를 논한다. 이들은 전략을 정의하고 탐색하기 위한 가이드를 제공하여 조직이 제 궤도를 유지하게 하고, 새로운 전략적 코스로 이동하기 위한 방향과 속도를 변경하게 한다. Part Ⅲ는 데이터의 중요한 범주로 ABM을 설명하고 있다. 일부는 성과표 상의 KPI 측정지표를 제공할 뿐만 아니라 작업활동과 자원(비용)사용의 동인에 대한 이해를 돕고 있다.

사람과 문화적 문제

　비즈니스 스쿨이 그들의 커리큘럼을 운영관리와 재무와 같은 딱딱한 정량적 중심의 과정과 변화관리, 윤리, 리더쉽과 같은 부드러운 행위론 중심의 과정으로 나누려 하는 경향이 있다. 이전 과정은 숫자로 실행하는 관리(run-by-the-numbers management) 접근법을 적용하는 것이다. 후자는 주로 사람문제를 다루고 있다.

　정량적 접근법은 마치 전세계와 모든 사물이 큰 기계안에 있는 것처럼 뉴톤의 과학적인 사고를 적용한다. 이러한 접근법은 생산, 권력, 효율성, 통제관점으로 대변되며 종업원들은 필요시 채용되고 주기적으로 대체되는 마치 로봇과 같이 취급된다. 반면 행위론적인 접근은 조직은 살아있는 유기체로 계속 변화하고 환경에 반응하게 된다. 이러한 다원적인 생각은 진화, 지속적인 학습, 자연적인 대응, 변화상황에 대한 적응이라는 관점으로 대변된다.

　일반 관리자에게 혼란스러운 것은 정량적인 접근과 행위론적인 접근이 통합되고 조화를 이루는 것이다. 오늘날 작업자들의 두뇌가 아닌 근육을 조작하기를 선호하는 명령과 통제 지향의 경영진들은 문제에 봉착하였다. 대부분의 일은 단순히 결과에 다다르기 위한 통로 역할을 하는 컴퓨터나 기계가 아닌 사람을 통해서 이루어진다. 대부분의 종업원들은 세밀한 관리에 감동하지 못한다. 좋은 성과를 창출하는 사람들은 스스로 관리하고, 어떠한 방향성이 주어지더라도 적시에 피드백을 하는 사람이나 팀들이다. 관리는 사람들을 레버리지함으로써 가치와 성과를 창출한다.

이론과 실제

　최고 경영진은 명확한 비전과 조직의 방향을 수립할 필요가 있다. 더 나아가서는 문화, 의사소통 관습 그리고 이들과 정렬되는 보상 체계를 수립할 필요가 있고, 이를 통해 조직이 그들의 전략을 향해 나아가도록 해야 한다. 경영진은 또한 적합한 기술과 역량을 갖춘 인력과 설비를 확보하는 것이 필요하고 이것이 자본대비 비용의 균형 활동이다. 끊임없는 종국에 전략은 반드시 고객선호와 요구사항과 결부되어 있어야 하나, 또한 파괴가 아닌 가치 창출을 통해 주주들(소유주들)을 만족시켜야 한다.

종국적으로 조직은 현장에서 경영진 까지(다시 현장으로) Top-Down 가이드와 Bottom-up 실행이 필요하다. 성과관리는 양방향으로 계획을 결과로 전환한다.

성과관리는 이론이 아니며, 어떻게 조직이 수행할 것인지를 알기 위해서 대학원 이상의 학위가 필요한 것은 아니다. 그럼에도 불구하고, 일련의 도구나 원칙이 없이 진행사항을 파악하고, 의미를 해석하고, 해야할 일을 규정하는 것은 어렵다. 오늘날은 모든 것이 빨리 변화하고 이러한 상시적인 변화는 이제 규범으로 되어 있다. 그 결과 과거의 입증된 방법들을 가지고 현재의 문제를 해결하지 못할 수 있는데 이는 문제가 변화했기 때문이다. 이는 과거보다 더욱 중요한 자원수준과 그들의 수요유형을 일치시키는 것과 같은 기본 원칙들을 이해할 수 있게 한다. 성과관리는 무엇이 문제인지를 이해하기 위한 방법과, 더 중요하게는 보다 나은 질문을 하기 위한 방법을 제공한다.

성과관리의 산출물은 요약된 책자, 끊임없는 회의로 끝나는 것이 아니며 그것 보다는 제대로 실행되었을때 풍부하고 실질적인 통찰력을 제공한다. 성과관리는 조직이 어디에 위치하고 있으며, 어디로 향하고 있으며, 어디로 가야 하는지 그리고, 거기로 가려면 어떤 것들이 필요한지에 대한 정보를 제공하는 것이다. 예산이 승인되고 사용되거나, 투자 의사결정이 이루어 질 때 실제 현금조달을 수반한다.

현금지출이 확실하다 하더라도 미래 현금수입은 명확하지 않은 경향이 있다. 양의 순현금흐름이 될것이라는 것을 보장할 수 없다. 비즈니스 모델링에 근거한 성과관리는 그러한 위험을 상쇄시킨다. 그것은 문제해결 솔루션이 차후의 문제를 야기시키지 않을 가능성을 증가시킬 것이다. 성과관리를 할 경우 양호한 투자수익률 예측이 가능하며 위험관리가 유행어가 아닌 현실이 될 수 있다. 정량적인 재무관점에서 고객가치와 주주가치간의 상충관계를 드러내고 조정하는 것이 성과관리 실행으로 인한 큰 잠재효과 중에 하나이다. (경제적 가치 관리는 20장에서 논의함.)

성과관리는 비즈니스 모델링에 기반을 두고 있다

과거에 비전형 관리자는 계획을 위한 도구의 활용을 꿈꿔왔지만 기술이 장애요소였다. 프로그래머는 분석 리포트를 준비하기 보다는 거래중심의 운영 시스템을 코딩하는데 바빴다. 그리고, 관리자가 프로그래밍 요구사항을 접수하면 이를 해결하는데 여러 달이 걸리며, 결과 또한 최초 요구한 것과는 차이가 있었다.

하지만 오늘날은 소프트웨어 모델링 도구, 데이터웨어하우징과 마이닝기술의 진보로 인해 기술이 더 이상의 장애요소가 아니다. (사고가 장애요소 이다!) 비즈니스 의사결정을 위한 최적의 모델링은 어떻게 해야 되는가? 답은 진부한 듯 하나, 비즈니스 모델링 원칙과 도구에 의해서 이루어져야 가장 잘 된 모델링이라 할 수 있다. 비즈니스 모델링은 "현실 세계를 시뮬레이션하기 위해 조직이 어떻게 작동하고 기능하는지를 정의한 대표 또는 모델"이라고 정의되어 왔다. 비즈니스 모델링은 성과관리 구성요소에서 중요한 것이다.

상위 관리자의 가장 중요한 역할은 전략을 정의하고 지속적으로 수정하도록 하는 것이다. 그러한 이유로 그들에게 코너에 큰 사무실도 내주고, 많은 급여를 주는 것이다. 효과적인 비즈니스 모델링이 될 때 조직은 계산된 위험수준에서 불확실성을 대체하는 모델에 대비하여 최고 경영진이 제안하는 전략적 이행과제를 검증할 수 있다. 여러분의 친구들을 불확실하게 하고 그것을 이해하기 위해 배워라. 성과관리 비즈니스 모델을 사용할 때 상위 관리자들은 현실세계가 아닌 컴퓨터에서 그들이 제안한 새로운 프로그램의 실현 가능성을 검증할 수 있다.

성과관리에서 비즈니스 모델은 모든 관리자들이 원하는 기본적인 내용을 제공한다:

- 비즈니스 문제 파악
- 개선기회 발굴과 성공적인 개선효과 측정

상위 관리자들은 관리자들과 종업원들간의 의사소통을 촉진 시키기 위해서 이와 유사한 시스템에 의존할 수도 있다. 종업원들은 그들이 조직의 전략과 목표와 연계하여 작업을 선택하는 것을 자신감있게 적극적으로 관리할 수 있게 된다.

비즈니스 모델링은 가치창출을 이해하는데 효과적인 방법이다. 가치는 다시 말하지만 애매 모호한 용어이다. 누구의 가치를 고려해야 하는가, 고객인가 아니면 주주(소유주)인가? 여러분들은 고객관점에서 가치를 창출할 수도 있지만, 주주는 여러분에게 가치를 확보하는지를 물어볼 것이다. 이와 같은 상황에서 나는 가치를 제품사양이나 고객 선호도 측면이 아닌 부의 창출 측면에서 이야기할 수 밖에 없다.

대학 생활의 회상

나는 모델링을 믿는다고 고백해야만 한다. 모델링에 대한 나의 진정한 첫 경험은 Cornell대학교 4학년 때인 1971이다. 나는 공학 커리큘럼에서 선택과목으로 들었다. 과정명은 "게임이론"였으며, 세계적 수준의 러시아 아카데미의 컴퓨터 체스게임 프로그램과 경쟁하던 체스게임 컴퓨터 프로그램을 개발한 교수한테서 배웠다. 요약하면, 나는 각 선수의 평균 타율을 기초(단타 중심 타자와 장타 중심 타자를 구분)로 확률을 구하고 이를 난수 발생기와 연결하여 1969년 National Baseball League를 시뮬레이션하였다. 프로그램은 또한 각 타자들이 타석에서 평균 타율 기반으로 확률을 감소시키면서 각 투수들의 강점과 우월성을 수정하였다. 나는 팀의 실제 순위에 근접하게 복제되는 것을 보고 나 스스로 놀랐다. 그리고, 가충치 요소에 의해서 실제 MVP 수상자를 선정하였다. 나는 과정에서 A+를 받았으며, 모델링을 미래 성과를 예측하는데 타당성 있는 기반으로 인식하게 되었다.

20장에서 이러한 애매모호함과 상충관계를 설명한다. 고객중심 전략은 특효약과 같은 매력을 가지고 있으나, 투자자 관점을 옹호하는 접근법은 주주 수익지향의 전략적인 사고와 배치된다.

비즈니스 모델링은 미래 계획을 위한 도구이다. 그것은 단기와 장기 성과의 균형을 지원한다. 관리자들은 자원을 획득하고, 미래 가치 창출을 위해서 그들의 계획에 불가피하게 영향을 미치는 불확실성이 있음을 이해해야 한다. 미래는 불확실하다. 그들은 다양하고 변화가 잦은 우선순위들을 놓고 어떠한 자원이 필요한지 알아야만 한다.

성과관리는 새 병에 오래된 포도주를 넣는 것인가?

일부는 성과관리 방법론과 도구들을 성공적으로 조정하고 통합하는 것을 새 병에 오래된 포도주를 넣는 것으로 비유하는데, 이는 현저하게 새로운 솔루션의 개발은 없다는 것을 의미한다. 관리자들은 이미 MBA 과정이나 유명한 비즈니스 매거진의 연간 구독을 통해 이러한 개념에 익숙해져 있다. 이러한 솔루션이나 방법론의 대부분은 하나의 주제에만 집중하고 있는 반면 다른 측면의 관리주제들과는 무관하게 독립적으로 존재하고 있다. 어떤 솔루션과 방법론은 이론과 상충되어 혼란을 야기시킨다.

요약하면, 성과관리를 오래된 포도주로 보는 사람들은 확정된 주요 프로그램과 업무절차에 싫증을 느끼는 것이다. 그들은 주요 프로그램들을 단순히 기존의 아이디어를 재포장한 것이라고 보고 있다. 그들은 단순히 매우 훌륭한 신규 이이디어와 기존에 존재하고 전체적으로 일관된 관점을 유지하는 방법론을 통해 개선효과를 기대한다.

반면, 성과관리를 오래된 병에 담긴 새로운 포도주로 보는 사람들이 있다. 즉, 성과관리 시스템이 모든 종업원들과 관리자들에게 좀 더 가시성있고, 관련성이 있으며 정확하고 적시성있는 정보를 제공할 뿐만 아니라 이러한 인텔리전스 레이어의 해설과 정보를 통해 보다 신속한 의사소통이 이루어질 수 있다. 어떻게 가능한 것인가? 자동화된 경보 메시지와 신호등을 혼합한 e-mail, 휴대폰, 그리고 음성메일을 생각해보자. 보다 중요한 것은 이러한 의사소통이 더 이상 조직체계의 최고 경영진으로부터 지시를 받는 상위 관리자들로부터 시작하지 않는다. 그것보다는 성과관리 시스템이 결과에 책임지고 행동 할 특정한 종업원에게 직접적으로 의사소통을 할 수 있다. 종업원과 관리자들은 이제 신속한 행동을 취할 개인들과 직접적인 의사소통이 가능해졌다. 복도에서 사람을 기다리거나 당일 또는 그주 내에 e-mail을 보내는 것을 고려하기 보다는 성과관리 소프트웨어(하이퍼텍스트 개인명의의 e-mail 주소)를 통해서 그렇게 할 수 있다.

나는 신구 와인 논쟁에서 한쪽을 결정하는 것을 원하는지 정확하지 않다. 나는 적절히 검증되거나 통합되지 않은 주도 면밀한 방법론(오래된 와인)의 사용을 좋아한다. 그러나 나는 또한 신뢰가 존재하는 조직내 의사소통을 매우 지지한다. 그러므로 나는 양쪽면을 다 좋아하는 것이다.

입장이 분명하지 않지만 그럼에도 성과관리 요소들을 결합한 접근방법이 독립된 별개의 방법론을 다루는 것 보다 합리적이라고 지지하는 IT 리서치 업체가 점차 증가하고 있다.

3

사실기반의 데이터와
정보기술의 지원

사실이 결여된 상태에서, 누구의 견해도 좋은 것이다. 성과관리의 주요 효익은 모든 사람들이 동일한 사실을 가지고 동일한 결론에 다다르게 것이다. 그러므로 전략과 계획을 정의하는 것만으로는 충분하지 않다. 관리자들과 종업원팀에게 보다 넓은 가시성을 부여하는 신뢰성 있고 적시성 있는 실 데이터를 통해 생각보다 행동이 우선할 수 있게 한다. 이는 그림 2.1에서 나타난 운영과 관리회계 데이터에 표현되어 있다.

신뢰성 있는 실 데이터의 역할 – 원가 측정

조직은 그들의 원가구조와 고객, 시장의 영향에 의한 규모의 변화가 상대적으로 어떻게 영향을 미치는지를 이해할 필요가 있다. 회계가 도입된지 500년이 지난 시점에서 회계사들은 아직도 모든 것(비용계산)이 맞다고 하고 있다. 본서를 통해서 활동기준 관리(ABM)의 토대가 된 활동기준 원가관리(ABC/M) 방법론은 입증된 솔루션이 되었다. 활동기준 관리(ABC 데이터를 활용하는)는 고급정보를 제공함으로써 성과관리를 원활하게 하고 있다.

활동기준 관리는 회계 시스템 이상이고, 또한 관리정보 시스템 이상이다. 활동기준 관리는 관리회계를 관리경제학 분야로 끌어올렸다. 변화관리 도구로서 고려되어야 한다.

많은 ABM 프로젝트 관리자들은 ABM 데이터의 행동의 변화관리 측면을 인식하는데 더디었다. 활동기준관리는 사회 기술적인 도구이며, 사회적 측면이 강조되어야 한다. 많은 관리자들과 ABM 프로젝트팀은 ABM을 단순히 보다 나은 측정체계나 원가배분 정도로 본다. 그러나, ABM의 실제 가치는 논쟁의 여지가 없는 실제 정보를 통해 종업원들과 관리자들이 비즈니스 사례를 구축하고, 비즈니스 문제점이나 기회를 신속하게 인식하고 가설을 검증할 수 있게 하는데 있다.

강력히 추천하는 제안: ABM 모델과 시스템 구축이후 반드시 ABM 속성을 이용한 가치분석을 수행하라. 원가는 본질도 종결도 아니다. 동인분석을 통해 원가유발요인을 이해하고, 조직목표에 맞는 활동들의 상대적인 가치를 범주화하는 것이 중요하다. 속성은 계산된 비용에 부착된 점수나 꼬리표이다. 속성 단독으로 의사결정 하는데 충분하지 않으나 그들이 제공하는 가시성과 통찰력은 행동지침을 암시한다.

21세기 조직관리 역사가들이 20세기를 되돌아 볼 때, 대부분의 기업들이 사실보다는 직관 및 본능에 따라 운영되었다는 것을 알게 될 것이다. 많은 조직들이 다소 다루기 어렵다. 일부는 일련의 반복적인 화전식의 원가절감을 거쳐왔다. 그 결과 실질적으로는 조직 경계를 아우르는 끝에서 끝까지의 프로세스가 있지만 여전히 분절된 상태로 운영되는 단순히 축소된 스토브 굴뚝 형태의 새로운 조직이 재구성되었다. 다운사이징을 하더라도 그들의 원가나 효과적인 통제체계는 명확하지 않다.

천부적 재능의 관리자들은 실제 문제가 불충분하거나 거짓 데이터에 있다는 것을 알고 있다. 그들은 어느 정도의 정확도와 신뢰도로 원가를 계산하거나 성과를 측정할지를 알지 못한다. 그럼에도, 그들은 그들이 할 수 있는 최선의 방법을 통해 그럭저럭 해냈다. 모든 사람들은 현재 오류의 여지는 적다고 알고 있으며, 그러한 신뢰성 있고 적시성 있는 사실기반 정보 가용성은 중요한 문제가 되었다. 기업이 최적의 성과와 멀리 떨어져 있다면 원가배분과 같은 간단한 원가관리 실무를 채택할 만 하다. 그러나, 보다 최적의 성과에 가까이 갈수록 ABM을 필요로 할 것이다.

수년간 배우고 변하지 않았던 대부분의 전통적인 관리이론에 의문을 제기하기 시작해도 별 문제가 없을 수도 있다. 간단히 놓고 보면, 조직이 측정하는 관리와 통제정보의 대다수가 실제로 이솝우화에 나오는 임금님의 새 옷 같은 경우인지 의문을 가져야 한다. 중간 관리자들이 자신들이 받는 데이터 중 유용한 데이터를 찾을 수 없다면 그들은 신화 속에서 사는 것일까? 비즈니스 스쿨 교수와 유명한 비즈니스 지도자가 그들의 원칙들을 제시하는 논문이나 책을 쓴다. 그러나 지구가 우주 중심이라는 생각을 옹호하기 위해서 방어하는 초기 천문학자들과 같은 사람들이 있지 않는가? 우리는 우아한 이론을 창조하고 유지하고 있으나, 근본적인 논리나 개념은 결점이 있다.

ABM은 조직방법론의 많은 특징을 가지고 있다. 많은 관리자들은 조직 내 변화를 가져오는데 어려움으로 인해 좌절감을 느꼈다. 행위적인 변화관리는 보다 넓은 관심이 필요하고 ABM데이터는 조직을 변화시키는데 중요한 역할을 지속 할 것이다.

정보기술과 DW의 역할

몇몇 상업용 데이터베이스와 어플리케이션 소프트웨어 공급업체는 성과관리 방법론들의 모든 구성요소를 통합하고 있다. 그들은 자동으로 프로세스 끝에서 끝까지 관리하고 수작업 조정이 가능토록 하였다; 그리고 그들은 정보 추출, 분석, 예측이 가능하다.

DW 기술을 레버리지하여 성과관리 통합 솔루션의 구성요소들의 집중화는 다음과 같은 장점들을 제공한다.

- **단일 버전의 데이터 통합.** 재무, 원가측정 그리고 성과관리 요소들은 중앙 DW로부터 그들의 데이터를 가져올 수 있다. 세계수준의 DW기술은 데이터를 가상적으로 어느 원천에서든, 어떤 형식이든, 어떤 플랫폼과 상관없이 데이터 품질을 보장하면서 읽을 수 있고(정형적으로 데이터 추출, 데이터 변환과 적재[ETL], 분산시스템의 운영데이터를 통합하여 강력하고 일관성 있는 정보자원화를 할 수 있다.
- **데이터 품질과 완전성.** DW는 자료를 모으는 것 이상이 아니다. 중복된 데이터, 비논리적인 조합, 값 누락과 같은 문제의 데이터를 정제하여 BI시스템에 위협이 되는 문제들을 예방한다. 데이터 품질이나 완전성에 대해서는 한번도 의문점을 갖지 않게 하면서 유용한 정보로 전환, 저장 및 사용 가능한 형태로 제공함으로써 DW를 이해할 수 있게 한다.
- **정보공유.** DW로의 통합으로 분산되어 있는 종업원들과 지역 시스템들이 과거에 여러 지역에 분산되어 번잡하고 시간이 많이 걸리는 정보공유를 자동화 할 수 있다.
- **지식공유.** DW에 대한 비즈니스 규칙, 가정, 평가기준을 적용함으로써 "인과관계" 분석 또는 "Filtering"분석 및 최하 데이터까지 drill-down분석을 수행하여 하나의 솔루션 만으로는 간과될수 있었던 것들을 이해할 수 있다.

스프레드시트 – 전염병인가?

단절된 스프레드시트가 이슈화 되고 있다. 스프레드시트 증후군은 한때는 성가셨지만 이제는 심각한 문제로 바뀌고 있다. 왜냐하면 번거롭고 적시성이 떨어지는 리포팅과 연관될 뿐만 아니라 사람들로 하여금 하나로 통합된 활성화된 관점의 데이터 (단일버전의 데이터 통합)를 부인하게 하고 있기 때문이다. 부서 내에서는 좋은 리포트일 수 있지만, 나머지 조직 대부분은 그 내용을 모르게 된다. 또 다른 아픔은 다른 사람들이 그들 자신의 유사한 프로젝트 버전을 가지고 있다는 것인데, 이는 불필요한 노력의 중복이다. 여러 개의 스프레드시트를 놓고 데이터가 다를 경우 어떤 것이 올바른 숫자일까? 연결된 스프레드시트를 보면 그 중에 일부는 십년도 넘게 된 것도 있을 수 있고, 별도의 개발 시스템의 경우는 충분히 역동적이거나 신축적이지 못하다. 마침내, 문서화 되었거나 문서화 되지 않은 스프레스시트를 관리하는 문제들은 종업원들이 개발한 스프레드시트를 조직내에 다른 사람에게 전달할 때 부각된다.

데이터가 서버나 Web 접근 가능한 원천보다 클라이언트 컴퓨터에 저장되었을 때, 이는 데이터가 중앙에 저장되지 않아, 데이터의 유포나 분석이 어렵다는 것을 의미한다. 통합되지 못한 데이터는 어떤 사람의 계획상의 가정들이 다른 누구의 가정과 계획들의 가장 최신 버전을 고려하지 않을 가능성이 있다는 것을 의미한다. 대부분의 스프레드시트 사용자는 스프레드시트를 데이터베이스의 하나로 생각하는 오류를 범하고 있다. 그렇지 않다. 연산이나 조회 시 효과적인 계산을 위한 목적이지 저장이나 신뢰성 있고 안전하며 확장성 있게 데이터를 관리하는데는 적합하지 않다. (또한 스프레드시트는 실질적인 셀의 숫자가 비어 있어도 누락 데이터를 관리하기가 어렵다. 여러분은 불과 몇 개의 셀만 실제 값으로 되어 있을 경우 대다수의 셀에 "0"을 입력한다. 컴퓨터 메모리나 처리능력에 비해 매우 비효율적이다.)

조직은 계속 80%의 시간을 모으기, 복사, 붙여넣기, 데이터 재구성, 10%를 오류 제거에 소비하고 나머지 10%를 비구조화된 결과 데이터를 분석이 가능토록 변환하는데 사용하고 있다. 그들은 문장화 되지 못한 매크로나 수식은 사용하지 못하는데 이는 이를 어떻게 유지보수 해야 하는지 기억하는 사람이 없거나 그러한 것들은 뒷받침하는 비즈니스 정책이 없기 때문이다. 결정적인 사실은 대부분의 조직이 신중한 비즈니스 결정에 사용하기 위한 완벽히 구조화된 관리정보를 구비하지 못하고 있다는 것이다.

소위 말하는 끝에서 끝까지의 프로세스는 조직의 거래 파트너들의 프로세스와 연계하는데서 출발한다. 조직은 점점 그들 자신과 그들의 거래 파트너 정보까지 더 많이 접근하여 그들의 공급업체, 고객 및 내부 자원에 대해 360도 돌려 보려 하고 있다.

DW는 전통적으로 데이터 분석과 관련된 사고를 바꾸지는 않는다. 그러나, 분석 절차를 좀 더 쉽게 할 수 있다. 22장에서 이와 관련된 관점에서 자세하게 살펴볼 것이다.

CIO에서 사업기능으로의 권력이동

비즈니스상 많은 상이한 변화요소로서 정보혁명 또한 성과관리의 촉매이기도 하다. 성과관리를 위한 시점은 적합하다. 왜 일까? 200년 전 산업혁명과 현재의 정보혁명은 평행선에 있다. 보다 가시적인 영향은 각 혁명이 시작한 이후 약 반세기만에 표면화되었다. 예를 들어 북미의 James Watt의 증기기관차는 1770년대 말에 발명되었다. 그러나, 1820년대 시골의 농민들이 도시의 공장노동자 계층으로 변모하기 까지는 본격적으로 활성화되지는 못했다. 1950년대 컴퓨터가 발명된 이후 우리는 현재 정보 컴퓨팅과 저장능력을 갖춘 범용적인 어플리케이션으로 여기고 있다.

정보혁명의 토대는 사실 지식활용이다. 전자제품이나 반도체의 혁명은 프로그램 코딩하는 기술이나 시스템, 경제적분석에 비해서 덜 혁명적이었다. 성과관리의 등장은 생명공학과 견주어 무게감이 떨어지나 양쪽 모두 공통적인 특징이 있다: 총명한 지식근로자들이 IT 컴퓨팅의 집중화를 유도하고 문제들을 해결하고 있다. 생명과학에서 과제는 인간와 동물의 건강을 증진하는 것이다. 성과관리에서는 급변하고 보이지 않는 장애물들에 대한 실시간 대응을 하여 조직의 항해(방향, 견인력, 속도)를 개선하는 것이 과제이다.

Harvard Business School의 캐플란 Robert S. Kaplan은 새로운 관리기법의 인식 및 연구를 위해 예리한 통찰력을 지속적으로 증명해 왔다. 1987년 저서인 '적합성의 상실 : 관리회계의 종말(Relevance Lost: The Decline of Managerial Accounting)에서 Kaplan과 그의 공동저자인 H. Thomas Johnson은 ABM 토픽을 소개하였다. 나는 운 좋게도 개인적으로 그와 그의 동료인 Dr. Robin Cooper에게서 교육을 받는 기회가 있었고 그들이 KPMG Peat Marwick의 파트너로 있을 때 ABM 컨설팅 서비스가 시작되었다. 1996년 Kaplan 교수는 균형성과표를 공동 저술했고 최근에는 전략 집중형 조직의 공동저자로 참여하였다.

Kaplan의 논리는 두가지 주요한 요인이 기업들이 고객에게 집중하도록 유인한다는 것이다.

1. 제품이 상품화되면서 서비스의 중요성이 증가한다. 즉, 제품우위의 차별화가 점차 줄어들거나 희석화 되면서 고객관계는 중요성이 커지고 서비스 제공비용에 대한 각 고객의 수익공헌도가 측정되고 가시화되어야 한다.
2. 인터넷이 불가피하게 공급자시장에서 구매자시장으로 변화시키고 있다.

여러분의 외부고객의 습성과 선호도를 알수록 지속적이고 반복적인 비즈니스로부터 보다 많은 수익을 기대할 수 있다.

보다 나은 고객관계 관리를 위한 긴급한 과제는 IT에 능숙한 관리자들의 신규영입과 함께 어떻게 정보기술에 투자할 것인지에 대해서 커다란 변화를 창조하는 것이다. 정보기술의 투자가 더 이상 IT부서나 CIO의 주요 통제대상이 아니다. 권한은 각 사업단위(영업, 마케팅, 고객 서비스, 물류, 인적 자원 관리자들에게)로 이동된다. 그들은 IT기능에 의존하기에는 불편하다. 고객의 요구를 충족시키기 위한 열의와 긴박감을 느끼고 있는 사람은 이러한 IT에 해박한 관리자들이다. 그들은 CFO와 CIO들보다 큰 문제를 가지고 있어서 자신의 운명을 통제하고 사업영역에 적합한 IT전략을 추진한다. 그들은 여러분이 개썰매의 선도견이 되어보지 않는다면 그러한 관점은 결코 변화가 없다는 것을 알고 있다. 결론적으로 그들은 지금 IT투자의사결정에 실질적인 영향력을 가지고 있다.

Part Ⅱ에서는 성과관리 도구들의 주요 구성요소들이 무엇인지 알아보고자 한다.

**FINDING THE MISSING PIECES
TO CLOSE THE INTELLIGENCE GAP**

PART II

전략맵과 균형성과표: 전략과 성공적인 실행의 연결

"새로운 과학적인 진실은 상대를 설득하고 인도하여 성취된 것이 아니라 상대가 완전히 사라지고 새로운 과학적인 진실에 우호적인 새로운 세대가 성장하면서 부터이다."

- 막스 플랑크, 물리학자이며 Quantum이론 창시자,
The Philosophy of Physics, 1936 -

2장의 처음 단락에서 성과관리 프로세스를 세 가지로 구성된 순환사이클(집중, 의사소통, 협력)로 설명하였다 성과관리 프로세스는 전략을 수립하고 전략이행을 위해 자원과 집중화된 행동을 정렬하는 것이다. PART II는 전략맵, 성과표와 그들의 결과를 어떻게 사용할 것인지에 대해서 다루고 있다. 그것은 전략적 성공 여부의 일차적인 증거로 분기 재무지표에 지나치게 의존하지 않고 전략이 어떻게 운영되도록 할 것인가를 나타낸다.

4
측정의 문제와 솔루션

작업장에서 미스터리 중에 하나가 "우리는 지난 분기 잘했어"라는 관리자의 불평을 어떻게 지원해야 하느냐이다. 이에 대해 이어지는 정상적인 질문은 "어떻게 당신은 아시나요?" 이다. 데이터의 홍수속에서 조직은 이 모든 것을 다 알려고 노력하고 있다. 조직은 일반적으로 데이터가 풍부하고 정보가 빈약하다. DW와 대량의 연산처리를 하는 컴퓨터를 이용하여 이러한 문제를 해결하려는 시도가 있었다. 그러나, 그러한 기술은 단순히 응급조치에 불과한 것인가 아니면 실제 치료가 된 것인가?

성과가 좋은지를 어떻게 알수 있을까?

어느 관리자가 "우리는 잘했어"라고 말하면 누군가가 가정적으로 "잘 했다"라는 그 부서의 성과가 조직 전체에 미치는 효익이 있었는지를 어떻게 파악할 수 있을까? 관리자들은 어떻게 많은 부서 작업과 성과가 그들 조직의 전략 실현으로 집약되도록 할 수 있고, 전략적 방향성과 다른 무의미한 일들이 얼마나 되는가?

이러한 질문에 대한 대답은 조직의 측정 시스템 자체를 개선하는 것이다. 전략맵과 성과관리표는 운영과 전술을 연계한 전략지원 성과측정 시스템을 위한 훌륭한 탐색도구이다. 전략의 활성화 영역과 조직의 성과지표간의 강한 연계관계 구축에 필요한 것이 이러한 관리도구들이다. 그들은 다음과 같은 일로 그러한 일을 가능하게 한다:

- 전략계획상의 중요한 소수 전략목표(전략집중영역)들의 명확화

- 전략목표간의 인과관계 설정
- 종업원들의 성과모니터링을 위한 전략지표의 하위조직 연계
- 이사회가 선정한 공통의 전략목표와 종업원 행동의 정렬

전략맵은 마치 지도책과 같아서 A 포인트(현재 역량, 조직, 기업의 집중영역)에서 목적지인 B 포인트(미래 희망하는 역량 상태, 조직, 집중영역, 기업의 비전, 미션, 전략적 계획에 나타나 있는 것들)로 이동하는 방법에 대한 시각적인 이해를 돕는다. 성과표는 관리자들과 종업원들이 항해하고 방향전환할 수 있게 하는 조정실과 같다. 전략맵이 없는 성과표는 실패할 수 있다. 성과표가 별도로 구축되어 리포팅되면 전략과의 직접적인 관계를 가질 수 없다.

용어에서 알 수 있듯이 성과표는 중요하고 연관성있는 성과지표를 포함하고 있다. 성과표는 경주용 보트의 조타수와 같아 중요한 정보를 주기적으로 노젓는 사람에게 전달하여 준다. 성과표의 주요 역할은 지표(주요성과지표 또는 KPI)를 전략상황에 맞게 선정하는 것이다. 상황(Context)에 대한 개념은 중요하다. 전략상황은 이방법론을 목표에 의한 관리(MBO)나 스프레드시트 기반의 성과 리포트보다 더 상위의 개념으로 올려놓는다. 성과표를 통한 전략과 연계한 지표들의 리포팅은 단지 무엇이 일어났다 뿐만 아니라 무엇이 일어날 것이며, 왜 중요한 것인지에 대해서 설명하고 있다.

성과지표는 전략맵에 정의한 전략목표와 연관관계를 가지며, 전략지표(Strategic Measure)라고 한다. 전략지표는 균형성과표(Balanced Scorecards)에 집계된다. 균형의 의미는 재무와 비재무지표 뿐만 아니라 선행과 후행지표로 구성되어 있기 때문이다. 하위 레벨의 지표는 곧 설명하게 될 하향식의 지표 연계 프로세스를 통해 전략지표로부터 선택적으로 파생될 수 있고 이는 전략의 인식에 대한 공통적인 집중을 유도하기 위한 방법이다. 이러한 하위 레벨 지표는 전술적 또는 운영적 지표라고 한다. 전술적 또는 운영적 지표는 기능별 성과표에 모이게 되는데 기능별 성과표는 전사레벨의 성과표와 같이 균형잡을 필요는 없다. (기능성과표는 6장을 참조하라.) 결론적으로 성과표(균형성과표가 아닌)는 전사 레벨이 아닌 기능별 레벨에서 놓여진다. Part Ⅱ에서는 성과표(Scorecards), 균형성과표(Balanced Scorecards), 기능별 성과표(Functional Scorecards)를 동의어로 사용할 것이다.

전략맵과 성과표는 상호 협력관계에 있다. 한번 생성되면 그들은 조직의 전략적 의

도를 구체화하고 조직이 달성하려고 하는 전략목표 뿐만 아니라 그러한 목표달성을 위한 중요한 지표(전략적, 전술적, 또는 운영적 지표)를 모든 사람들에게 의사소통한다. 이는 어떻게 조직의 비전과 미션 선언문이 "우리는 어디로 가고 싶어 하는가?" 그리고 "왜 여기에 있는가?"라는 질문들에 어떻게 답할 것인지에 대한 생각의 방식이다. 반면에 전략맵과 성과표는 "우리가 어떻게 거기에 갈 수 있을까?"에 대해 어떻게 답할 것인가에 대한 생각의 방식이다. KPI목표 대비 실제 성과를 지속적으로 리포팅하더라도 그들은 성과관리의 한 영역으로 조직을 제 궤도에 움직일 수 있도록 한다. 조직의 가치는 비전과 미션을 형상화하는 추가적인 개념이다. 가치는 무한하고, 조직의 깊은 신념으로 여겨져야 하며, 조직의 최초 성공동인을 유지하고 보장하기 위한 원칙으로서 적용된다.

전통적으로 전략을 관리하려는 노력은 주로 재무부서에서 수행하는 연간 사업계획과 연관성 없이 별개로 진행되고 있다. 사업예산 프로세스는 차년도말의 재무성과를 관리하는 것 이상으로 전략실행과 반드시 연계가 되어야 한다. 이제 예산이 전략으로 확장되려는 큰 기회요소가 있다. 이러한 상호 연관관계를 영속적인 사이클로 생각해보자:

- 전략맵은 우리가 어디로 가고 있는지, 왜 가는지 알려준다.
- 성과표는 얼마나 잘하는지 설명하고, 다음에 어떻게 될 것인지에 대한 가이드를 제시한다.
- 예산은 어떻게 할 것인지를 알려준다.

조직의 지표가 바람직한 방향으로 나아가고 있는지를 어떻게 알 수 있는가? 올바르게 개발된 전략맵과 성과표는 바람직한 방향설정 가능성을 극적으로 증대시켜준다. 전략맵과 성과표는 조직의 성공에 가장 중요한 프로세스와 기능점수를 측정하기 위한 프레임워크를 제공한다. 다른 종업원들을 위한 중요한 소수지표에 집중하는 것이 가장 중요하다. 측정하는 것은 통제하는 것이고, 통제하는 것은 성과를 개선시키는 것이다. 전략맵과 이를 토대로 도출된 성과표를 통해 전략을 달성하는데 중요한 가중치 지표를 기반으로 성과를 모니터링 한다. 전통적인 조직지표는 사후 재무지표를 지나치게 강조하여 전체 성과측정시스템이 비균형적이고 여러 컴퓨터에 걸쳐 분산되어 있는 경우가 많아 위험성을 내포하고 있다.

스포츠 이벤트와 같이 성과표는 가장 중요한 문제의 진행상황을 신속하게 알려준다. 그러나, 스포츠 이벤트와 달리 전사적인 성과표는 관리자나 종업원들이 설명을 위해 깊이 있게 분석할 수 있고, 추세를 볼 수 있으며, 특히 예측하지 못한 결과에 대한 답을 얻을 수 있도록 한다. 성과표를 통해 지표는 지표내 지표를 가지게 된다. 즉, 앞서 아주 간략히 설명했지만 경영진과 상위 관리자의 상위수준 지표(전략적 지표)와 하위 부서나 개인들을 위한 하위 수준의 전술적이고 운영적인 지표로 구성된다.

종업원에 대한 경영진의 골치

무슨 이유로 성과표에 관심을 가지는가? 경영진이 낙담하는 것 중에 가장 상위의 것은 경영진이 주의 깊게 수립한 전략을 종업원들이 이행하지 못한다는 것이다. 보다 구체적으로 이야기하면 경영진이 전략을 수정하거나 이동시켰을 때 그들은 종업원들이 크게 변화 없이 지속적으로 업무를 수행한다는 것을 알게 된다. 전략실행을 실패한다는 것은 이사회입장에서 가장 실망스러운 일이다.

기존의 광범위한 타성과 전통적으로 변화하지 않는 측정지표는 종업원으로 하여금 과거의 일을 그대로 하게 만든다. 경영진이 선언하고 관리자들에게 호소를 하더라도 동향의 변화는 일어나지 않을 수 있다. 경영진은 특별히 그들이 해왔던 것을 더 잘하는데 대해서 관심을 보이지 않는다. 그들은 종업원들이 우선순위를 바꾸기를 원한다. 사람들이 좀 더 중요한 일에 집중하는 것이 그들이 중요하지 않는 일의 개선을 가져오는 것보다 중요하다. 모든 사람들은 "측정하는 것이 달성하는 것이다"라고 알고 있다. 성과표는 이를 실현시킨다. 측정지표가 사람의 행동을 유발시킨다!

종업원들이 그들의 작업을 전략과 자동으로 정렬시키지 않는 또 다른 근거는 현재의 종업원들은 권한을 위임받은 작업자(Empowered Worker)들이라는 것이다. 종업원들이 의무적으로 강압적인 명령과 통제 스타일의 상위 관리자들에게 복종하던 시대는 지났다. 이제 상황이 달라졌다. 종업원들은 권한을 위임받았다. 그러나 권한위임은 양면의 칼이다. 권한 위임은 강압적인 명령과 상관없이 종업원들이 이제 그들이 해야 만 하는 것을 선택하고 그렇지 않은 것은 거부할 수 있다. 그러므로, 오늘날의 경영진이 그들 조직의 새로운 방향을 선언할 때 지식근로자들은 그들 스스로에게 질문을 던진다. "내가 납득할 만한가? 그렇지 않다면 현재 방식을 계속 유지할 것이다."

이는 경영진 입장에서는 핸들을 잡고 과도한 운전을 하는 것과 같을 수 있다. 그들이 왼쪽 또는 오른쪽으로 돌릴 때 차는 가까스로 돌 것이다. 성과표는 정확한 방향과 속도를 제공하도록 설계되어야 한다. 전략맵은 명확한 목적지 뿐만 아니라 이정표 역할도 해야 한다. 골프 스윙이나 테니스 스트로크와 비슷하게 성과표는 초보자부터 전문자가까지 나누어 채를 끝까지 휘두르게 하는 것이다. 계속 골프와 비교하면 골프 클럽과 스윙을 혼동하면 안된다. 성과표는 골프 클럽과 같은 것이다. 이것은 도구이다. 그러나, 자주 그리고 적절히 사용함으로써 여러분의 기술을 향상 시킬 수 있다.

조직성과 창출의 장애요인은 무엇인가?

왜 많은 조직들이 그렇게 많은 에너지를 과시하지만 추진력이 발생하지 않는 이유는 무엇인가? 그리고, 왜 몇몇 조직들은 그들의 전략과 벗어난 방향으로 나아가고 있는가? 몇몇 사람들은 이러한 문제의 행태가 기존의 계층적인 명령과 통제관리 구조는 변한 반면 고객 주문 충족 시스템과 같은 핵심 프로세스는 적절히 개선되지 못했기 때문이라고 믿고 있다. 그들의 가정은 1990년대 BPR의 등장이 과거의 낡은 조직 구조를 프로세스 기반의 조직으로 성공적으로 변화시키긴 했으나 적절한 계획과 실행시스템을 갖추지는 못했다라는 것이다. 또 어떤 사람들은 관리자들과 종업원들이 정확한 우선순위가 어떻게 되는지 조직의 전략달성을 위해서 무엇을 해야 하는지 모르고 있다고 믿고 있다. 둘 다 타당한 설명이다. 그러나, 이에 대한 대답은 상세하지 못한 것 아닌가?

나쁜 조직성과에 대한 비판은 점점 상위 관리자들을 직접적으로 향하고 있다. 그들의 리더십 역량이 부족하다고 여긴다. 그러나, 상위 경영층이 소리 없이 안게 되는 나쁜 성과가 전적으로 그들의 잘못은 아니다. 그들은 조직의 전략 수립과 지속적인 재정의를 잘 하고 있다고 생각한다. 그러나, 그들은 단지 조직의 전략과 실행을 일치시키지 못할 뿐이다. 그들은 이 문제를 단순히 ERP 시스템과 같은 계획과 실행 시스템만의 문제로 보지 않는다. 그것 보다는 사람과 관련된 문제로 본다. 의사소통과 문화의 문제이다.

무엇이 중간 관리자와 종업원들을 그들 조직을 잘못된 방향으로 끌고 가는 것인가? 냉소적인 사람은 전략이 잘못되었다고 한다. 그리고 그들의 마음속에는 그것이 들어있지 않다고 한다. 그러나, 그러한 이유 중 중요한 세가지가 있는데 각각 분리되었지만 연관되어 설명될 수 있다.

1. 열정은 넘치나 추진력이 부족함. 종업원들은 종종 자신이 뭐 하는지 많이 보여주지 않는 채 핸들을 돌린다. 나는 진정으로 대부분의 종업원들이 잘 하는 날의 노력만 보여주려고 한다고 믿는다. 그러나 무엇이 더 중요한 우선순위를 가지는 일인지 그들에게는 통상적으로 명확하지가 않다. 그들은 중요하지 않은 프로젝트를 하곤 한다.

일이 복잡하게 되어서, 보통 관련성이 없는 다수의 개선과제를 동시에 수행하는 경우가 많다. 뿐만 아니라 상충이 되는 프로세스 개선과제도 지속된다. 종업원들은 종종 동시에 수많은 개선프로젝트팀에 참여하기도 한다. 이러한 것들이 그들의 집중영역을 흐리게 하여 조직발전을 저해하게 한다.

2. 전략이 지표와 정렬되지 않음. 소수의 종업원들은 상위 관리자들이 정의한 조직전략을 알고 이해한다. 여러분은 간단명료하게 여러분들의 전략을 요약해 볼 수 있는가? 여러분이 그럴 수 있다면 당신의 동료는 알고 있는가? 대부분의 관리자들과 종업원들은 이러한 질문에 제대로 답변하지 못한다. 그 결과 점점 권한위임되는 종업원들은 좋은 의도에도 불구하고 잘못된 프로젝트를 진행할 수도 있다.

우리는 종종 종업원들이 너무 많은 지표를 가지고 그들의 성과를 모니터링 한다고 판단한다. 10개의 지표로 평가하는 것이 과연 공정한가, 특히 일부는 종업원들의 통제나 영향력을 벗어남에도 공정한가? 다른 사람들의 성과에 의해서 영향을 받는 지표로 평가되는 여러분 또는 여러분 팀은 공정한가? 관리자는 이런 유형의 갈등이 팀이 하나가 되게 동기유발을 시켜 서로를 돕게 만든다고 믿고 있다. 그러나 그것이 실질적일까? 그리고 우리가 너무 많은 지표를 사람들에게 할당했을 때 종업원들이 그것들을 달성할 수 있을 것이라 알고 그러한 측정지표에 집중할 수 있을까? 나는 개인의 측정지표를 3~4개로 최소화해야 한다고 생각한다. 여러분은 아이들 블록처럼 100여 개의 지표를 테이블 위에 들어부어 버리고, 종업원들로 하여금 그 모든 것을 잘 수행하도록 지시할 수는 없다. 어떤 지표는 전체 결과에 더 영향을 주는 경우도 있다. 각 지표의 상대적인 중요성을 반영하는 가중치가 없다면 조직은 나침반 없이 방황할 수 있다. 조직은 소수의 중요한 지표에 초점을 맞출 때 보다 나은 추진력을 얻게 된다.

어떤 경우는 지표간에 상충되는 것들이 나올 수 있다. 예를 들어, 내 부서의 성과가 좋을 경우 역으로 다른 부서의 성과를 나쁘게 하기도 한다. 이것이 전통적인 부분 최적화이다. 지표간의 일부 갈등은 피할 수 없는 것이지만 최소화해야 한다.

3. 과거 재무지표에 대한 집중. 성과정보는 통상적으로 너무 늦게 보고되며, 재무중심적이며, 미래지향적이지 못하다. 여러분의 조직은 선행적인가 후행적인가? 대부분의 성과관리 시스템은 후행적이다.

종업원들과 관리자들은 부적절하게 너무 많은 과거의 사실정보 취합에 압도당한다. 이러한 좋은 예는 제일차 성공지표로 재무정보를 강조한다는 것이다. 만일 월말 결산 보고이익이 기대이하라면 너무 늦어 아무것도 할 것이 없다. 왜냐하면 이미 일어난 일이니까.

균형성과표로의 경영철학 진화는 이것의 기본적인 메시지로 인해 즉각적인 환기를 불러일으켰다. 비재무적인 지표가 재무적인 성과에 영향을 주기 때문에 과도한 재무성과의 강조는 불균형을 가져오게 된다. 그렇지만 많은 조직들은 재무성과에 영향을 미치는 지표들을 이해하기 보다는 재무결과를 검토하고 분석하는데 많은 노력을 기울이고 있다. 고객 만족도나 서비스 수준과 같은 비재무 지표들에 더 많은 주의를 기울여야 한다.

조직은 더 많은 비재무적 지표를 기말이 아닌 기간 중에서 보고하기를 원한다. 이런 유형의 지표를 통상적으로 선행지표(Leading Indicator measure)라고 부르고, 이는 전략목표, 궁극적으로는 재무성과에 긍정적인 영향을 미칠 만한 충분한 시간을 제공할 수 있다. 이러한 의미에서 이러한 선행지표는 앞으로 닥칠 일에 대한 예측지표가 된다.

요약하면, 조직성과를 저해하는 많은 요소들이 있다. 이러한 요인들은 종업원들이 조직의 전략을 보다 잘 이해하고, 전략달성을 위한 핵심 이행과제를 선택하고, 올바른 성과지표를 선택하려고 한다면 제거될 수 있다. 이러한 방식으로 종업원들은 보다 명확하게 어떻게 그들이 그들의 조직의 성과에 공헌하는지 볼 수 있다. 사람들이 영향을 미칠 수 있는 지표로 측정하라.

나는 전략맵과 성과표가 종업원이 물고기떼나 새 무리와 같이 솟구치게 하는 것이라 생각한다. 놀라운 것은 자연의 섭리가 무리 속에 있는 수 백 마리의 새들이나 물고기 떼가 동시에 날거나 수영을 하는 본능적인 항해를 하게 한다는 것이다. 위, 아래, 왼쪽, 오른쪽 그들이 마치 하나인 것처럼. 그러나 나는 조직이 새들과 같이 행동하는 것을 상상하여, 그들 중 일부는 충돌하고 무리로부터 마치 방향을 잃은 것처럼 헤매는 것을 보았다. 전략맵과 성과표가 모든 종업원들이 마치 편대비용 하듯이 유지되는 것을 상상해보자. 그럴 수 있다.

전략맵과 성과표가 왜 유명해졌고, 성과표 구축 성공을 위한 차별화 요소는 무엇이며, 어떻게 전략맵과 성과표를 구축해야 하는지 좀 더 상세하게 살펴 보기로 하자.

5
솔루션으로서의 전략맵과 성과표

전략맵과 성과표 는 업무의 불일치와 업무 우선순위에 대한 혼란으로 발생하는 문제들을 처리하기 위한 관리와 성과도표에 대하여 근본적인 진전을 유도할 수 있다. 전략맵은 조직의 전체적 전략을 달성하기 쉽도록 관리 가능한 단위 사업계획 및 실행 계획으로 정의해주고 나누어 준다. 성과표는 기업의 노동력과 전략 목표가 일치하도록 만들어 주며, 기업의 비젼과 미션이 조직에 의해 달성될 수 있도록 한다. 이 두가지 방법론을 결합하여 업무 노력을 조직의 전략적 이슈를 해결하는데 집중하도록 종업원들의 행동을 일치시킬 수 있다. 대부분의 조직에서는 관리자 들이 서로 능력을 과시하며 경영진을 설득하기 위한 경쟁으로 바쁘지만, 훌륭한 전략맵은 모든 종업원들이 공평하게 경쟁할 수 있는 기회를 부여해 준다. 더 나아가서 종업원들은 그들의 업무 수행 결과에 대하여 강한 오너쉽과 책임감을 확립하게 된다.
　전략맵과 성과표 시스템의 가장 중요한 목적은 모든 임직원의 업무를 전략적으로 만드는 것이다. 즉, 전략맵과 성과표는 전략이 행동으로 이어지고 행동이 결과를 나을 수 있도록 하는 리더쉽 툴이라는 것이다. 성과표는 종업원들이 혼란스러워 하는 것을 방지하며 우선순위에 대한 이해를 잘 할 수 있도록 도와 준다. 경영진의 전략은 그들과 종업원들에 모든 초점이 맞추어져 있다.
　전략적 목표를 통하여 비젼과 미션의 달성을 향해 꾸준히 진전하기 위해서는 언제나 상당한 자원을 수반한 엄청난 노력을 필요로 한다. 중요한 이니셔티브(Initiative)를 위해서는 종업원들이 어떤 업무를 수행할 것인가에 대하여 충분히 타당성 있는 수행 계획을 세워야 한다는 것이다. 그렇지 않으면, 종업원들은 다른 개인의 판단에 의한 우선순위와 선호하는 프로젝트를 찾으려고 할 것이다.

- 전략맵은 예산계획과 자원 할당 과정을 시작하기 전에 전략에 대한 명확한 이해를 바탕으로 배정된 예산과 자원에 대한 가이드라인을 제공한다.
- 성과표 시스템은 각 이니셔티브(Initiative), 계획, 및 비즈니스 프로세스를 추적함으로써 이니셔티브들을 관리하도록 하고, 그것들을 중요한 전략적 목적들과 연결 하는 것을 지원 한다. 모든 계획, 이익, 자원, 예산 그리고 오너쉽은 추적되며, 성과표 사용자들이 주요 성과 달성을 위한 그들의 노력을 쉽게 문서로 증명할 수 있게 된다.

전략맵과 성과표를 사용하는 기본 목적은 조직의 비전과 미션을 지원하는 전략과 이 전략에 부합하는 전략적 목표를 달성하기 위한 수행 계획과 프로젝트를 결정하는 것이다. 일부 프로젝트 들은 이미 진행중일 것이지만, 필요한 새로운 프로젝트들이 정의될 수도 있다. 또한, 평가되는 실측치들도 중요하지만, 이행되어야 할 것들을 선택하고 교정하는 것이 가장 중요하다. 성과표의 가치를 인증하는 테스트를 실제로 해보면, 최초의 성과표가 만들어 질 때 전략적 목표를 지원하지 않는 다수의 개선 프로젝트와 이니셔티브들이 제거 된다는 것을 증명하고 있다. 어떤 핵심 전략 목표들을 수행해야 하는지 구분하는 것은 전략맵과 부합하지 않거나 관련이 없기 때문에 연기되거나 중지되어야 할 프로젝트 들을 걸러낼 필터 역할을 한다.

전략과 정책의 불일치

성과표를 이용하기 위한 주문(mantra)은 단순하다: "내가 중요한 것을 어떻게 잘 하고 있는가?" 이 질문에 대하여 운영팀부터 매니저, 임원, 경영진들에 이르는 조직의 각 레벨에 있는 누구나 완벽하게 답변 가능해야 한다.
1. "잘하고 있는가?"는 종업원들이 어떤 일을 더하고 덜해야 하는지를 평가할 수 있도록 가이드 한다.
2. "중요한 일"은 전략을 달성하기 위하여 어떤 일이 중요한지를 지적해 준다.

최근의 조직이 당면한 문제 중 하나는 매니저, 팀 또는 종업원들이 통제할 수 있거나 영향을 미칠 수 있는 분야의 개별적 성과 측정과 조직의 성과 측정 결과와의 정합

그림 5.1 | 목표 불일치, 갈등, 불량

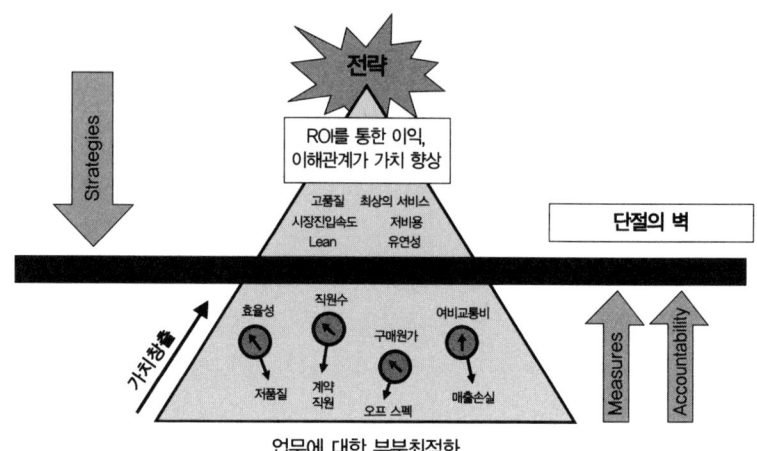

성이 부재하고 또한 단절되어 있다는 것이다. 그림 5.1 은 잘못된 평가 측정지표들이 야기하는 바람직하지 못한 행동 또는 결과를 보여준다. 이 그림에서 현재 측정치들이 전략에 부합하는 것을 막는 "단절의 장벽"이라는 문제를 상징적으로 표현하였다. 전략맵과 성과표시스템은 이 장벽을 허물어 주며 조직의 비전과 미션을 달성하기 위한 방법을 제시한다.

Robert S. Kaplan 교수와 David Norton 박사에 의해 소개된 균형 성과표 (Balanced Scorecard)의 원래 개념은 도출된 문제와 이슈를 인식하는 것이었다. 그러나, 그들의 이와 같은 개념은 그들이 광범위한 전략적 목표 그룹들간의 의존성에 대하여 논의하는 과정에서 이러한 절차에 대한 순서와 구조가 소개되었다. 그들은 이러한 그룹들을 "관점"이라고 불렸으며, 한가지 관점에서 기인한 전략적 목표의 달성이 연관된 관점들의 전략적 목표의 성공적인 달성에 공헌한다는 분류 체계를 묘사하였다.

그림 5.2에 표현 되었듯이 아래 네 가지의 보편적인 관점들이 자주 선택된다.

1. **재무** – 이익과 투자 회수 결과

그림 5.2 | 성과표 : 다차원 관점

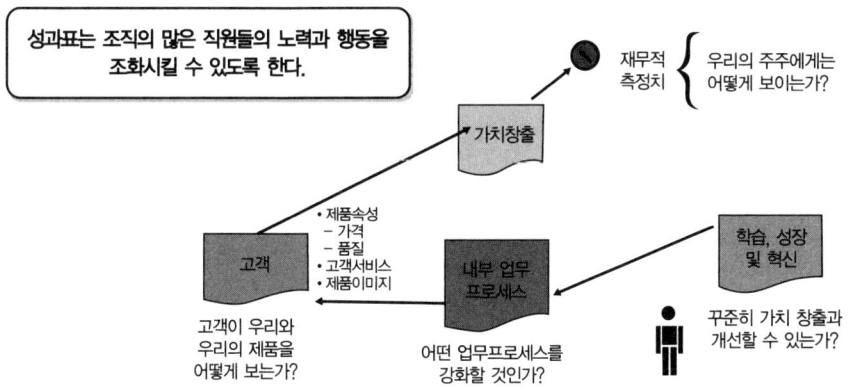

2. **고객** – 고객 만족도와 요구 성취도
3. **내부 핵심 비즈니스 프로세스** – 효율적이고 효과 적인 실행
4. **혁신, 학습 그리고 성장** – 신제품과 서비스 개발 및 인재 개발과 육성과 같은 "유연한" 관점에서의 측정치. 그 외 인력과 설비, 기술 및 상표권 등과 같은 유사 자산 관점

첫번째의 재무관점은 후행지표에 해당된다. 가치 창조의 원동력이 되는 나머지 세 가지 관점들은 각각 후행 및 선행 지표로 함께 구성되어 있다. 그들의 차이점들은 추후에 논의될 것이지만, 선행지표를 간단히 정의하면 시간 후행 지표와 인과관계를 가지는 측정지표다. 선행지표들은 단지 지표들을 설정하거나 보고하는 것만으로도 의도된 행동을 야기할 수 있도록 도와 주기 때문에 추적해 볼 가치가 있다.

후행지표들이 전략맵의 상위 관점 근처에만 나타난다는 가정을 하는 실수를 범하지 말아야 한다. 후행지표들은 각 단일 전략 목표들을 위해 존재하기 때문이다. 후행지표들이 하부 관점 에서 개선되었을 때, 중요한 전략적 목표의 달성 및 부합 할 수 있는 능력이 점증적으로 강해진다고 생각하자. 즉, 후행지표들은 다음 전략 목표를 위한 선행지표가 되거나 직접적인 영향을 주는 것이다. 이 두 지표들은 원인-결과로서 서로 연결되어 있다. 그러나, 성과표를 처음 만들 때, 선행지표들은 궁극적으로 재무적 측정지표와 같은 후행지표로 몇년 후 또는 몇 십년 후에 전환될 수 있도록 해야 한다. 선행지표에 대한 강조가 후행지표로 대체됨으로써 후행지표들이 효익을 가져오게 될 것이다.

일부 조직들은 품질, 환경, 안전, 복지 또는 커뮤니티 와 같은 다른 관점들을 추가하기도 한다. 예를 들면, 화학 제조업체는 장비 및 설비에 관련된 책임이 매우 중요하기 때문에 다섯번 째 관점을 선택할 수도 있다. 재무적 결과가 조직을 이끄는데 효과가 없다는 것 만큼 관점의 수는 중요한 것이 아니다. 관점의 수는 단지 외부 환경 요인들을 포함한 노력을 얼마나 빠르게 기여하여야 하는지를 조직에게 인식시켜 줄 뿐이다. 필요하다면 다른 추가적인 관점들은 조직의 전략맵을 구축하는 것을 용이하게 하며, 그와 관련된 전략적 목표들의 중요성을 부각시켜 준다. 다섯 번째 관점의 위치나 단계는 전략적 목표들이 다른 전략적 목표들을 조정하거나 또는 그것들에 의해 조정되는지 여부에 따라 결정된다.

좋은 측정지표들은 단기적 우선순위 대비 장기적 우선순위간 또는 내부의 요구사항 대비 고객이나 공급사와 같은 외부의 요구사항들에 대한 경쟁력의 균형을 유지할 것이다.

6장에서는 단계적인 측정치들이 전략적 목표와 상호의존성을 유지하는 방법과 전략에 대한 집중을 유지하는 방법에 대해서 논의할 것이다.

6
전략적 목표의 구동기어

외부인들에 의하여 통제가 될 정도의 너무 많은 무분별한 측정치들을 모니터링 하는 것은 다른 지표들의 측정에 대한 효과를 반감시킨다. 필자의 의견은 관리자나 종업원들이 관리할 수 있는 측정지표의 수는 3가지 에서 최대 5가지 정도의 극히 중대한 몇 가지에 불가하다는 것이다. 더욱이 관리자나 종업원들은 반드시 이러한 측정지표들의 결과를 조절할 수 있어야 하며 중대한 영향을 끼칠 수 있어야 한다. 이러한 접근 방식이 사용된다면, 정확한 측정지표에 대한 선택은 더욱 중요해 질 것이다.

측정지표의 정렬

이니셔티브들과 프로젝트들이 정의되고 나면, 분야별 측정지표들이 선택되고, 이 측정지표들은 종업원들에게까지 단계적으로 전달될 수 있게 된다. 이러한 연결 고리들은 일반적으로 전략에 집중하게 되고, 그 결과들이 모여서 결국 조직의 전략과 부합하게 된다. 이러한 단계적인 측정지표들은 조직의 목표, 그와 연관된 조직의 비전과 미션을 이루기 위한 이니셔티브와 수행계획, 그리고 수행 계획들이 성공했는지 여부를 알려주는 KPI Key performance indicator 측정치들을 정의하는 전략맵의 구동기어 (drive gear)와 같은 역할을 한다. 일부 하위 수준의 측정지표들은 활동기준관리시스템에 의해 모니터링 될 수 있다. 측정지표와 함께 성과표에서 자주 사용되는 보충도구인 ABM 에 대해서 설명할 것이다.

그림 6.1 은 종업원 수준에서의 운영 지표들은 자주 측정되어야 한다는 개념을 표

그림 6.1 | 성과표 : 정렬된 지표의 계층구조

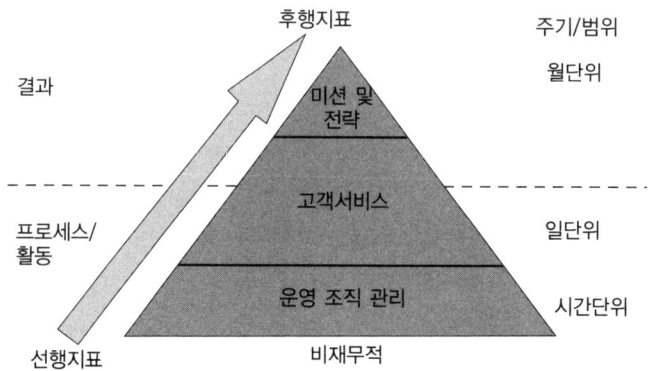

현하였다. 그보다는 간헐적으로 측정되는 상위 수준의 지표 결과들은 측정지표들간의 상호연관성이 적당한 수준이라고 고려될 수 있도록 동기화하여 반응하여야 한다. KPI 측정지표들을 선정하는 것은 과학보다는 예술에 가깝다. 수행계획과 KPI 측정치들을 연계하는 것이 핵심이다. 전략맵은 이러한 과학을 측정지표의 선정이라는 예술로 승화시킨다.

그림 6.2 | 전략 변경에 따른 지표의 수정

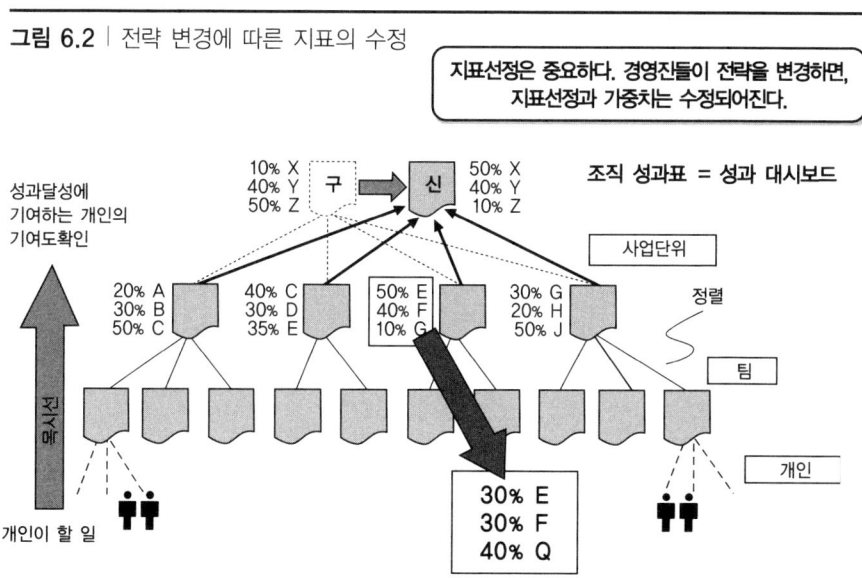

전사(Enterprise-wide) 대 기능별(Fuctional) 성과표

전략맵과 성과표 프로젝트들은 반드시 전사 또는 전략적사업단위(SBU)에 걸쳐 시작할 필요는 없다. 처음에는 예를들어 물류 창고에서의 프로세스 또는 구체적인 기능단위로 시작해서 전사단위로 전개해 나갈 수도 있다. 이전에도 언급했듯이, 이러한 변수들은 성과표에 간단히 표현되어야 한다. 균형성과표는 전사단위의 측정지표에 적용되는 것이다. 전사단위의 균형성과표는 네가지 또는 그 이상의 관점의 중요도간의 균형을 맞추기 위해, 조직의 비전과 미션의 달성을 도와 주기 위하여 만들어진 것이다. 기능별 또는 부서별 성과 측정은 전략적이기 보다는 좀더 전술적인 것이다. 따라서 이것은 전사 단위의 균형성과표와 동일한 균형 형태를 보이지 않을 수도 있다. 기능별 성과표는 작은 단위의 전략적 목표들을 가지며, 관리를 강화하기 위하여 전략적 목표들을 좀 더 세부단위의, 상세한 프로젝트, 프로세스, 그리고 수행 계획으로 세분화 한다.

조직전반에 대하여 성과 측정관리 방법론을 수행하는 것은 조직의 전 수준에 성과표의 원리를 적용하는 것을 요구한다. 상업적 기업 분석 소프트웨어들은 조직의 특정 수준에 대한 전략 맵과 성과표를 생성하고 관리할 수 있도록 해 준다. 조직에 대한 성과표의 확산은 결국 성과 측정지표들을 가장 높은 수준의 균형성과표의 비전, 미션, 및 전략들과 전략목표들이 실제 프로젝트나 프로세스 내에서 개인별 일일 업무 수행 내용으로 적용되고 현실화 될 수 있도록 하는 전술 단위의 행동으로 연계 가능한 Top-Down으로 단계적 정보 연계를 실현 시켜 준다.

소프트웨어 환경을 구성함으로써 수많은 전략, 목표, KPI, 핵심 성공 요소(CSF), 관점, 그리고 테마들이 기업 상황에 맞도록 성과표를 설정할 수 있다. 정량적, 정성적이거나 주관적인 측정지표들은 성과 추적 시스템을 구성하기 위하여 최대의 유연성을 제공해 주는 상업적인 소프트웨어의 지원을 받게 된다.

조직은 다단계의 선행/후행지표들을 보유할 수 있다. 후행 지표는 보통 다음 상위 단계의 관점에서는 선행 지표가 된다.

그림 6.2에서는 최상위 수준의 전략을 최일선 행동 수준까지 분해하고 단계화하는 것을 나타내고 있다. 이것은 관리자와 종업원들이 공통적으로 초점을 맞추어야 할 전략을 공유할 수 있도록 해준다. 그림의 꼭대기는 "O-Zone" 이라고 재미있게 명하

실제 데이터를 기반으로 한 성과표 시스템 만들기

성과표는 데이터를 필요로 한다. 일관된 관점에 따른 신뢰성 있는 데이터가 없다면, 성과표의 신호들에 대한 신뢰도는 낮아지게 된다. 성과표 시스템에 정확한 실제 데이터 정보를 입력하는 것은 매우 중요하다. KPI 측정지표들의 지표값은 ABM시스템에서부터 가져올 수 있다. 즉 ABM 데이터들은 성과표 시스템에 점수들로 사용되는 고밀도의 견고한 정보을 기초로 한 성과표의 프레임 워크를 생성 시킬 수 있다. 예를 들어, 단위당 원가 추세 (예: 송장당 처리비용), 고객 이윤 수준, 또는 품질원가 수준들은 전략적으로 서로 연관되어 있는 값이다. 각각의 값들은 ABM 시스템에 의해 제공된다.

정리하자면 ABM 시스템의 결과치는 가중 성과표 시스템의 훌륭한 입력 정보가 된다. 여기서 성과 측정지표와 ABM 시스템을 혼동하지는 말자. ABM은 성과 측정관리 시스템이 아니다. 이미 설명했듯이, ABM의 결과들은 성과 측정지표의 중요한 입력 정보가 될 수 있다. ABM 자료의 존재는 단순히 감탄만 하는 것이 아니라 실질적인 행동과 의사결정을 수행할 수 있게 한다. 또한 ABM은 성과표시스템을 디자인 하거나 사용하는 전제 조건은 아니다. 성과표는 보통 ABM 데이터 없이 운영될 수 도 있지만, 관리회계정보가 KPI의 지표값이 될 때 보다 성과표가 보다 잘 측정될 수 있을 것이다.

였다. 왜냐하면 꼭대기의 측정지표들은 CEO, COO, CFO 등 CxO 수준의 경영진을 위한 것이기 때문이다. 이 그림을 보면 아랫부분에 각각의 운영 측정지표(이상적으로는, 균형성과표로부터 분리되어 구분된 기능별 성과표)를 가진 팀들이 있다. 하위 수준의 측정 지표들이 상위 수준의 측정지표들과 일치한다고 하고, 측정지표들이 높게 평가되었다면, 업무 노력들은 전반적인 전략을 달성하게 될 것이다.

적절하게 단계적으로 잘 정렬된 전략 맵을 가지고 있으면, 전략의 변경이 생기더라도 측정 시스템에 바로 적용되게 된다. 즉, 선행/후행 지표들은 이상적으로는 종업원에 의해 선택되고, 정의되며, 전략 목표들과 그들이 지원하는 비즈니스 프로세스 및 관련 수행 계획의 중요도와 유사하게 간주된다는 것이다. KPI는 전략 맵의 전략 목표들과 수행 계획 그리고 프로세스들의 구동기어(Drive gear)와 같은 역할을 한다는 것을 기억하자.

　그림 6.2는 또한 상위 관리자들이 전략을 바꾸려고 할 때, 그들이 종업원들의 중요한 몇 가지 측정지표들을 좀 더 적절한 지표로 바꿀 수도 있으며, 측정 지표들의 가중치를 재평가하여 균형을 맞출 수 있다는 것을 나타내고 있다. 즉, 상위 관리자들이 새로운 전략으로 변경할 때, 하위수준 지표들의 가중치만 변하는 것이 아니라 예를 들어 측정 지표 G가 Q로 바뀔 수도 있다는 뜻이다. 이 경우 지표 G가 중요하지 않다는 것이 아니라, 지표 Q가 필수적인 중요 지표들이 되도록 중요해 지고 또 요구되는 지표가 되었다는 것을 의미한다.

　중요도를 반영하여 관계 비율을 수정함에 따라 가중치를 재조정하는 것은 비행기 조정사가 비행기의 괘도를 수정하기 위하여 비행기 날개와 보조 날개를 조정하는 것과 비슷하다. 그러나 기존의 측정지표들을 새로운 것으로 대체 하는 것은 비행기의 왼쪽 오른쪽을 방향을 결정하는 것처럼 더욱 신중해야 한다.

7
성과관리 구현 방법

전략맵과 성과표의 구현단계는 요리법과 같다. 전략맵을 작성하는 초기 단계는 실행팀에 의해 1차로 수행되게 된다. 그리고 나서, 관리자들과 종업원들이 전략적 목표와 정의된 KPI 들을 달성하기 위한 프로젝트들과 이니셔티브들(Initiatives)을 정의하는데 참여하게 된다. 이행 단계들은 아래에 기술되어 있다.

1. 비전, 미션, 기업의 전략 방향을 합의하고, 전략을 정의하라

먼저 수행해야 할 것은 조직의 비전과 미션 선언문을 정의하는 것이다. 이 두가지 선언문은 구분되어야 하며, 그 정의들은 푯말과 같은 역할을 하기 때문에 전략맵과 성과표 작성에 선행되어야 한다.

비전 선언문은 조직이 지향하고자 하는 미래의 모습을 표현하며, "우리가 어디로 가고 싶은 것인가?" 에 대한 답변을 제시해 준다. 다음 예로 든 것들과 같이 위의 지향점에 대한 모든 것을 말해 준다.

- 케네디 대통령 : "우리는 사람이 달 위를 걷도록 할 것이다."
- 마이크로소프트(1999): "모든 책상위에 컴퓨터 한대씩을"
- 마이크로소프트(21세기): "언제 어디서든 활용가능한 정보를"

미션 선언문은 경쟁상 우위를 차지 할 수 있는 효과적 용어로서, 모든 직원들에게 "우리가 왜 여기에 있는가?" 에 대한 답변을 제시해 준다. 몇 가지 예를 들어보면:

- 고객의 요구사항을 미리 파악하여 고객의 요구수준을 충분히 만족 시키는 것
  (예: 24시간 ATM 서비스(Automated bank teller))
- 고객의 요구수준을 만족시키기 위하여 기술 역량을 증대 시키는 것
- 우리가 타 기업보다 잘할 수 있는 분야에 대해서 직원들의 역량을 증대시키는 것

이제 전략맵을 만들 것이다. 이름에서 유추할 수 있듯이 전략맵의 근본 목적은 전략목표들의 연계 네트웍의 프레임워크로써 기능을 하는 것이다.

2. 1단계를 지원하기 위한 전략 목표들의 정의

전략맵(전략체계도 또는 가치동인도표 라고도 함)은 조직의 중요한 전략에 대하여 일관된 관점의 공유를 위해 사용된다. 전략맵은 기업의 방향성을 정의하며, 내부 프로세스, 전략 목표, 이니셔티브, KPI 측정지표, 그리고 목표치 들을 서로 일치시키는 역할을 한다.

사실 전략맵이 성과표의 청사진이 될 때, 성과표가 해답이 되는 것과 같이 균형성과표는 충분한 관심을 받아왔다. 전략맵은 요리법의 비밀소스와 같다. 왜냐하면 전략맵의 직선적인 논리는 매우 강한 강제성을 띄기 때문이다. Hewiit Associates의 연구에서는 전략맵과 성과표를 사용하는 기업들은 사용하지 않는 기업보다 40% 높은 성과를 달성한 것으로 추정하였다.

그러나 여기까지는, 전략목표들을 훌륭하게 달성하는 테마에 대한 이야기는 아직 정확하게 정의되거나 정리되지 않았다. 다음 단계에서 논의하겠다.

3. 인과관계 따라 상호연관된 전략적 목표들을 맵핑하라

전략 목표들은 상호 연관성을 지닌다. Kaplan 과 Norton은 근본적으로 4가지 관점 – 재무(또는 주주), 고객, 내부 프로세스, 그리고 교육과 성장– 을 제시하였다. 이 4가지 관점들을 아주 명확하고 간단히 요약된 매우 유용한 관점들이었으며, 이 관점들이 없었다면 성과측정은 매우 복잡하고 어려운 작업이었을 것이다. 즉 SWOT 분

그림 7.1 | XYZ 기업의 전략맵

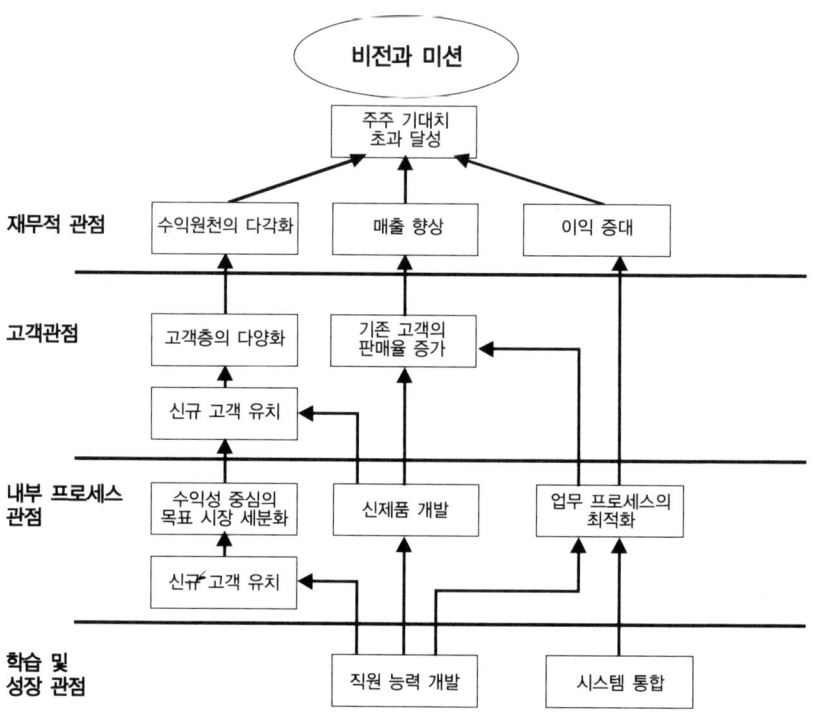

석을 통하여 강점, 약점, 기회, 위기를 정의하고 이들을 주제별로 구분하여 결정된 모든 전략적 목표들을 나열하고 이 목표들에 가장 잘 맞는 관점들을 하나하나 도출했었어야 했을 것이다.

이 4가지 관점들의 연관 순서들은 매우 논리적이다. 최상위의 관점(예: 기업의 재무 관점과 회사의 고객/주주의 관점)은 아래 나머지 관점들에 있는 전략 목표들의 혜택을 받는 수혜자가 된다. 가장 아래에 있는 교육과 성장 관점은 집을 짓는 기초와 같이 가장 기초가 되는 것이다.

전략맵을 이해하기 위한 효과적인 방법은 가설적 사례를 통하여 검증하는 것이다. 그림 7.1은 가상의 XYZ 기업의 전략맵을 설명한다. 네크워크의 각각의 노드(Node)는 전략 목표를 표현한다. 이 그림은 전략적 목표의 결과가 도출되거나 기여한 경로를 도출하는 가설적인 인과관계를 나타내고 있다.

"조직의 전략이 전략맵의 어느 부분에 정의되어 있는가?"라는 질문은 아주 흥미로울 것이다. 간단한 답은 조직의 전략은 전략맵에 나타나지 않는다 이다. 왜냐하면 전략 목표들간에 연결된 네트워크는 전략과 동일한 것이기 때문이다. 전략 목표들은 비전을 달성하는 결과를 가져오는 조직의 미션을 반드시 달성하거나 적어도 비전을 향해 나아가는 행동들이다. 전략맵의 역할은 경영진들에게 직원들이 무엇을 해야 하는가를 말해 주는 것 이라기보다는 식원들과 관리자들에게 조직이 무엇을 향해 가고 있는가를 알려주는 것이다. 간단히 말하면 전략 목표들의 집합이 바로 전략이다!

4. 각각의 전략 목표들의 성과 차이(GAP)를 줄이고 비효율적인 프로젝트들을 제거해 주는 신경영활동들을 정의하라

전략적 목표들은 모호한 것들이다. 전략 목표들을 직접 수행할 수는 없다. 그러나 전략목표들의 완성을 이끌어 주는 프로젝트, 프로그램, 활동, 비즈니스 프로세스의 관리를 수행할 수는 있다. 간단히 말하면, 효과적인 PM 시스템은 각각의 수행 프로그램 또는 비즈니스 프로세스 들이 어떻게 상위 레벨의 기업 전략 목표부터 비전, 미션까지의 달성에 공헌하는가를 명확히 함으로써 전략적 목표들의 모호성을 없앤다.

5. 적정한 전략적 측정지표를 선정하고 조직의 관련 부분과 단계를 정렬시켜라

이 단계의 핵심은 기업의 서로 다른 업무 영역에서 전략적 KPI를 지원하고, 전략에 집중하기 위한 목적을 가진 각 영역별 KPI를 정의하도록 하는 것이다. 지금 까지는 일반적이거나 구체적인 측정지표들에 대한 정의에 대해 아직 언급되지 않았다. 이제 그것들을 정의하겠다. 이 단계는 성과표의 성공에 가장 큰 영향을 미치지만 아마 가장 까다로운 단계가 될 것이다.

각 전략 목표는 수행 프로그램 또는 비즈니스 프로세스를 위한 KPI 측정지표에 의해 제한되어 있어야 한다. KPI 는 "전략 목표가 얼마나 잘 달성되는가를 잘 확인해 줄 수 있는 훌륭한 정량적인 측정지표는 무엇인가?" 라는 질문에 전략 목표들을 달성

그림 7.2 | XYZ 기업의 균형성과표

관점/ 전략목표		후행지표 ← ← 선행지표	200x, 2분기 KPI 목표	KPI 실적	KPI 점수 1이상 좋음 1미만 나쁨	비고/ 설명
XYZ 기업의 균형성과표						
비전 : 특정 세계시장의 최고의 제품공급업체						
미션 : 혁신적인 제품 및 선도기술 적용을 통한 목표고객만족						
재무						
	주주기대치 초과	주가	72.0	71.0	0.975	
		투하자본수익률(ROI)	25.0%	21.5%		
40%	매출액 증대	매출액(백만$)	$6,000	$5,482		
35%	이익률 제고	매출액총이익률	35.0%	31.6%		
		매출액대비운영비용	20.0%	24.2%		
25%	수익원 다변화	상위 20% 고객비율	50%	48%		
		매출액 5%미만 제품수	6	7		
고객						
	현재 고객의 매출액 증대	교차판매율	30%	13%		
		고객유지율	95%	90%		
		고객대비 우선 공급자 비율	35%	20%		
	고객기반 다양화	신규고객 통화건수	90	84		
	신규고객 유치	신규고객매출액(백만불)	$0.500	$0.800		
		광고비	$25.0K	$23.4K		
프로세스						
	수익성 높은 고객군 집중	파악된 고객세그멘트 수	3	0		
	신제품 개발	신제품 매출액	$40.0K	$55.5K		
		신제품 출시 소요시간(일수)	60일	95일		
	주문 이행프로세스 합리화	주문이행 소요시간(일수)	7.5일	8.8일		
		적시 배송률	95%	51%		
학습 및 성장						
	종업원 역량 개발	종업원당 이익	$50.0K	$32.5K		
		종업원 만족도	80%	82%		
		종업원당 교육일수	2.00	1.25		
		종업원 유지율	95%	99%		
	시스템 통합	IT통합 이행비율	80%	90%		
		인터넷 주문접수율	10%	4%		
*점수 계산 예시 : 주가			최대	92		
			최소	52		
			점수 = 1+ [(실적−목표) / (최대−최소)]			
			최대/최소 중간 값은 목표치임			

전략맵

하기 위한 수행 단계 또는 비즈니스 프로세스를 고려하여 답을 제시할 수 있어야 한다. 이 단계를 KPI 측정지표의 구체적인 목표치를 선택하는 과정으로 혼돈하지 말기 바란다. 그 과정에 대해서는 7단계에서 다루어질 것이다.

그림 7.2는 가상의 XYZ 기업을 위한 성과표이다. 여기의 전략 목표들은 이상적인 것 임을 기억하기 바란다.

비록 그림 7.2의 행들은 모두 채워져 있지만, 사실은 이 단계를 마치면 첫 번째 행만 채울 수 있다. 나머지 행들에 대해서는 6,7,8단계에 설명할 것이다. KPI는 항상 정량적 측정지표일 필요는 없다. 측정 데이터들은 모든 종류의 형태가 될 수 있다. 그것들은 테스트 종류에 따라 "예" 또는 "아니오"와 같이 이산적 일수도 있으며, "~보다 높음/~ 보다 낮음" 등과 같이 완성 정도에 대한 추정치를 표현하기도 한다. (또는 퍼센트, "시작/중간/종료" 등) 성과표에서는 주관적인 측정지표 또는 정확한 실측보다는 직원의 추정으로 평가되는 측정지표들까지도 사용할 수 있으며, 이러한 측정지표들은 데이터 입력이 용이한 가장 경제적인 형식일 것이다.

그림 7.3은 선행 지표와 후행 지표의 차이점에 대해 설명한다. 차이점이 무엇인가에 생각해 볼 수 있는 가장 단순한 방법은 "일정 기간 동안 또는 기간이 종료되었을

그림 7.3 | 선행/후행지표간의 인과관계 KPI 연관성

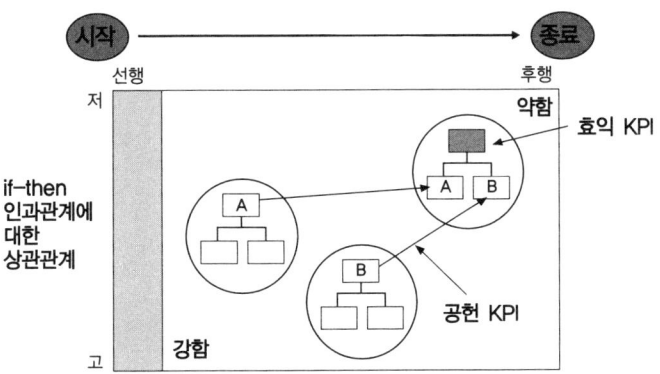

그림 7.4 | 대시보드의 피드백 화면

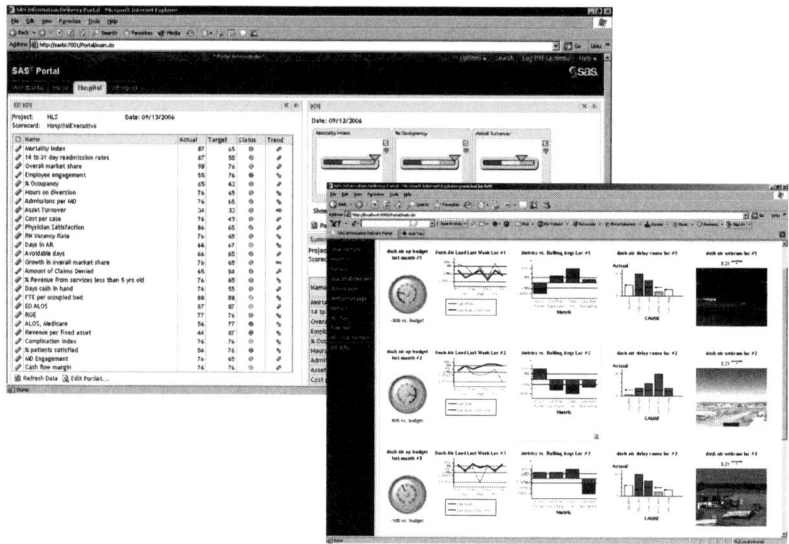

때 KPI에 대한 실측값이 언제 측정될 수 있을까?"는 질문에 답해보는 것이다. (물론, 이것은 "어떤 기간(분기, 월,주, 일, 시간)동안?"이라는 질문을 강요한다) 그림 7.3에는 선행과 후행 KPI 들이 서로 어떻게 연관되어 있는가를 이해하기 쉽도록 이차원 도표로 표현하였다. X축은 시간의 흐름을 나타낸다. Y축은 측정지표들의 KPI에 대한 영향력을 나타낸다. 가장 마지막의 측정 지표는 효익한 KPI로 간주된다. 왜냐하면 이 측정지표는 공헌 KPI들에 반영된 활동에 투입된 모든 노력의 결과를 받는 지표이기 때문이다. 성과 관리 프로세스의 제 5단계에서는, 선행지표와 후행지표들은 종업원에 의해서 선택되고 설정될 것이다. 그리고 전략적 목표의 중요성과 전략적 목표가 지원하는 업무 수행 계획 및 비즈니스 프로세스와의 부합 수준에 따라 가중치를 정하게 될 것이다. 즉, 적절히 구조화된 성과표 계층화 전략이 있다면, 전략의 변화의 결과로서 새로운 경영활동이 생기게 되고 빠르게 성과관리 시스템에 반영 되어야 한다. 여기까지 하면 성과표가 완성되지만, 아직 실제 데이터를 평가하고 측정하는데 쓰이지는 못한다.

다음 단계에는 올바른 측정지표들의 정의, 평가 및 연계가 이루어진다. 그러면 이후 단계들에서 성과관리 프로세스의 다음 바퀴를 만들고 조립해 보자. 남은 단계들은 2장에서 설명했듯이 성과관리프로세스의 두번째 단계가 된다. 다음 단계에서는 각각의 KPI 목표치 및 측정범위가 성과표에 어떻게 적용되는지를 설명하겠다.

6. 정해진 기간동안의 각각의 KPI 에 대해서 목표 수준을 정하고 성과 부족에 대한 GAP을 정의하라

이 단계에서 우리는 드디어 구체적인 측정 수준 또는 값, 또는 정성적 평가가 어디에서 동의되는지에 대해서 알게 된다. 목표 측정 수준 또는 값은 "만약 연계된 목표들을 잘 달성하고 있다면 이정도 측정 값 또는 수준이 나올 것이다" 에 대한 테스트를 통과해야 한다.

7. 실제 KPI 들을 집계하고 점수로 표현하고 목표치와 비교하라

이 단계는 기계적으로 수행하면 된다. 실제 KPI 측정치 들이 수집되고 성과표에 기록되게 된다. 그림 7.4에서 분석적 소프트웨어 공급업체인 SAS Institute Inc.(www.sas.com)의 예시 화면을 소개한다.

실제 KPI 측정치와 목표 KPI 측정치와의 차이는 주로 계측단위(meter)로 계산되고 표시된다. 점수 차이가 어떤 부분의 KPI에서 생기든 상관 없이, 그 차이는 비전과 미션을 현실화하기 위해 조직을 가이드하고, 가속화 시켜 줄 수 있는 전략목표들을 성취하기에 긍정적으로 공헌하는 좋은 점수들을 의미한다.

눈으로 쉽게 확인할 수 있는 지원 체계로서 여러 가지 신호와 경고 메시지를 포함한 Web으로 구현된 성과표들은 관리자들과 직원들간의 적시에 의사소통 하거나 논의할 수 있는 기회를 더 증가시킨다. 즉, Web 기반의 성과표는 직원들에게 문제에 대해 조사하고, 핵심 요구 사항에 집중하고, 각자 담당하는 성과값을 개선하기 위한 올바른 행동을 하기 위해, 능동적으로 e-mail을 쓰거나 주의사항을 기록할 수 있게 해 준다. 실시간 변화추세에 의한 신호나 경고 메시지들은 관리자 및 직원들로 하여금 일정 수준 이상의 문제 발생이 예상될 때, 그 문제를 알려줄 수 있게 한다.

성과표 소프트웨어 시스템 :
기술은 더 이상 장애가 아니다

　조직은 지표 선정을 적합하게 바꾸면서 영속적인 성과시스템으로 유연성을 확보하여 전략과 연계된 KPI를 제거, 대체하거나 재설정하게 된다. 불행히도, 대부분의 조직은 보통 더 넓은 바다로 나가는데 여념이 없어서, 항해시스템과 나침반 같은 플랫폼을 구축하지 못하고 선실을 정비하지도 못하고 출발한다.

　기업의 전략을 수립하기 위해 엄청난 투자를 함에도 불구하고, 경영진은 회계부서의 스프레드시트 전문가에게 그것들을 알아서 처리하게 부탁하고 있다. 이렇듯 성과표와 연결되지 못하는 결과로 복잡하고 이해되지 않게 되어 새로운 전략에 적합하지 못하게 된다. 이러한 결점 때문에 효과적인 학습과 의사소통, 피드백이 어렵다. 상용 전략 및 성과표 소프트웨어는 이러한 문제를 해결하고 있다.

　복잡한 환경속에서 전략적 목표들의 수행자를 정의하고 정확한 지표를 선정하는 일, 균형적인 수준 측정을 위한 지표를 찾아 각 성과의 보편타당한 수준을 정하고 그 결과를 모니터링하는 일 등은 결코 단순하지 않다. 과거에는 문제들이 복잡하더라도 성과측정과 연관된 이 방법론을 지원하는 소프트웨어 기술은 거의 없었다. 어떤 조직들은 직원 휴게실 처럼 눈에 띄는 곳에 칠판을 세워 직원들에게 주지시키기를 주장하기도 했었다. 또 어떤 조직들은 메인프레임 컴퓨터에서 나오는 엄청난 출력물들을 메일시스템에 연결하여 직원들이 볼 수 있게 하기도 했다.

　그러나 이제 시대가 변했다. 정보기술 자체는 더 이상 장애물이 아니라는 생각이 핵심 문제가 되고 있다. 소프트웨어와 커뮤니케이션 플랫폼은 측정, 형상화, 데이터 수집, 측정치의 배포 등을 쉽게 하고 있다. 데이터웨어하우스는 데이터를 저장한다. 웹브라우저를 통한 인터넷 서비스는 각 개인 컴퓨터로 직접 전송되고 있다 (이 부분에 대해서는 9장에서 자세히 다루기로 한다).

　성과표 소프트웨어 시스템은 미국의 Malcolm Baldrige Award나 유럽의 EFQM 등에서 정하는 평가항목 같은 방법론을 잘 받아들여서 개발되었다. 고객, 내부 프로세스, 학습 및 성장 등의 매우 다양한 관점에서의 측정임에도 불구하고, 성과표 소프트웨어는 전사차원의 모든 전략을 설명하고 구현하며 관리하는 다차원적인 프레임웍을 제공하고 있다. 성과표는 기업에 중요하다고 판단 되어지는 주요 성과지표와 재무적 측정치들을 연계하고 있다. 그러나 잘못된 지표선정이 계획하지 않은 잘못된 결과를 초래할 수 있다는 것을 명심하라.

8. 성과 점수를 해석하고 이에 대한 대응을 통해 조직을 이끌 성과 차이를 관리하고 실행 계획을 개선하라

전략맵과 성과표의 구축이 성공적으로 이루어 지면, 이제 남은 것은 원활한 대인관계와 훌륭한 리더십을 발휘하는 것이다. 성과표의 사용의 완숙기가 되는 이 단계에서는, 관리자들과 직원들이 그들이 수행(그들은 성과치를 알고 있다.)을 얼마나 잘 하는지에 대한 피드백을 지속적으로 받게 된다. 또한 그들은 비전과 미션 선언문을 만족하는 전략 목표들을 달성하기 위해 노력하고 있다는 것을 명확하게 인식하게 된다.

E-mail 또는 논의 사항에 대해 Web에서 구현된 성과표의 피드백을 하는 경우 대부분의 내부 e-mail 메시지들과 는 다르게, 대화내용은 전략적 항목에 대해 사용 가능한 성과표의 피드백들은 전략의 내용에 연결되어 있으며 초점을 맞추고 있다. 이전에 은유적으로 성과표는 레이싱 보트의 항해사가 선원들에게 명령하는 것과 같다고 한적이 있다. 여기에서 선원은 그들끼리 대화하며, 성과표의 측정치표(KPI)는 전략의 문맥에서 선정되게 된다. 이는 행위적 일치가 가능하게 한다. 문맥의 개념들은 중요하며, 이것은 이 방법론을 목표 달성 경영 관리 방식(MBO)과 스프레드시트에 의한 성과 보고(Spreadsheet performance reports)보다 나을 수 있도록 가치를 올려 준다.

성과관리 프로세스 수행의 원동력

의사소통에 초점을 맞추고, 지속적으로 협동하라. 그러면 성과가 있을 것이다. 성과관리 프로세스는 이론이라기 보다는 상업적 소프트웨어 기술이 지원하는 입증된 방법론이라고 할 수 있다.

8
인적 측면에서의 협업

경영진의 태도는 전략맵과 성과표를 유지하는 데 매우 중요하다. 경영진들이 전통적인 관리방식을 변화시켜야 한다는 것을 인지하는 것은 필수불가결하다. 직원간 전략적 학습은 통제로 대신 되어져야 한다. 관리적 결과는 "왜 목표를 잃었나?"라는 의문에서 "성과차이를 설명하기 위하여 우리는 무엇을 배워야 하는가?"로 옮겨져야 한다.

누가 경영진과 직원을 정의하고 구조화할 것인가?

구현하기 위한 2가지 접근방법이 있다.
1. 다소 전횡적인 접근방식으로 하향식(Top-down) 전략맵은 미약한 수정으로도 조직의 모든 수준에 대하여 계층화되고, 전개되며, 전략과 일치된 행위의 수행이 가능하고, 보다 큰 구도에서 모든 사람들을 바라보게 된다.
2. 분산적 접근방식은 각 업무그룹 또는 기능단위에서 직원들의 소속감과 참여를 고취시키도록 할 수 있다.

조직의 문화는 구현하고자 하는 접근방식에 영향을 준다. 그러나, 최상의 접근방식은 양극단에 놓여져 있다. 그림 8.1은 전략맵과 성과표시스템을 구축하고 운영하는데 누가 책임을 지는 가를 설명하고 있다. 이것은 '우리 것 vs 남의 것'이라는 논리는 아님을 밝힌다. 성공적인 성과표의 구현의 주요 결정요인은 직원의 참여이다. 다시 말하자면, 경영진은 초기에 전략맵을 구성하여 궁극적으로 전략적 목표인 주제와 그 연결고리들을 끌어내야 한다. 그러면 직원들은 적절한 측정지표를 선택하고 그 지표

그림 8.1 | 누가 무엇을 책임지는가?

1분기						
	전략적 목표	프로젝트, 이니셔티브, 프로세스 정의	측정지표	KPI 목표치	KPI 실측치	비고
경영진	X			X		
관리자와 직원			X		점수기록	X
					←---- 기간별 결과 ----→	

들이 전략적 목표를 성취하는 데 가장 좋은 지표로써 보고되어질 것이라고 믿게 된다. 경영진들의 그 다음 역할은 지표들을 승인하고, 더욱 중요한 것은 지표별 목표치를 부여하는 것이다. 그 목표치는 골디락스Goldilocks[1]처럼 너무 높지도 낮지도 않게 정한다. 그러나, 적절하고, 달성가능하며, 측정 가능해야 한다. 각 보고기간 동안 직원들은 KPI 목표 달성을 위하여 최선을 다한다. 마지막으로 직원 또는 측정치에 대한 책임이 있는 KPI 수행 주체는 KPI 목표치에 대한 달성, 초과, 미달 원인을 설명하고, 인정 가능한 범위 내에 차이가 위치하는지 또는 조정 활동이 가치가 있는지 등에 대하여 설명해야 한다.

책임, 의무, 오너십

전략적 목표의 취지를 논의하는 것은 성과지표 값을 추적하는 것만큼이나 중요하다. 각 전략적 목표의 의미를 완전히 학습하는 것은 최고경영자가 정의한 최상위의 전략을 직원 스스로가 자신의 목표로 받아들이는 것이다. 그러나, 결론적으로 성과지표는 무형적인 것이어서 그것을 아래로 또는 위로 밀거나 당기거나 할 수 없다. 성과지표의 효용은 경영진들이 직원들이 올바른 업무를 수행하도록 얼마나 잘 영향력

---

[1] 골디락스[goldilocks] : 영국의 전래동화 〈골디락스와 곰 세 마리 Goldilocks and the three bears〉에서 골디락스는 곰이 끓인 세 가지의 수프, 뜨거운 것과 차가운 것, 적당한 것 중에서 적당한 것을 먹고 기뻐하는데, 이것을 경제상태에 비유하여 뜨겁지도 차갑지도 않은 '호황'을 의미한다.

을 발휘하는가 하는 것에 비례한다. 많은 이의가 제기될 수 있으나 사실이다.

전략맵과 성과표는 놀랄만할 정도로 분석역량을 가지고 있으나, 그 진정한 능력은 많은 사람들의 노력을 부각시킬 수 있는 경영 애플리케이션으로써 나타난다. 성과표 소프트웨어는 관리자와 직원 각각의 성과표를 최적화할 수 있도록 한다.

궁극적으로 개별 직원들은 처리과정과 결과에 책임을 가진다. 조직은 부서간의 프로세스, 프로젝트, 시사점들로 점점 더 매트릭스화된다. 상품으로서의 성과표 소프트웨어는 전략적 목표와 KPI측정을 경우에 따라 조직 문화속으로 전략맵을 통해 점수화하는 방식으로 풀어내기도 한다.

직원들간 서로 독려하기

공급사슬과 가치사슬관리에서는 공급자와 구매자와의 협업이 주요한 부분이다. 그러나, 주의 깊게 관찰해보면, 일반적으로 협업은 행동보다는 대화를 더 우선시 하게 된다. 외부 공급업자와 고객간에 서로 신뢰할 수 없는 부분에 있어서 광범위하게 받아들여지기는 어렵다. 그러나, 내부적으로도 유사하게 의사소통의 부족이나 직원간의 협업 부족으로 인한 이슈들이 있지 않은가? 이것은 행위적 이슈들이다.

성과점수를 해석하는 7장의 제8단계에서 살펴봤듯이, 상업적 성과표 소프트웨어는 부적절한 협업과 부족한 협조를 해결하고 있다. 단지, 인간 본성에 의해 영향을 받는 매우 공식적인 프로세스에서 나타나는 문제들을 해결한다.

PM측면에서 큰돈벌이가 될 기회는 협조와 협업체계를 강조해서 경영진들이 아니라 중간관리자들과 직원들에 의해 전략을 구현하고 실질적으로 업무를 수행하게 하는 것이다. 이러한 문화적 발전을 지원하기 위해서는 성과표 시스템은 다양한 영역의 사람들이 참여할 수 있도록 전략적 목표와 성과에 대한 이슈에 대해 의사소통을 할 수 있도록 환경을 조성해줘야 한다.

개방성 대 보안성 : 점수를 공유할 것인가?

훌륭한 경영개선 방법에도 불합리한부분은 있기 마련이다. 성과표에서의 불합리한부분은 IT보안관리자 관점에서 나타날 수 있다. 보안관리자는 각 데이터에 접근할 수 있는 패스워드를 관리하기 때문에 마음만 먹으면 전사 성과표 뿐만 아니라 종업원 개별 성과표에도 모두 접근하여 데이터를 볼 수 있다. 직원들 모두가 성과표를 볼 수 있도록 되어있다고 가정해보자. 이것은 중간관리자가 관리하는 전략과 연계된 성과표에 접근할 수 있고, 전사 성과를 다루는 최고경영자의 성과표에도 자유롭게 접근할 수 있는 것을 의미한다.

한번 가정을 해보자. 모든 팀이 다른 팀의 성과표 결과를 볼 수 없도록 하거나, 동료들의 점수가 기록된 관리자들의 KPI점수를 볼 수 없게 하는 보안장치를 제거할 수 있다고 하자. 아니면, 적절하게 모든 보안장치를 설치하고, 현업과 관리자 모두가 다른 동료들의 점수를 볼 수 없게 하고, 동료들이 어떻게 더 높은 KPI목표치를 달성할 수 있는 업무를 수행하는 지를 알 수 없게 한다. 어떤 대안이 선택되고 그 결과는 어떨까? 워크샵에서 응답자의 대부분은 보안장치를 풀고, 직원들에게 성과표에 접속할 수 있는 모든 권한을 준다고 한다. 왜냐하면, 다른 팀이 목표 점수를 달성하지 못한 것을 알게 되었다 하더라도 서로에게 충고를 해주고 목표에 대한 공유를 할 수 있기 때문이다. 이러한 주장은 같은 조직안에서는 정치가 없다는 이타적인 낙관론에 의하여 나타난다. 반면, 단단하게 보안장치를 해야한다는 경우, 동료들의 점수를 전혀 볼 수 없게 한다면, 남의 약점을 들추는 게임이 될 우려가 있다. 즉, 더 높은 KPI 점수를 받기 원하는 사람은 성과 달성이 낮은 영역을 찾게 될것이고, 더 높은 점수를 받지 못한 원인을 성과 달성이 낮은 영역 때문이라고 비난하며 자신을 합리화 시킬 것이다.

이 게임의 교훈은 무엇인가? 경영진들이 전략 매핑과 성과표의 적용을 직원들에게 알리는 태도가 무척 중요하다는 것이다. 이상적으로 전략맵과 성과표 시스템은 서문에서 언급한 방향성, 영향력 및 속도를 향상시키도록 해야 한다. 성과표는 조직 내부의 정치적 환경이나 불필요한 중상모략이 아닌 솔루션을 통한 내부 의사소통을 원활히 하기 위한 것이다. 종업원들의 전략적 학습에 대한 가치는 운영적 통제를 강조하던 것을 변화시킬 수 있어야 한다. 이제 성과표 시스템을 구현하는 과정에서의 경영진의 태도에 대하여 보다 깊이 논의해 보자

성과표인가? 보고서인가?

성과표는 중간관리자와 종업원 중 누구에게 더 도움이 될까? 양쪽 모두에게 Win-

Win 결과가 되어야 한다. 경영진과 종업원은 동등하게 성과표의 효익을 받는다. 그러나 주의할 것이 있다 : 전략맵과 성과표의 성공적인 도입을 방해하는 조직적인 장애물이 있다는 것이다. 예를 들면, 성과표인가 보고서인가 하는 점이다. 페널티를 위해 사용할 것인가? 아니면, 문제의 해결을 위하여 인과관계분석을 하고 올바르게 수정하도록 할 것인가? 하는 것이다.

어떤 KPI 측정지표가 채택된다 하더라도 결과적인 툴은 성과표가 된다. 그것은 분명히 다르다. 즉 성과표는 회계적인 평가가 아니다. 잘잘못을 따지는 문제가 아니라는 것이다. 성과표 시스템은 보다 좋은 방향으로 조직이 나가기 위하여 조직의 역량을 집중하도록 하는 것이다. 따라서 책임과 권한이 중요하다. 그러나, 대부분의 종업원들은 성과의 우선순위와 동료들의 성과에 의해 영향을 받는다. 앞서 7장의 5단계에서 설명한 것처럼, 수행팀은 전략적 목표를 달성할 수 있는 자체적인 성과지표를 찾아야 한다. 잘못된 판단을 내릴 수 있는 단일의 목적만으로 성과를 모니터할 것이 아니라, 조정이 필요한 부분이 어디인지에 대한 의사소통의 결과를 만들어 낼 수 있도록 성과를 모니터링 해야 한다. 다시 말하면, 관리자와 종업원은 자신들의 환경을 가장 잘 알고 있기 때문에 측정 지표선정에 노력을 기울여야 한다.

Pepperdine 대학에서 실시한 온라인 조사결과에서는 성과표 구현의 성공과 실패에 대한 차이를 잘 설명하고 있다. 가장 큰 차이점은 중간관리자의 태도에 있었다. 한번 더 집고 넘어가자. KPI점수는 처벌을 위한 것일까 아니면 개선을 위한 것일까? 경영자관점에서 성과표 시스템은 종업원들에 대한 권력을 행사하고, 과거의 명령과 통제적 관리방식으로 되돌릴 수 있는 기회가 될 것인가? 아니면, 종업원들에게 유익하고, 조직의 방향성, 영향력, 속도를 향상시킬 수 있는 올바른 도구가 될 것인가? 성과표와 보고서, 무엇이 다른가?

- 성과표는 각 개인의 성과를 모니터링하는 개인적인 자원들이다
- 보고서는 누군가의 기준을 다른 사람에게 강요하는 지표이다.

이런 내용을 읽고 난 후 어떤 기분이 드는가? 대부분의 독자들은 성적표를 기다렸던 학창시절을 회상하게 된다. 두려움과 걱정은 보고서보다 더 큰 것이 당연하다. 성과표가 잘잘못을 가리는 도구가 아니라 조직의 방향성과 업무 우선순위를 제시할 수

결과와 금전적 인센티브의 역할

성과표에 대한 반대의견은 실질적으로 업무담당자와 관리자사이에서 점수화하기 어렵다는 것이다. 여기서 고려해야하는 핵심사항이 있다 : 결과 없는 측정은 행동에 영향을 미치지 않는다. 실제 KPI의 점수가 목표치 수준이나 값에 중요한 편차가 나타날 때 그 반응은 어떠한가? 이견으로는 조직은 빨간 신호등일 때 매우 빠르게 움직이기 때문에 문제를 정의하고 해결하는 데 에너지를 집결할 수 있다고 한다. 인간의 행위적인 측면에서의 반대의견은 개인이 전략적 목표와 그 지표에 오너십을 가지고 그 성과에도 책임을 지어야 한다. 그래서 불리한 차이의 보고 결과를 이미 만들어진 기준에 의해 자동적으로 판단해서는 안된다. 우수한 성과를 격려하는 차원의 보상이 그렇지 못한 성과에 페널티를 주는 것보다 낫다. 그 결과는 KPI가 보고될 때 마다 주기적으로 수행되어야 한다.

이것은 직원에 대한 보상과 성과표의 성과를 연결해야 한다는 것일까? "성과를 위한 보상"이 궁극적으로 다양한 보상 인센티브 프로그램을 효과적으로 관리하는 데 정말 적합하고 타당할까? 다음과 같은 2가지 의견이 있는데 본 저자는 아직은 1번의 의견에 동의한다.

1. 성과표와 급여를 같이 생각하지 말라. 성과표와 급여 인상 및 인하 협상을 연결하려는 생각은 성과표시스템을 망치는 가장 빠른 길이다.
2. 금전적인 보상은 직원 사기를 북돋우는 가장 효과적인 방법이다. 금전적인 보상이 더해질 때 성과표시스템이 더욱 활기있게 돌아갈 것이라는 의견도 있다. 왜냐하면 직원들의 업무와 전략적 목표, 비전 그리고 미션 등이 모두 연계된 성과표시스템이기 때문이다.

두가지 의견 모두 주장이 타당하다. 그러나 무엇이 진실이던 간에 보상은 상위 수준의 KPI, 예를 들면, 이익 또는 ROE(자기자본이익율)를 향상시키게 되고, 드물지만 주주의 손실 비용을 절감하게 하기도 한다. 이익에 기여하는 수단들은 많은 직원들을 어떻게 통제하고 조절하는가에 달려있다. 어떤 조직이 성과중심의 보상 프로그램을 적용하게 된다면, 직원의 급여는 다른 관점의 어떤 성과표가 아니라, 또는 중요하게 고려되어야 하는 가중치로 조합된 성과표가 아니라 바로 직원단위의 성과표에 연계되어야 한다.

있는 도구가 된다면, 성과표 시스템은 더욱 효과적일 것이다.

　성과표와 보고서의 차이점은 야구경기에서도 찾을 수 있다. 보고서를 점수판이라고 생각해보자. 점수판은 단지 어느 팀이 더 잘하고 있는 가의 결과만을 보여준다. 보고서가 이와 유사한 것이다. 보고서와 마찬가지로 왜 이런 점수가 나왔는가는 설명해주지는 않는다. 그러나, 성과표는 매 경기 내용을 기록해서, 어떤 상황들이 있었고 그 결과가 어떻게 반영된 것인지를 설명해준다. 따라서 주자를 진루시키기 위하여 번트를 대는 것이 나을지 강공을 펼치는 것이 나을지를 결정하도록 한다. 성과표 사용자라면, 향후 이 결과가 어떻게 나타날 지를 파악할 수 있다. 일부 야구팬들은 각 타자들의 타석별로 볼과 스트라이크 횟수까지도 아주 자세하게 성과표로 기록해두기도 한다. 기록의 상세 수준은 결과를 분석하고 설명하기 위한 유용성 정도에 달려있다. 여기서 배울 점은 개선이라는 측면에서 무엇에 대한 측정을 해야하는지를 알려준다는 것이다.

9
사실에 근거한 관리회계 데이터

이상적으로 조직은 전략적 방향성과 우선순위에 대한 의사소통과 의사결정 프레임웍을 제공할 때 전략맵과 성과표로부터 효익을 얻게 된다. 성과표는 관리자들이 성과문제에 대한 진정한 원인을 결정하도록 하는 상향식 분석 도구인 기타의 분석애플리케이션들과 연계함으로써 높은 효익을 얻는다.

선행지표를 관리한다는 것은 성과관리의 핵심적 사상이 되는 바람직한 후행지표의 결과 및 산출물을 도출하는 과정이다. 평가와 의사결정 분석의 주요 역할 중 하나는 관리회계 데이터에 있다. 연말에 보고된 매출, 이윤, 지출 등은 궁극적으로 후행지표로 나타나는 반면, 단가나 산출된 원가는 성과표의 선행지표로 유용하게 사용된다. ABM 시스템은 이러한 데이터를 완벽하게 제공한다.

ABM이 생산성 중심 정보 제공을 가속화할 수 있는 근본적인 방식중의 하나가 사실에 근거한 자료를 제공하는 것이다. ABM의 신뢰할 수 있는 데이터는 과거 진행 결과를 평가하고, 미래 의사결정을 지원하기 위하여 사용될 수 있다. ABM은 목표달성을 위한 한가지 수단으로서의 단순한 데이터를 제공한다. ABM은 일반적으로 일시적인 유행이나 월간 프로젝트처럼 인식되어 "개선 프로그램"으로 고려되어지지 않는다. 현실적으로 ABM은 단순히 조직이 비용을 얼마나 경제적으로 운영하여 지출하는가를 보여주고, ABM의 계산엔진의 결과는 항상 다른 시스템의 투입정보로서 활용되어진다. 더 구체적으로 ABM의 결과는 성과관리시스템의 우수한 입력 데이터로 사용되어지고 있다.

ABM의 산출물은 성과표 시스템의 아주 우수한 입력물이다. ABM과 성과측정과 헷갈리지말라. ABM은 측정시스템이 아니다. ABM의 산출물은 성과표 시스템의 성과관리의 주요한 투입정보가 될 수 있다. ABM의 데이터는 매우 많은 의사결정과 행

산출물(Focus on Outputs)과 성과(Outcomes)

사실에 근거한 원가 데이터가 있다면, 관리자와 팀은 전에는 결코 볼 수 없었던 것들을 보게 될 것이다. 예를 들면, 진실한 원가는 개별 고객들로부터 수익을 창출하는 과정에서 발생한다는 사실을 알게 되는 것이다. 이는 수익성 있는 고객과 수익성 있는 고객을 구분할 수 있다는 것이다. ABM의 자료를 신뢰성있게 다루는 것이 중요하다. 리더들은 가끔씩 원가구조상 소비행태의 진실을 보고는 깜짝 놀라기도 한다. 그러나, 성과표에 의하면, 누군가를 비난하기 위해서 ABM의 데이터를 확보하는 것이 아니다. 더 나은 의사결정을 하기 위해 ABM의 데이터를 활용하고 이를 성과측정에 사용하는 것이 더욱 가치있는 일이다.

대부분의 조직의 리더들은 내부적인 산출물에 대한 시각이 크지 않다. 이는 최종적으로 서비스나 제품을 받게 되는 고객에게 확실한 제품과 제대로 된 서비스를 제공하는 점에서 논하는 것이 아니다. 대부분의 리더들은 다음과 같은 업무 수행을 위하여 투입되는 노력과 원가와 같은 내부적 산출물에 대한 이해가 부족하다.

- 신규 계정 등록
- 송장 처리
- 제품의 반품
- 설계 변경 내역의 작성
- 신규 고객 등록내역 작성
- 경영진 보고서 작성
- 학생등록
- 마케팅 전화
- 장비 설치 또는 변경

이러한 것들은 단순히 사람들이 수행한 작업활동 자체가 아니라 활동이 수행되고난 결과에 대한 설명 즉, 작업의 산출물을 의미한다. 산출물들은 성과(outcome)로 모아지며, 성과 또한 원가로 계산되어질 수 있지만 보다 거시적인 결과를 뜻한다. ABM은 모든 산출물에 대한 투입 자원을 추적하는 엄청난 일을 하고 있다. 이것은 산출물을 생산하는 과정이 중요하지 않다는 것은 아니다. 단지 많은 사람들이 동일한 원가임에도 불구하고 프로세스 원가 보다 산출물 원가에 더 잘 반응함을 의미한다.

> 요약하면, 단위당 원가의 추세를 파악하면, 직원들과 관리자들은 더욱 뚜렷한 시각을 확보할 수 있다. 원가를 절감하기 위해 벤치마킹을 통하여 실질 사례를 찾아볼 수도 있다. 단위당 원가는 성과표의 재무적 관점에 포함될 뿐만 아니라 여러 다른 관점에서도 나타날 수 있다. 단위당 원가에는 통화표시가 붙어 있을 수도 있지만, 금전적인 측면에서 단위당 측정치에 대하여 소비된 자원의 양을 나타내고 있는 것이라 할 수 있다.

동지침에 영향을 줄 수 있다.

ABM은 성과표 시스템을 설계하고 사용하는데 필수조건은 아니다. 성과표는 직원들과 전략에 대하여 공유하고, 전략의 달성을 위하여 집중해야 할 업무에 대한 실행의 일치성을 증대시키는 것을 보다 잘 수행하도록 한다. 그러나 ABM 자료는 보다 정밀한 정보로서 성과표 프레임웍을 구성할 수 있도록 한다. 더 나아가 ABM은 연간 예산 체계가 외부 사건들에 대한 보다 빠른 대응, 전략적 목표의 수정 및 자원 배분의 변화를 가능하게 하는 지속적인 변동 예측 시스템이 되도록 하는 중요한 툴이 되고 있다.

ABM 자료가 활동원가와 활동이 속해있는 프로세스 원가 또는 산출물의 원가 중 어떤 것을 측정하든 ABM은 성과표가 보다 쉽게 구성되도록 한다. 이는 ABM이 이미 의사결정을 위하여 설계된 영역과 형식측면에서 정확한 수치를 가지고 있기 때문이다. 어떤 조직에서는 초기에 원가데이터없이 성과표를 설계하기도 한다. 이는 결과 측정치를 훼손하는 차이나 부정확한 배분을 발생시키게 된다. ABM을 수행함으로써 이런 취약점을 보완할 수 있다.

ABM에 의한 시각을 활용하면, 조직은 낭비나 저부가가치 원가와 미사용 용량을 제거할 곳을 파악할 수 있을 뿐만 아니라 그러한 원가를 유발하는 원인에 대하여도 밝혀낼 수 있다ABM을 활용하면, 업무에 있어서 어디에서 이윤이 나는지 그렇지 못한지, 그 이유는 무엇인지를 측정할 수 있다.

어떤 경우에는 ABM은 유용하고, 미션 중심적인 관리적 정보가 아닌 재무 중심의 자료들로 구성되기도 한다. 그러나 현업들의 관점에서 ABM은 의사결정에 매우 중

성과표 정보의 보고 및 배포 : 인터넷 기반 구조에서

과거에 성과관리 시스템이 실패한 이유는 성과표의 데이터들을 직원들과 관리자 모두가 아니더라도, 대량으로 배포시킬 수 없었기 때문이다. 성과표 소프트웨어 시스템은 몇가지 방안을 통해 데이터를 배포하고 보고하는 기능을 갖게 되었다.

- 웹브라우저기반의 인터넷 : 성과표시스템을 실질적으로 유지하기위한 최소한의 기능은 성과표를 사용자의 웹브라우저를 통하여 사용자의 책상에서 직접 사용할 수 있도록 하는 인터넷 기반의 아키텍처를 구성하는 것이다. 인터넷 웹브라우저의 사용자 중심 디자인은 개별 컴퓨터에 특정 소프트웨어를 사용자가 설치할 필요가 없다는 장점도 있다. 목표는 성과표를 통한 경영관리에 수많은 잠재적 참여자를 극대화 시키고, 이를 통하여 조직의 전략 수행을 성공적으로 수행하기 위한 것이다.

- KPI 측정치 : 다양한 측정지표들이 있을 수 있으나, 이해하기 쉬운 성과지표들을 제공하고 있다. 성과표 소프트웨어 시스템은 측정치로써 성과지표를 보여주는데, 마치 자동차 계기판처럼 각 KPI를 범위내의 숫자로 보여준다. 여기서의 범위는 성과를 내기 위한 기대수준이 타당한 정도에서의 범위로 셋팅된다. 따라서, 성과시스템은 일반적인 점수와 비교할 수 있는 아주 다양한 측정지표들의 성과 수준을 비교할 수 있다.

- 성과 중심 맞춤 화면 : 성과표의 웹 인터페이스는 부서별, 이니셔티브별 또는 개인별 전략 목표를 구분하여 보여주는 맞춤화면을 만들어 준다. 이를 잘 활용하면, 관리자는 맞춤화면의 주요지표들을 구분하여 직원들의 행동에 영향을 줄 수 있다.

- 성과달성 수준의 빠른 인식 : 성과표 보고시스템 개발의 주요 장점은 신호등이나 알람 메세지처럼, 성과 달성 수준이 눈에 확 띄고 빠르게 인식될 수 있다는 것이다. 관리자들은 아주 빠르게 성과정보를 얻을 수 있고, 문제 발생시 빠르게 조치를 취할 수 있다. 대시보드는 이처럼 빠르게 성과평가의 결과를 보여주는 만큼

각 성과에 기여하는 요인들이 무엇인지 드릴다운하여 보여준다.

　　지난 몇 년 사이에 데이터웨어하우스와 데이터마이닝 시스템에는 괄목할 만한 발전들이 있어왔다. 이러한 기능들은 전사차원에서의 정보를 성과표와 연계하여 사용할 수 있게 해주고 있다. 당연히 전략적 성과관리는 다차원적인 솔루션을 통해 정보를 공유하기를 요구하고, 이러한 기능을 활용하여 비즈니스차원의 지식활동으로 통합되기를 바랄 것이다. 데이터웨어하우스에 접근해서 얻는 정보들은 제한적으로 공유되었던 애플리케이션간의 정보로 해결할 수 없었던 결속력과 지속성, 커뮤니케이션을 더욱 깊이 있게 제공하고 있다.

요하다. 돌이켜보면 ABM 프로젝트는 반복적이고 신뢰성있는 보고시스템으로 본 것이 아니라 단지 프로젝트 그 자체였다. 프로젝트로서 ABM은 문제점을 수정하여 프로젝가 종료되도록 한다. 반대로 ABM의 가치를 인식한 사람들에게는 성과표를 유지하고 정규적으로 보고하기 위하여 필수적인 정보가 되었다. ABM과 성과표를 연계하게 되면, ABM이 성과표 시스템에 중요한 정보를 제공하는 시스템이 되기 때문에 ABM 시스템을 유지하는 것이 필수적이다.

10

성과표와 전략맵 :
성과관리 구현수단

최근의 환경하에서, 비즈니스의 길은 그리 길지도 평탄하지도 않다. 미래에 대한 확실성이나 가시성이 명확하지 못하기 때문에 바람이 심한 언덕과 같으며 굴곡이 심하다. 따라서, 조직은 민첩하게 원가구조와 활동을 꾸준히 변화시켜야 한다. 그러나, 직원과 관리자가 조직의 전략, 관련된 성과지표, 원가구조와 환경의 경제구조를 이해하지 못하는 시점에서 이러한 변화를 시도하는 것은 매우 어렵다. 반면, 성과관리시스템을 조직의 전략과 직원들의 활동에 연계하고 의사소통하며 조직스스로가 변화되도록 하는 것이 훨씬 더 쉬울 것이다.

성과관리의 실행자

성과표에 대해 주목해야 할 사항은 다음과 같다.
- 성과표는 조직이 재무 중심에서 미션 중심으로 이동하도록 한다.
- 전략과 성과지표를 연결하지 못하면, 성과표의 주요한 장점을 놓치게 된다.
- 성과표의 목적은 상위 경영진의 비전과 미션을 조직과 의사소통하도록 함으로써 전략을 측정지표화 시키는 것이다.
- 성과표를 정기적으로 확인 및 공개하는 성과표 소프트웨어 시스템은 **빠른** 의사전달을 위하여 이메일을 통한 대화를 장려한다.

요약하면, 지표를 전략과 연계하지 못하게 될 경우 원가구조와 전략적 우선순위가 연계되지 못하게 된다. 전략적 달성정도의 모니터링은 항상 산출물 또는 결과지표에 연관되어있기 때문에, 후행지표들은 그 기간동안 좀더 프로세스 운영관점의 선행지표로 설명되어 보고된다. 경쟁을 위한 지표는 최소화되어져야 한다.

좋은 실적을 위해 성과지표에 대한 계획은 하향식 Top-down으로 반영되어야 하지만, 실적은(좋던 나쁘던) 하위조직의 성과가 모여서 이루어진다는 것이다. 경영에서의 트리클 다운 trickle-down[1] 방식과는 달리 성과표의 실시는 트리클 업 trickle-up 현상에 가깝다. 조직을 오케스트라에 비유해서 유추해보자. 좋은 하모니를 내기 위해서는 모든 연주가들이 매우 크게 연주하게 해서는 안된다. 각각의 악기로부터 정확한 데시벨을 내주어야 균형적인 화음을 낼 수 있을 것이다. 선정된 지표를 바라는 결과(예를 들면, 전략적 목표에 맞는 등)에 맞도록 직원의 활동을 연계한다면, 목표 달성이 더욱 가까워질 것이다. 그래서, 일반적으로 KPI라 불리우는 목표지표를 전략수립에서 이끌어낼 수 있을 것이다. 이는 전략자체가 성취되는 것을 의미한다.

종합하면, 조직적으로 지표를 개선해야 하는 필요성은 전략의 변경과 수정된 전략과 일치하는 조직적 실행을 수행하는 관리 요소들이 제 기능을 발휘하지 못했다는 것을 의미한다. 성과관리는 공급업체와 고객을 포함하여 조직의 가치사슬 및 전반에 퍼질 공유할 비전을 만든다. 기업은 전략적 목표와 성과지표군을 효과적으로 운영함으로써 개별적인 운영조직에 국한한 것이 아니라 모든 이해관계조직의 가치를 최대화할 수 있다. 아주 솔직하게 말하자면, 성과시스템은 조직적 효율성, 꾸준한 품질개선활동지원, 인적자원과 자산의 가치를 최대화하는 데 최적화하게 된다.

성과표는 종합적인 툴로써 많은 직원들을 통합하고 바람직하게 나아갈 수 있도록 한다. 끝으로, 조직이 성과를 잘 내려면, 직원들에게는 보상을 주어야 하고, 투자자들에게는 재무적 이윤을 돌려주고 또는 비영리조직이라면 미션 달성의 보상을 주어야 한다. 경영에서의 전략맵과 성과표는 과연 일시적인 유행일까? 이 분야에서 꾸준히 컨설팅서비스를 하고 있는 경영컨설턴트들은 이 방법론이 과거의 개선프로그램에 비해 훨씬 더 개선율이 높다고 한다. 전략맵과 성과표는 상식적이고, 정말 필요한 것을 지적하고, 새로운 아이디어를 기꺼이 시행할 수 있는 조직으로 유지할 수 있게 한다.

---

[1] 트리클 다운(trickle-down)이론 : 적하정책(滴下政策)이라 번역된 경제이론으로 대기업의 성장을 촉진하면 덩달아 중소기업과 소비자에게도 혜택이 돌아가 총체적으로 경기를 활성화시키게 된다는 미국의 제41대 대통령인 부시(George Herbert Walker Bush)가 재임 중이던 1989년부터 1992년까지 채택한 경제정책이다.

**FINDING THE MISSING PIECES
TO CLOSE THE INTELLIGENCE GAP**

PART Ⅲ
재무적 분석 결과와 현실의 조화

"원가담당자들에 대한 일반적인 비평은 중요하지 않거나 정확한 배분이 없어도 되는 비용의 복잡한 배부를 수행하는데 너무 많은 시간을 소비한다는 것이다. 그러한 몇몇 비평은 확실히 가치가 있는 것이지만, 배부기준이 일단 설정되면 일정 기간동안 계속 사용된다는 것을 명심해야 한다."

― H.G.Crockett ―

제8장에서는 ABM(활동기준관리) 계산 엔진으로부터의 프로세스 원가, 산출물 원가와 수익성 같은 원가 자료가 Scorecard 시스템으로 좋은 정보를 제공하는 지에 대하여 말했다. Part Ⅲ에서는 ABM이 무엇이며, 왜 대중성이 높아지고 있는지, 그리고 어떻게 적용되는지에 대하여 깊이있게 알아본다.

11
ABM이 답이라면, 문제는 무엇인가?

많은 회사들이 조직의 원가와 원가 유발 요인의 행태에 대한 이해를 하고 싶어한다. 그러나 어떻게 원가를 이해해야 하고, 다양한 원가측정 방법들(예, 활동기준원가(ABC), 표준원가, 프로젝트 회계, 목표원가 등) 중에 어떤 것을 사용해야 하는지에 대한 혼란이 존재한다. 그 결과 관리자와 종업원들은 어떤 원가가 정확한 원가인지에 대한 복합적인 용어로 인하여 혼란스러워 한다. 엄밀한 의미에서 다양한 원가계산 방법들이 반드시 경쟁적이지는 않으며 조정되거나 결합될 수 있다. 그러한 원가계산 방법들은 모두 동일한 원천으로부터 파생된 것으로 경제적 자원의 소비를 측정하는 것이다.

이제 어떻게 비용이 원가로 측정되며, 의사결정에 사용되는지를 설명할 가장 중요한 개념적 틀이 필요하게 된다. 이해 가능한 개념적 틀은 어렵고 과학적인 것이 아니라 단순하게 구성되고 명확하게 정립될 수 있어야 한다. 여기에 추천하는 개념적 틀이 제공되어 있다. 그림 11.1은 회계 영역에 대한 중요한 개념적 틀을 트리구조로 보여준다. 이 그림은 생물학자들이 식물과 동물 종을 이해하기 위하여 사용하는 분류체계와 유사하다. 분류체계는 지식체계를 구성하는 요소들을 정의하고 있다.

그림의 상부는 회계의 광범위한 원칙을 관리회계와 재무회계로 구분하고 있다. 본서는 재무회계가 아닌 관리회계에 중점을 두고 있음을 상기하자. 재무회계는 금융기관, 주주, 정부투자기관, 규제기관 등에 제시할 보고서 작성하는 등의 외부보고목적으로 사용된다. 반대로 관리회계는 내부 관리자, 종업원들의 의사결정을 위하여 사용된다. 만일 재무회계 기준을 위반하게 되면 감옥에 갈 수 있지만, 관리회계에서의 실수로는 감옥에 갈 위험은 없다. 다만, 잘못된 의사결정을 내릴 위험만이 존재한다. 그리고 자주 언급되겠지만 더 나은 조직의 성과에 대한 압력이 증가하기 때문에 오

그림 11.1 | 회계학의 분류

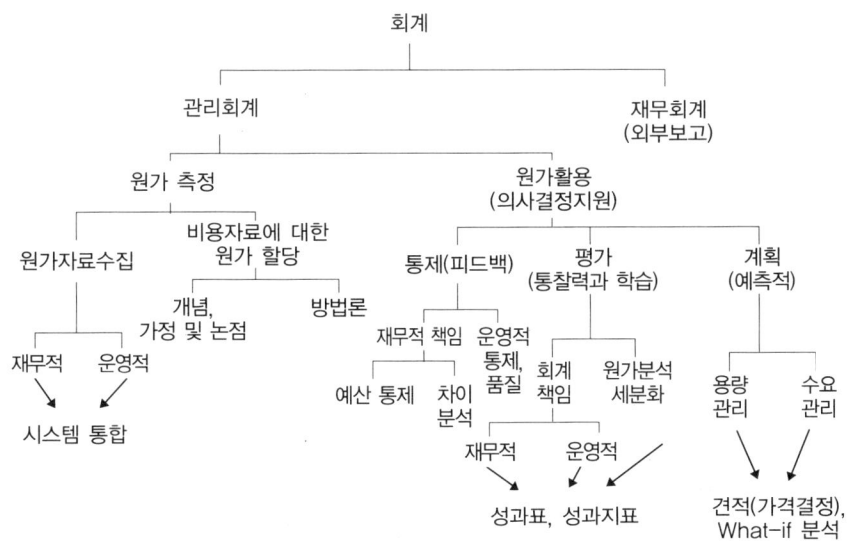

류에 대한 한계가 더 줄어들게 되는 것이다.

그림 11.1의 관리회계 부분의 최상위 수준은 원가의 측정과 원가자료의 활용이라는 두 가지 요소로 구성된다. 이 개념적 틀에서 각 가지들은 핵심 요소들로 더 세분화될 수 있다.

■ 원가측정

원가측정은 조직 측면에서 원천 비용을 집계하고 할당하는 두 가지 기능으로 구성된다.

1. **비용 집계.** 비용 집계 절차는 성숙되어 있으며, 수십 년 전부터 시작되었다.
2. **비용의 원가 할당.** 비용의 원가 할당은 조직의 소비를 원가로 계산해내는 대안적인 방법 또는 혼합적인 방법이기 때문에 중요하다. 이 방법은 일반적으로 급여나 구매 시스템과 같은 거래처리 시스템에서 취득된 원천 비용인 현금 지출로부터 시작된다. 비용은 원가대상에 대한 원인으로 추적되고, 변환된다. 활동기준관리(ABM)는 정확성이 높은 원가계산 방법으로 대두되었다.

■ 원가활용

많은 관리회계 교과서의 첫장에서는 일반적으로 원가자료에 대하여 운영 통제, 평가와 측정 및 예측적 계획수립이라는 주요한 세가지 활용방안을 제시하고 있다.

1. **운영 통제.** 원가자료의 수집과 할당을 강조하는 것은 통제로부터 거리가 멀어지고 있으며, 평가와 계획이라는 원가 자료의 또 다른 활용 방안으로 변화하고 있다는 사상이 증가하고 있다. 이러한 변화의 원인은 역사적 비용과 원가자료의 실측 이후에는 프로세스를 통제하기에 너무 늦다는 것이다. 또한 원가 차이는 품질과 서비스 수준에 대하여 반영하기가 힘들다는 것이다.

2. **측정과 평가.** 원가 자료의 두번째 목적은 무엇이, 왜 발생하는지를 평가하는 것이다. 이것은 어떤 사물에 대한 원가가 무엇이냐 라는 질문에 대한 답이라고 할 수 있다. 여기에서 강조하는 것은 조직의 목표를 보다 잘 달성하기 위한 통찰력을 가지고 배우라는 것이다.

3. **예측적 계획수립.** 계획, 예산 및 예측은 원가 자료의 활용 방식으로 점점 더 높은 관심의 대상이 되고 있다. 여기에는 증분원가 또는 관련원가로 부르는 한계비용분석이 포함된다. 예로 what-if 분석, trade-off 분석, 외주 의사결정, 투자의사결정과 보다 근본적으로 가격이 정해졌을 때 이익을 남기기 위한 소매 가격에 대한 원가를 결정하는 분석 등이 포함된다. 예측적 계획수립은 관리회계 부분에서 비용예측을 나타낼 수도 있다. 어떤 경우는 이는 원가회계로 간주하기 보다는 경제학적 분석으로 간주함으로써 논쟁의 소지가 될 수도 있다. 이는 용량 소요 분석과 조직의 현행 역량에 대한 조정을 포함하는데에서 기인하고 있는 것이다.

Part I에서 성과관리(PM) 휠(wheel)을 소개할 때 ABM은 성과관리 프로세스 wheel의 투입 원천을 제공할 수 있다는 것과 같은 중요한 성과관리 자료를 생성할 수 있다고 했었다. 이제 ABM이 무엇인지 알아보기로 한다.

ABM에 대한 장막 없애기

세명의 친구들과 함께 식당에 간다고 가정해보자. 당신은 치즈버거를 주문하고 세

친구들은 각각 비싼 프라임립을 주문했다. 웨이터가 계산서를 가져왔을 때 친구들이 "1/n 로 나누자"라고 한다면 당신은 어떨까?

이는 회계사들이 대량의 간접비 및 공통비를 파악하여 논리 없이 원가로서 배부를 하여 많은 제품과 서비스 라인에 영향을 미치게 하는 것과 유사하다. 다시 말해 개별 제품, 서비스 라인 및 고객에 대한 진실한 비용 사용 내역의 반영이 최소이거나 거의 연관이 없게 되는 것이다. 즉 불공평한 것이다. 아무런 설명이나 통지 없이 세금을 부과하는 것과 마찬가지다. ABM은 이를 올바르게 하여 계산할 금액을 보다 공정하게 나누어 준다.

많은 ABM 실무자들은 배부(allocation)란 용어를 사용하기 싫어한다. 이 용어는 조직의 회계실무자들이 과거에 남용을 한 결과로 많은 사람들에게 불공평한 것으로 인식되고 있기 때문이다. 잘못된 원가 배부 체계를 가지는 표준원가시스템은 회계에 있어서 쾌쾌묵은 구습이라 할 수 있다. 우리에게 ABM은 장미 냄새를 맡기 위해 밟고 올라갈 사다리의 역할을 하기 위하여 필요한 것이다. 배부라는 용어는 일반적인 결과로 비추어 볼 때 사실상 오배부(misallocation)를 의미하는 것이나 마찬가지이다. ABM 실무자들은 비용을 배부하는 것이 아니라, 인과관계에 근거하여 원가를 추적(trace)하고 할당(assign) 하는 것이라고 말한다.

ABM은 아주 단순하게 비용과 원가를 추적할 수 있다. ABM은 의사결정의 가능한 결과를 이끌어 내고 예측가능하게 하여 담당자들에게 광범위한 가시성을 제공한다. 많은 운영담당자들은 회계사들이 쉽게 계산가능한 것은 계산하지만, 계산해야 하는 것은 정작 계산하지 않는다고 생각한다. 이처럼 전통적인 회계에서는 보다 관련성 높은 원가들을 파악하고자 하는 관리자와 종업원들을 방해하고 있는 것이다.

ABM을 구현함으로써 발생했던 과거의 문제점들에서의 교훈으로는 프로젝트 팀이 ABM을 개선, 프로젝트, 프로그램 또는 변화의 시작으로 간주하는 것은 잘못이라는 것이다. ABM은 단지 자료를 생성한다. ABM 데이터는 목표달성을 위한 하나의 수단인 것이다. Part Ⅱ에서도 언급했지만, ABM이 개선 프로그램으로 묘사된다면, 관리자나 종원원들에 의한 유행 또는 이달의 프로젝트 정도로 간주되어 버릴 것이다. ABM 자료는 조직의 경제적인 측면과 자원의 소비를 가시화하는 것이다. 돈이라는 것은 ABM으로 측정하든 하지 않든 조직의 자원으로서 끊임없이 소비된다. ABM은 다른 이니셔티브들을 지원하고자 하는 것이 아니라 그러한 새로운 이니셔티브들에 대한 동기를 유발시키는 것이다.

간접비가 직접비를 대신한다

그러면 왜 ABM이 유명해지게 되었을까? 첫번째 이유는 대부분의 기업들에 원가 구조적인 측면의 중대한 변화가 있어왔다는 것이다. 두번째는 기업이 제공하는 정보의 사용자로서 비즈니스 파트너가 되고자 하는 회계사들의 사고방식이 변화해 왔다는 것이다. IMA(관리회계사협회)의 회장인 Kim Wallin은 연례모임에서 다음과 같이 말하고 있다.

"복식부기가 시작된 이래로 회계사들의 역할은 정보를 기록, 검증 및 보고하는 것이었다. 이는 1492년 베니스 상인의 장부 기장에서부터 시작되어 1980년대 까지 지속되었다. 거의 500년간에 걸쳐 회계업무는 거의 변하지 않았다. 1980년대 초반 스프레드시트가 대두되면서 회계업무의 과감한 변화가 시작되었다. 회계담당자들이 많은 시간을 소비했던 것들이 기술의 발전으로 말미암아 크게 감소되었다. 이러한 변화들은 회계담당자들이 매우 차별적인 지위를 가지게 되었다는 것을 의미한다.
　초기의 회계담당자들은 고립된 상태였으며, 다른 업무담당자들과의 연계도 없었고 개성도 없었다. 회계담당자들의 업무는 역사적인 자료를 단지 기록하고 보고하기만 하는 것이었다.
　이러한 회계담당자들의 업무는 1980년대의 정보기술 혁신의 결과로 행정적인 측면과 운영적인 측면에서 팀의 중추로서 변화되었다. 회계담당자들은 엔지니어나 마케팅 임원들이 가지는 것과 같은 의사결정 항목들을 가지지 않기 때문에 공평하게 되는 것처럼 보여진다. 회계담당자들은 이제 다른 업무 담당자들과 상호 교류를 한다. 회계담당자들은 더 이상 숫자 중심의 책임 속에 묻혀있지 않아도 된다. 그들은 경영조언가의 역할을 수행하게 되었으며, 조직 지원 부분에 대한 그들의 참여가 조직에 있어서 보다 나은 의사결정을 내리는 것과 관련이 되어있음을 다른 업무 담당자들에게 알릴 수 있게 되었다"

대부분의 조직에 대한 원가 구조 변경에 대하여 언급할 때 의미했던 바가 무엇일까? 조직에서의 직접노동자들은 최일선에서 업무를 수행하고, 제품과 고객에 대한 최접점에서 계속해서 일하고 있는 직원들이다. 그러나 최일선의 후방에 있는 많은

그림 11.2 | 간접원가가 직접원가를 대체함

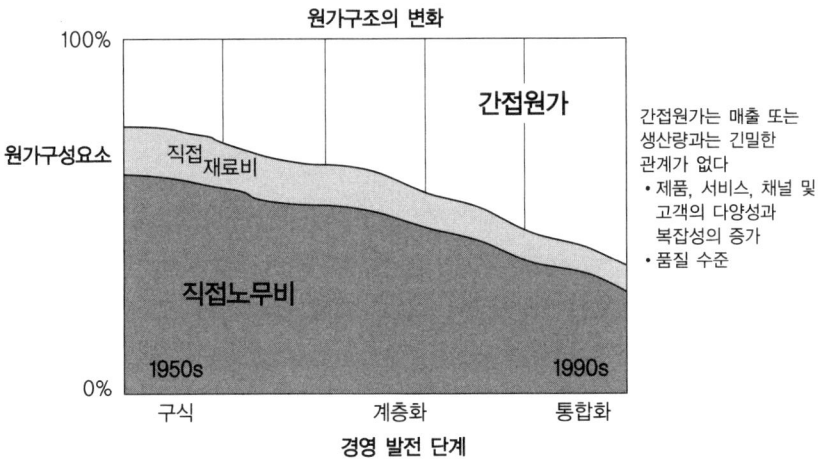

다른 직원들은 매일 또는 매주 반복적인 업무들을 수행하고 있다. 이런 직원들의 업무는 특정 수준에서 아주 반복적이다. 예로 은행 수납창구 담당자를 들 수 있다. 그림 11.2는 이러한 인원과 관련된 비용과 조직의 원가 구조상의 원재료 및 간접비와 같은 두가지 추가적인 요소에 대한 도표이다. 대부분의 조직들은 반복적인 작업을 수행하는 직원들에 대한 작업 상황을 모니터링 하고 측정하는 것을 경험했으며 이는 원가율과 표준원가로 보고된다. 도표의 하단부분은 기간비용이라기 보다는 근로시간 차이에 대한 보고 내역처럼 성과 중심의 원가정보 이다. 예를 들어 도표의 이 부분은 제조업자들이 효율성을 측정하기 위하여 업무 절차나 프로세스를 파악하는데 사용하는 것과 같다. 이러한 원가들은 표준원가라는 이름으로 잘 알려져 있다. 서비스 기업들도 또한 이와 같은 산출 중심의 정보를 측정할 수 있다. 예를 들어 다수의 은행들이 예금, 송금 등에 대한 표준원가를 알고 있는 것과 같다.

도표의 윗부분으로 나타내어 진 것 처럼 문제는 간접비에서 발생한다. 도표와 같이 지난 수십년간 간접원가는 직접원가를 대체하여 오고 있다. 기업들은 이미 직접원가에 대하여는 상당한 인식을 가지고 있었지만, 간접비에 대한 이해에 있어서는 깊은 식견이 없었으며, 또한 그러한 소비의 정도에 대한 원인이 무엇인지도 모르고 있었다. 이에 대하여 ABM은 이러한 시견과 학습을 제공하는 것이다.

은행을 예로 들면, 관리자나 팀들은 반복적인 작업을 수행하는 창구 직원에 대비하여 고위직에 있는 부사장에 대한 재무정보를 동일한 수준으로 갖고 있지 않다. 임원과 기타 공통부문에 대한 비용을 분석할 수 있는 유일한 재무 정보는 연간 재무 예산 정보이다. 이러한 수준의 비용들은 연간으로 결정된다. 여기에서 중요한 것은 업무 수행에 대한 다양한 원가율이 아니라 지출 수준이라는 것이다. 비용 지출은 예산이 수립된 이후에 모니터링 되며, 이러한 지출은 관리자가 예산 또는 계획 범위내외에서 소비하고 있는지에 대하여 부문이나 기능별로 기간별 확인하는 것이다.

ABM은 간접원가에 대하여 직접노무부분에서 이미 적용된 것과 같이 지출에 대한 이해도와 가시성을 동일한 수준으로 확장하여 준다. 그래서 복잡하지 않다. ABM은 근본적으로 조직 차원에서의 표준원가와 마찬가지로 업무 활동 원가를 이해하도록 하는 방식이다.

제품, 서비스 라인, 유통 경로 및 고객의 다양성이 미치는 영향

당신이 왜 간접비용 또는 공통비용이 직접원가를 대체하고 있다고 믿는지 사람들에게 물어보면, 대부분 기술, 장비, 자동화, 컴퓨터 때문이라고 답한다. 다시 말해 기업들은 기존의 수작업을 자동화하고 있는 것이다. 그러나 이것은 기업들의 원가 요소에 대한 변화를 설명하는 2차적인 요인에 지나지 않는다.

이런 변화의 1차적인 원인은 제품과 서비스 라인의 점진적인 증가 때문이다. 지난 수십년간 기업들은 유통과 판매 채널을 다양화 하는 것만큼 보다 더 다양한 제품과 서비스를 제공하여 왔다. 또한 기업들은 다양하고 차별적인 고객들에게 서비스를 제공하여 왔다. 기업내에서의 변화와 다양성에 대한 증가로 복잡성이 증가하였으며, 복잡성의 증가는 복잡성을 관리하기 위한 보다 많은 간접원가를 초래하게 되었다. 이러한 간접원가 요소가 직접원가를 대체한다는 것이 기업에 비효율적이거나 관료화 되고 있다는 것을 의미하지는 않는다. 이는 기업이 차별적인 고객들에 대하여 다양성을 제공한다는 것이다.

그럼 왜 관리자들이 자신들 기업의 원가회계시스템에 대하여 고민하면서 불신을 가질까? 어떤 실무관리자는 "우리의 원가회계시스템에 대하여 우리가 어떻게 생각하는지 아느냐? 완전히 가공된 거짓이지만 우리가 모두 동의하는 것이다"라고 불평했었다. 이러한 회계 자료 사용자들 스스로가 신념이 부족한 것을 보게 되는 것은 참 딱한 일이다. 불행히도 어떤 회계담당자들은 전체적인 관점에서 금액들의 대차가 맞는 것에 만족하고 총액을 구성하는 개별 요소들이 틀렸다하더라도 별 신경을 쓰지 않을 수 있다. 이러한 총액은 모든 부분에서 문제가 되며 임의적인 원가배분 결과로 총액이 구성될수도 있다.

직원들이나 관리자들이 잘못된 회계 자료를 통한 결과를 얻을 때 이들은 정보의 완전성에 대한 타당성 등의 문제에도 불구하고 그 정보를 사용할 수 밖에 없다는 것은 슬픈 현실이다. 이들은 결론을 도출하고 의사결정을 내리기 위하여 정보를 사용하고 있으므로, 이는 아주 위험한 일이다.

요약하면, 간접원가가 직접원가를 대체하는 것은 고객에 기인한 원가의 복잡성으로 나타나게 되었다. 복잡성이라는 것은 다른 사건들의 결과로 나타난 것이어서 ABM이 이러한 복잡성을 개선하거나 단순화하는 것이 아니다. 그러나 ABM은 복잡성이 어디에 나타나며, 그 복잡성이 무엇으로부터 유발되었는지를 파악하게 해준다. 과연 기업들이 회계시스템에 의하여 보고되는 잘못된 자료로 의사결정을 얼마나 오래할 수 있을까?

비용은 원가와는 다른 것이다

비용과 원가가 다르다는 것은 ABM을 이해하는 중요한 개념이다. 무슨 차이가 있을까? 비용은 기업이 구매를 하거나 직원 급여를 주는 것과 같이 다른 집단과 돈을 교환하는 수단으로 정의되며, 가까운 미래에 현금을 지불해야 하는 의무를 나타내는 것이라 할 수 있다. 즉 통화가 금전적으로 유출되는 것이다. 이에 반해 원가는 항상 계산된 것으로서 비용의 소비 내역을 나타낸다.

비용이 원가로 전환되는 과정에는 가정들이 있음을 항상 중요하게 생각하여야 한다. 이러 가정들과 업무 규칙들은 계산을 수행하는 관점에서의 협의사항들이다. 비용은 직원 급여 지급과 같이 다른 집단에 있어서는 획득하는 관점이 발생한다. 그 특정 순간에 있어서 가치는 정규적인 교환으로서 영구히 기록되므로 변동하지 않는다.

그림 11.3 | 각 활동들은 각각의 활동동인을 가짐

업무 내용에 추가하여 활동 관점은 어떤 동인이 활동원가의 변화를
가져오는지에 대한 시각을 제공한다.

원장					ABC 자료 중심		
	계정과목 관점				활동중심 관점		활동 동인
	클레임 처리 부서				클레임 처리 부서		
	실제	계획	유리(불리)		클레임 접수	$31,500	← # of ───
급여	$621,400	$600,000	$(21,400)		클레임 분석	121,000	← # of ───
설비	161,200	150,000	(11,200)		클레임 보류	32,500	← # of ─── 제품
여비교통비	58,000	60,000	2,000		공급자 조서 수령	101,500	← # of ─── 및
소모품	43,900	40,000	(3,900)		회원 문제사항 해결	83,400	← # of ─── 고객
지급수수료/임차료	30,000	30,000	─		업무 일괄 진행	45,000	← # of ─── 수
					자격 결정	119,000	← # of ───
					사본 생성	145,500	← # of ───
					결과 안내문 쓰기	77,100	← # of ───
					교육훈련	158,000	← # of ───
계	$914,500	$880,000	$(34,500)		계	$914,500	

고정 및 변동의 분류는 ABC/M에서 재정의됨

비용에서 시작하여 비용이 어떻게 업무를 수행하고 업무의 결과를 통하여 반영되는가에 대한 계산된 결과들이 모든 원가로 나타나게 된다.

ABM의 활동은 실행 동사의 개념으로 나타내어진다

ABM, 원장 및 전통적 원가배부(예, 전부원가) 간의 중요한 차이점은 ABM은 활동을 "결품조사", "신규고객계정 개설", "고객 클레임 처리 프로세스" 처럼 실행 동사, 형용사, 명사 들을 사용하여 말한다는 것이다. 이는 ABM에 대한 유연성을 제공해 주는 것이다. 그러한 문구는 관리자나 직원들이 더 잘 연계하여 사용할 수 있기 때문에 강력하게 작용할 수 있고, 업무 활동에 영향을 미치고, 변화를 유도하고, 개선을 시키고, 제거를 하도록 할 수 있는 의미도 내포하고 있다. 그림 11.3은 ABM이 어떻게 원장의 비용 정보들을 계산된 원가로 계산하는지에 대하여 나타내고 있다.

ABM 관점에서 각각의 활동들은 활동별 고유의 활동동인을 사용하여 최종 원가대상인 제품이나 고객으로 추적되어 제품, 서비스, 유통경로 및 고객의 각 유형에 따라

전체적으로 $914,500로 집계된다. 이와 같은 자원의 재분배는 전통적인 원가계산 방식에서 평균적인 개념으로 사용하는 원가배부 보다 훨씬 더 정확해지게 된다. 이러한 원가 할당 절차는 ABM이 보다 정확한 원가 산출물을 구할 수 있도록 하는 주된 원인 중의 하나이다. 이미 언급한 바와 같이 추적과 할당은 원가배부 보다 더 선호되는 용어이며, 이는 원가 배부처와 피배부처간의 상관관계를 고려하지 않고 재분배만 하는 것을 많은 사람들이 배부라고 연상하기 때문이다. 그러므로 기업들의 간접원가 배부는 담당자들이 임의적이고 좋지 않은 방식이라 생각하기 때문에 사용을 배제하는 것이다.

　자원의 할당은 모든 원가가 원장으로부터 발생한 것이 아니고, 고객이나 업무에 대한 수혜자로부터 발생한 것으로 표시된다. 이것은 원가배부를 수행하던 회계담당자들이 생각하던 것과는 완전히 정반대인 것이다. 원가 배부는 하나의 자원에서 다수의 배부처에 원가를 분배하도록 구성되어 있다. 그러나 이런 배부처들은 실제로는 비용의 원천이다. 일반적으로 부르는 산출물 또는 사람 등의 배부처는 작업에 대한 수요처이며, 원가는 ABM의 원가할당 방식에 의하여 거꾸로 반영된 효과를 측정하는 것이다.

　원장은 계정과목(chart of account; COA)을 사용하는 반면에 ABM은 활동목록(chart of activities; COA)을 사용한다. 활동과 프로세스로 원장 정보를 변형하는 과정에서 ABM은 총수익과 총비용은 유지하지만, 개별 수익, 자금, 원가들은 차별적으로 보일 수 있도록 한다. 계정과목관점에서의 정보들은 조직도의 수직적이고 인위적인 경계를 관통하면서 cross-functional하게 움직이는 기업의 프로세스 원가에 대한 보고를 하기에는 부적절하게 보인다.

　원장은 각각의 부문 또는 원가중심점별로 구성되어지기 때문에 프로세스 원가의 관점을 나타낼 수가 없다. 많은 기업들이 서로 다른 부문 또는 원가중심점에 있는 직원들에 대하여 유사한 직무를 수행하게 하거나 하나 이상의 핵심 프로세스에 있어서 다중 직무를 수행하도록 해왔다. 이러한 환경에서, "설계 변경 통보 프로세스(ECN)"이나 "신규 계좌 개설"과 같은 프로세스를 가로지르는 활동원가를 재배합하고 배열하는 것만이 전체 프로세스 원가를 인식, 측정하고 실질적으로 관리할 수 있는 방법이 된다.

원가의 두가지 관점 :
원가할당 관점과 프로세스 관점

ABM의 활동원가 정보를 구성하고 분석하는 두가지 방식이 있다. 수평적인 프로세스 관점으로 원가를 순차적으로 구성하는 방법이 있는 반면, 수직적인 원가할당 관점은 원가 대상의 변화와 다양성에 근거하여 자원에 대한 비용을 지속적인 인과관계 추적에 의한 원가 재할당을 통하여 원가대상별 원가로 변경해나가는 것이다.

Vertical Axis (수직축) 수직축은 제품, 유통경로 및 고객 다양성과 변화의 모든 형태별 요구 정보로서 원가를 나타낸다. 활동은 자원을 소비하고, 제품이나 고객 서비스는 활동을 소비한다. ABM 원가할당 측면은 이러한 원가 소비 사슬이라 할 수 있다. 각 원가가 원가별 동인량 또는 동인비율에 근거하여 추적되면, 사실상 모든 자원이 최종 원가대상에 대하여 재집계되는 것과 같다. 이런 방법은 전통적이고 임의적인 원가배부 방식에 비하여 제품, 유통경로, 고객별 원가를 보다 더 정확하게 측정하도록 한다.

Horizontal Axis(수평축) 활동원가의 수평축은 업무 프로세스 관점을 나타낸다. 업무 프로세스는 두가지 이상의 활동 또는 일반적인 목적의 활동 네트워크로서 정의될 수 있으며, 활동원가는 업무 프로세스에 속하게 된다. 각 프로세스의 진행에 따라 활동원가는 순차적이고 추가적으로 계산된다. 이런 절차는 활동원가의 일반적인 업무공정, 프로세스 매핑/모델링 기법에 대한 요구를 만족시킨다. 조직도를 90도 옆으로 기울린 것과 같이 보이는 업무 프로세스 중심의 사고는 이제는 관리적인 사고를 지배하고 있다. ABM은 원장으로부터는 산정될 수 없는 프로세스 원가 계산을 위한 원가 요소들을 제공한다.

ABM의 수직적인 원가계산 관점은 특정 기간내에서만 가능하지만, 활동 측면에서 ABM의 프로세스 원가 관점은 산출물에서 혼합적인 정보를 제공한다. 원가할당과 업무 프로세스 원가는 동일한 자원과 활동원가에 대한 두가지 차별적인 관점이다. 이들은 양적으로는 동일하지만, 정보 제공 측면은 각각의 관점에서 아주

> 차별적이다. 요약하면 수직적인 원가 할당 관점은 "특정 대상에 대한 원가가 얼마
> 인지"를 설명하는 반면, 수평적인 프로세스 관점은 무엇이 원가를 유발하는지, 프
> 로세스에 어느 정도의 원가가 발생하는지에 대한 정보를 제공함으로써 "왜 원가가
> 발생하는가"를 나타내주는 것이다.

이 책의 일차적인 관점은 일반적으로 전부원가(Absorption Costing)라 부르는 수직적 관점이다. 활동기준원가는 이 관점에 보다 근접해 있는 방법이다.

그림 11.3을 쉬운 용어로 설명하자면 "왼쪽 도표가 안 좋은 것이라서 오른쪽 도표가 좋은 것이다"라고 말하곤 했었지만, 이제는 원장이 안 좋은 것이라고는 하지 않는다. 원장은 계정과목별로 소비된 거래를 파악하여 수집하기 위한 목적을 수행하기에는 아주 훌륭한 도구이기 때문이다. 그러나 원장에서의 정보들은 아주 기본적인 통제 및 예산 차이 분석과 같은 정보들로서 의사결정을 위하여는 구조적으로 불완전한 것이기 때문에 원장 정보를 원가 정보로 변형함으로써 이런 불완전함을 바로잡게 된다.

관리자들이 그림 11.3의 왼쪽 도표와 같은 책임중심점별 보고서를 받는다면, 그들은 행복해 할수도 있고, 그렇지 않을 수도 있지만, 정확하다고는 할 수 없다. 이는 종종 "GL(총계정원장, General Ledger)을 다르게 무엇이라 부를까?"라는 질문에 "good luck"이다 라고 하는 여담처럼 의사결정의 지원에는 큰 도움을 주지 못하는 것이다. (GL(총계정원장)을 통하여 의사결정 정보를 제공하려면 많은 추가적인 작업이 필요하므로 행운을 빈다는 의미)

요약하면 원장의 관점에서는 "무엇을 소비하였나"를 나타내지만, 활동기준관점에서는 "무엇 때문에 소비하였나"를 나타낸다. 비용 기록과 활동 관점은 활동과 프로세스 및 제품과 같은 모든 원가대상에 대한 원가를 계산해낸다. 또한 거래프로세스에 대한 단위당원가와 같은 중간 산출물의 원가도 활동의 관점에서 계산된다. 직원들이 신뢰성 높고 관련성 높은 정보를 가질 때, 관리자들은 관리 자체는 적게 하더라도 직원들을 잘 이끌 수 있게 된다.

정보기술과 프로토타이핑을 통해 쉽게
구현가능하고, 지속적 관리 가능한 ABM 도입

몇 년동안 ABM은 대규모의 자원이 업무를 수행할 수 있을 정도의 대규모 기업들만이 수행할 수 있는 비싼 프로젝트로 여겨져 왔다. 그러나 정보수집과 컴퓨터 보급이 급증한 요즘에는 자료 수집과 측정에 대한 원가는 정보처리의 향상과 더불어 떨어지게 되었다. 오늘날에는 활동 측정 시스템이 측정가능해졌을 뿐만 아니라 많은 정보들은 이미 조직내에 어떠한 형태로든 존재하게 된 것이다. 예를 들어 ISO9000과 같은 품질관리시스템에 등록된 기업들은 회계시스템에 접속하지 않더라도 충분한 정보를 보유하고 있다. 정보기술은 ABM 자료에 대한 보고, 계획 및 의사결정 부분에서의 확산을 증대시키게 되었으며, 강력한 데이터베이스관리시스템과 계산용 장비들은 원가 계산을 위한 자료 처리의 방해물들을 제거하게 된 것이다.

더우기, 프로토타입 모델에 의한 ABM 구현 기술은 성공적인 구현을 보증한다. 장기간이 소요되는 단일 모형 접근방식에 비하여 ABM의 프로토타입 기술은 점점 증가하고 있는 대형 ABM의 모델의 반복적인 리모델링 방식에 의하여 거의 2일 이내에 기초적인 모형수립을 가능하게 한다. 사실 대형 ABM 모델은 기업들의 반복적이고 신뢰성 높은 생산시스템이 되고 있다.

전략적 ABM 대 운영적 ABM

기업이 단일의 전사차원 ABM 시스템만을 사용하는 것은 잘못된 개념이다. 실질적으로 다중(multiple) ABM 시스템이 단일 기업내에 구성될 수 있다. 그림 11.3의 오른쪽 부분에는 ABM 자료를 전략적 정보와 운영적 정보로서 일반 사용자와 의사결정자의 관점으로 제공하도록 하는 두가지 관점을 제시하고 있는 것이다. 실제로 ABM의 모형 구성은 사용자의 유형별로 정보를 제공하지만, 동일한 원가할당 규칙이 적용되지는 않는 두가지 방식이 가능하다. 이 방식들간의 차이점은 이익을 계산하기 위하여 가격 또는 수익 정보의 포함 및 제외를 하는 것을 비롯한 비용에 대한 범위를 어떻게 보느냐 하는 것이다.

"전사적 ABM"이라 할 수 있는 전략적 ABM은 올바른 것을 하고 있는가 하는 것이다. 즉 고객에게 수익성 있는 제품을 판매하는 것이 기업 입장에서도 수익성이 있는가 하는 것이다. 전략적 ABM은 적절한 가격 책정에 따라 제품의 가치에 의한 수익의 증대와 높은 이익의 보장과 고객의 차별적인 수요 행태에 다양한 수준을 고려하는 것이라 할 수 있다. 운영 ABM은 지엽적 ABM으로 전사적이라기 보다는 개별 기능, 부문 또는 업무 프로세스와 같은 부분에 대한 ABM이라 할 수 있다. 그 내용은 공헌이익과 같은 이익 정보에 대한 분석 보다는 프로세스의 개선, 활동원가에 대한 보다 효율적인 관리 및 자산 활용의 최적화 등에 더 관심을 가지도록 한다.

즉 이는 ABM 모형 구성에 대한 차이점들인 것이다.

- 전략적 ABM은 공헌이익을 구하기 위하여 모든 전사 비용에서 판매된 항목에 대한 제품별, 유통경로별 및 고객별 추적가능한 원가를 차감한다.
- 운영적 ABM은 주로 기능, 부문 및 프로세스에 포함된 비용들로 비용을 제한하며, 낭비적 업무의 제거, 비사용 용량에 대한 관리, 생산성 향상 및 자산활용도 증가 등의 분석에 집중하게 된다.

상용 ABM 소프트웨어의 가치 중의 하나는 다중의 운영적 ABM 모형들을 전사측면에서의 전략적 ABM 모형으로 통합할 수 있다는 것이다.

12

ABM 모형의 구성과 원칙
−성공의 열쇠

그림 12.1은 원가할당경로에 의해 세가지 모듈로 구성된 일반적인 ABM의 원가할당구성도이다. 이 그림은 처음 보면 전체적으로 복잡하게 보이겠지만, 약간만 주의를 기울여 살펴보면 어떻게 투입된 비용이 업무 및 산출물별 원가로 계산 되어지는 가를 논리적으로 표현한 것임을 알 수 있다.

원가할당경로를 각각의 경로가 원가흐름에 대한 양을 나타내는 파이프라고 생각해보자. ABM 모형의 능력은 원가할당경로와 피할당처에 있어서 자원의 지출에서 모든 원가와 비용의 발생처라 할 수 있는 고객의 유형에 이르는 시작에서 끝까지의 세부적인 원가를 추적가능하게 한다는 것이다.

ABM은 원가할당 구성도에 따라 최종원가대상에 대한 원가를 계산하기 위하여 모든 자원을 추적하고 세분화하는 다단계 모형을 사용한다. ABM은 전체적인 평균의 개념이 아닌 비례적인 추적가능성이라는 원가의 특성에 기인하여 보다 정확한 보고가 가능하게 한다. 부연설명하자면, 지원업무 중심의 조직은 실제로 최종원가대상에 대한 추적이라 할 수 있는 직접 활동 보다는 간접적인 활동이 더 주요한 업무이다. 따라서 이러한 조직에 있어서는 활동 대 활동에 대한 할당이 이루어지며, 이 과정은 최종적인 원가대상이 원가대상 자체의 다양성과 차별성에 따른 원가 재할당의 과정에서 활동 동인에 따르는 것과 동일한 방식으로 중간 단계의 활동 동인에 의하여 이루어지게 된다.

과거 어쩔 수 없이 수행해야만 했던 문제점인 간접원가의 직접원가화 문제는 통합 ABM 소프트웨어에서는 더 이상 나타나지 않는다. ABM은 로컬 프로세스나 내부고객 및 업무 수요에 의해 발생하는 요구 사항들에 대하여 중간단계의 직접원가화를 가능하게 한다. 즉, ABM은 광섬유망처럼 고객들을 그들이 소비하는 특유의 자원과

그림 12.1 | ABM 원가 할당 구조

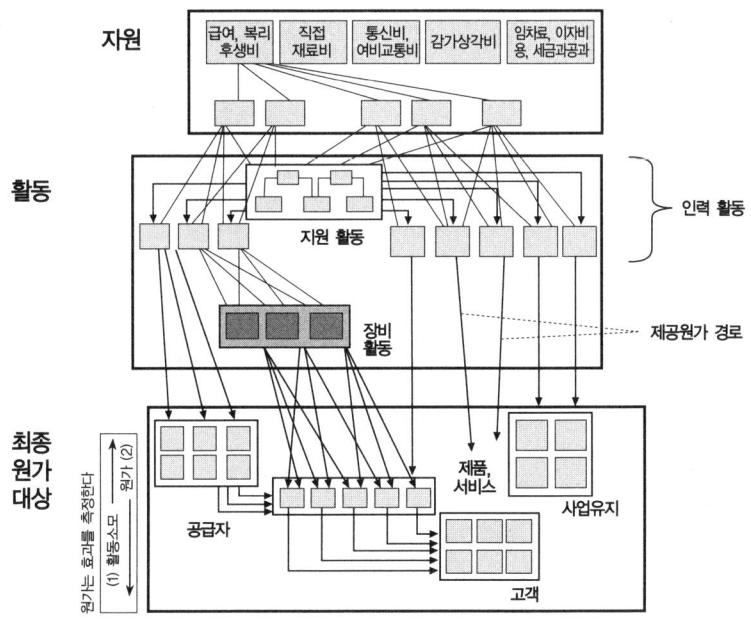

연계하게 된다. 이를 통하여 원가에 대한 가시성은 원가할당 네트워크내의 어디에서 든 제공된다.

ABM에서 활동소모량은 활동동인과 동인률로서 산정된다. 활동동인률은 VLBRs(very local burden rates)의 사상으로 표현될 수 있으며, 이 동인 및 동인률은 전통적인 시스템에 비하여 보다 연관성이 높고 상세한 레벨로 비용을 원가로 재할당하게 하며, 전통적인 회계담당자들이 사용하던 원가의 정확성을 저해하는 단계적 원가배부 방식을 고수하는 것이 아니라 주된 원가 흐름을 이용하여 원가를 재할당하게 되는 것이다.

훌륭한 ABM 시스템의 핵심은 원가할당 구성도의 설계와 구조라 할 수 있다. 각 단계의 교점들은 모든 비용을 원가로 재할당하도록 하는 할당처이자 피할당처인 것이다. 이와 같은 구성이 의사결정을 위한 자료의 효용과 가치를 가져다 주게 되는 것이다.

ABM 원가 할당 구성도

그림 12.1에서 모든 화살표를 반대로 하더라도 유용할 수 있다. 반대의 경우는 고객으로부터 이끌어낸 수요에 의하여 모든 비용이 발생하고, 원가는 단지 그 효과를 측정하는 것으로 나타낼 수 있다. ABM 구성도는 기업이 특정기간 동안 수행한 업무의 단편적인 사진과 같다. (라이프사이클 원가계산은 17장 "고객생애가치(customer lifetime value)"로서 Customer Intelligence 부분에서 논의될 것임)

그림 12.1의 최상위에 있는 자원(Resources)은 활동을 수행할 수 있는 모든 사용가능한 부를 표현하는 것으로 업무 수행 능력의 합계라 할 수 있다. 자원은 모든 기간에 대한 비용 거래가 지출의 범주 내에 누적되는 것이다. 자원의 예는 급여나 소모품비 및 전기요금 등이다. 자원의 추적과 할당에 대한 일반적인 기준은 사람이나 장비가 활동을 수행하는 시간이며, 활동들에 대한 시간 사용 비율도 일반적인 기준이다.

중간단계에 있는 활동은 업무가 수행되고 있는 것으로서 자원에 대한 산출물의 형식으로 1차적인 전환이 이루어지는 것이라 할 수 있다. 활동원가의 할당 단계는 원가할당에 있어서의 주요 매커니즘이라 할 수 있는 활동동인을 사용하여 활동원가를 원가대상이나 다른 활동으로 할당하는 구조를 가지게 된다.

원가할당구성도의 제일 밑에 있는 원가대상은 원가가 집계될 다양한 산출물과 서비스를 나타내고 있다. 고객은 고객이 있기 때문에 가장 먼저 원가 구조가 파악되어야 할 필요성이 대두되는 것이기 때문에 가장 최종적인 원가대상이 된다. 원가대상은 활동이 유발하는 이익의 대상으로 사람이나 사물이 될 수 있다. 원가대상의 예는 제품, 서비스라인, 유통경로, 고객 및 내부 프로세스에 대한 산출물들이며, 이러한 원가대상은 업무가 무엇을 위하여 또는 누구를 위하여 수행된 것인가에 대한 사고에서 발생한 것이라 할 수 있다.

원가대상은 자원과 활동보다 훨씬 더 중요한데, 그것은 ABM이 근본적으로 원가 데이터의 근원으로 부터 원가 대상까지 원가를 잘 분류하고, 반영한 산출물을 다양하고 광범위하게 만들어 내기 때문이다. 그러나 많은 ABM 프로젝트 팀들은 자원과 활동의 정의와 구성이 정확하고 유용한 결과에 영향을 줄 것이라고 생각하면서 자원과 활동 단계에 대한 고심으로 많은 노력을 소비해 버리고 마는데, 이는 잘못된 개념을 적용하여 잘못 이끌고 있는 것이다. 보다 기술력 있는 ABM 프로젝트 팀은 ABM 모형을 최종 원가대상으로부터 거꾸로 모형을 구성하는 것이 가장 낫다는 것을 깨닫게 될 것이다. 표준작업량에 의해 유도된 다양성과 차별성을 고려하여 모형을 구성하면, 그 모형은 소비된 자원이 인과관계에 따라 최종원가대상에 적절한 비율로 쌓이게 되는 가능성이 증가하게 된다.

동인이란 무엇인가?

동인(drivers)이란 용어는 다소 혼동의 소지가 있다. 원가동인(cost driver)은 단어로 표시되지만, 반드시 숫자일 필요는 없다. 예를 들어 폭풍 발생 건수는 말끔한 작업 처리를 유도하여 결국 원가가 발생하도록 하기 때문에 원가동인이 될 수 있다. 반면 ABM의 원가할당 기준인 활동동인(activity drivers)은 원가대상에 배부될 원가를 측정가능토록 계량화되어야 한다. 이러한 원가동인과 자원동인은 서로 다른 목적으로 사용된다. 먼저 활동동인은 각각의 활동의 사용분에 대한 결과를 측정하는 것으로 계량적으로 측정가능해야 하는 것이다. 활동과 원가대상간의 관계에 있어서 활동동인은 그 활동을 소비하는 원가대상의 다양성과 차별성에 따라 특정 활동으로써 측정되는 것이다. 원가동인은 활동동인보다 상위의 개념으로서 하나의 원가동인은 다수의 활동에 영향을 미칠수 있다. 이러한 원가동인은 측정가능해야 할 필요는 없지만 발생한 사건에 대한 표현이 가능해야 한다.

원가대상동인(cost object driver)는 모든 활동원가가 할당된 후에 원가대상에 대하여 적용되는 동인으로서 원가대상이 다른 원가대상에 의하여 소비되는 경우 사용한다. 예를 들어 상점에서 사람들마다 다른 물건을 구매하는 것과 같이 여러 가지 제품을 고객이 구매하는 경우에 있어서 각 제품별 구매량이 고객별 원가 산정을 위한 원가대상동인이 될 수 있다.

업무 유지 비용

기업에서 발생하는 일부 활동들은 고객의 가치, 대응력 및 품질에 직접적으로 기여하지는 못한다. 그러나 그러한 활동들이 기업 실체에 대하여 아무런 해도 입히지 않고 제거되거나 감소될 수 있다는 것을 의미하지는 않는다. 예를 들어 내부 통제 보고서를 준비하는 활동은 원가대상에 대한 가치나 고객의 만족도를 증가시키지는 않는 것이다. 그러나 그와 같은 유형의 활동들은 공식적인 기능을 수행하는 것이기 때문에 조직에서 가치를 가지게 되며, 이런 활동 원가들은 유지원가대상(sustaining cost object) 그룹으로 추적될 수 있으며, 일반적으로 업무유지원가(business sustaining costs)로 부른다.

    업무 또는 조직구조적 유지원가들은 제품이나 고객 서비스의 요구에 의하여 발생한 원가는 아니기 때문에, 이런 원가의 소비는 제품, 서비스, 고객 등에 논리적인 추적이 불가능하다. 예를 들어 회계부서에서의 매달 장부 마감 활동 등이 대표적이다. 그럼 그런 활동들이 제품에 미친 영향을 측정할 수 있을까? 없을까? 사실 이를 위해서는 원가 대비 가격 정보를 파악하는 것이 필요하지만, 문제의 핵심은 그것이 아니다. 여기서의 문제의 핵심은 인과관계가 존재하지 않아도 원가대상에 공정하게 원가를 부담시킬수 있느냐 하는 것이다.

    업무유지원가에 포함된 다른 비용 항목은 유휴용량에 대한 원가와 연구개발(R&D)에 대한 원가와 같은 원가이다. R&D 비용은 제품이나 서비스에 대한 매출의 인식에 대하여 대응되는 비용의 인식 시기가 합리적으로 연계되어야 하는 비용으로서 업무유지원가로는 선택적으로 할당된다.

    이는 ABC가 재무회계가 아닌 관리회계영역으로서 기업회계기준을 준용하여 사용할 수 는 있으나, 반드시 따라야 할 필요성은 없기 때문에 가능한 것이다.

어떻게 ABC 계산의 정확성이 더 높은가?

  ABM을 처음 접하여 "정확하게 틀린 것보다는 대강이라도 맞는게 낫다"는 말을 처음 듣는 사람들은 자신들의 기업에 있어서 무엇을 의미하는지를 정확히 알기 때문에 웃곤한다. 그러나 그 사람들은 많은 추정을 사용함에도 불구하고 그들이 사용하던 기존의 원가시스템의 정확성 보다 ABM의 정보가 더 정확함에 대하여 알지 못하는 경우가 대부분이다.

  그러나 이러한 직관적이지 못한 설명 자체가 ABM의 효과를 상쇄시키는 추정의 오류라고 할 수 있다. 부분적으로는 배부라는 것이 최종적인 원가대상에 대한 총원가 측면에서 총액이 맞게 되는 폐쇄적 시스템에서 이루어지기 때문에 맞을수도 있다.

배부된 최초 비용은 원장시스템에서 도출되었고, 지출 거래를 누적하고 요약한 것이기 때문에 100% 정확하다고 할 수 있다. 그러나 비용을 원가로 재배부하는 과정에서 부정확한 투입액은 당연히 부정확한 결과로 나타나게 된다. 즉 정밀함과 정확함이 정확히 일치하지는 않는 것이다. 이처럼 추정의 오류가 희석되지 않는 ABM의 원가할당 관점에서는 큰 의미가 없는 것이 된다. 이는 비용과 원가가 항상 같게 되는 균형상황에서 발생하는 통계의 특성이라 할 수 있으며, ABM은 회계시스템이라기 보다는 원가를 재할당하는 과정이라 할 수 있는 것이다.

ABM에 있어서 잘못된 모형은 잘못된 결과를 도출하게 되는데, 이에 대한 잘 알려진 교훈적인 내용으로 ABM 시스템의 구현이 기대에 미치지 못하는 경우 규모와 정밀성에 있어서 과도한 설계로 인한 것이 종종 나타났다. 이런 경우 ABM 시스템 운영을 위한 노력의 증가에 비해 정확성으로 인한 효익은 빠르게 감소하게 되지만, ABM 프로젝트 팀은 이와 같은 효과를 잘 인식하지 못한다. 이처럼 ABM 시스템이 너무 크게 설계되면 자료를 수집하고, 시스템을 유지하기 위한 관리적인 노력이 결국에는 효익을 주지 못한다는 것을 알 수 있게 된다. 이런 결과는 ABM 프로젝트로서는 최악이라 할 수 있다. 요약하면 과도하게 설계된 ABM 시스템은 사용의도에 비하여 너무 상세하게 될 수 있다는 것이다.

프로젝트 팀이 ABM 시스템을 구현하는 과정에서 팀원들이 사고에 대한 깊이가 부족한 경우를 직면하곤 하는데, 구성하는 수준을 높여야할지 낮춰야할지, 요약할 것인지 세분화할 것인지 등을 판단할 수 있는 일관된 관점을 가지지 못하기 때문이다. ABM 시스템의 구현과정은 회계담당자들에 의하여 영향을 받게 되며, 회계담당자들은 일반적으로 최소공통분모적인 사고방식을 가지고 있다. 또한 회계담당자들은 대량의 상세한 자료들을 어떤 방식으로든 수집할 수만 있으면 어떤 경우에든 항상 그 정보들을 가공하여 사용할 수 있다는 전제하에 자료 수집 수준을 아주 상세하고 포괄적으로 하고자 한다. 이러한 접근법은 미래에 발생가능한 요구사항에 대한 대비를 모두 하는 것과 같다. 그래서 정확성 충족이라는 용어는 회계담당자들의 사전에는 없는 용어인 것이다. 그 결과로 ABM 모형이 아주 커지게 되며 최종적으로 시스템의 유지와 보수가 불가능해진다. 사실 ABM 시스템은 시스템을 구현하는 노력이 가치 있는 지를 보여주지는 않는다. 다년간의 훈련과정을 통하여 정확성에 대한 높은 요구를 강화할 수는 있지만, ABM은 자료의 실무적인 사용측면으로 무게 중심이 있기를 요구하게 된다.

과다한 ABM 모형에 대한 변명이라면 ABM 프로젝트의 시작시점에서는 구현 수준을 사전에 결정하는 것이 거의 불가능 하다는 것이다. ABM 모형내에서 너무 많은 상호 의존적인 관계들이 결국에는 문제점으로 나타나기 때문이다. 그리고 자료 요구사항 정의와 같은 전통적인 정보 시스템 개발 계획 측면의 기능적인 단계를 좀 더 앞당겨 수행하는 것이 거의 불가능하기 때문이다. 그래서 이러한 문제를 빠르게 해결할 수 있는 기술인 ABM 프로토타이핑이 보충적인 측면의 "Activity-Based Management Rapid Prototyping"에서 논의되는 것이다.

대부분의 ABM 시스템의 구현시에 누락하는 것이 ABM 계산결과 정확성을 결정하는 요소가 무엇인지를 이해하는 것이다. 다시 말해 무엇이 최종원가대상의 정확성을 더 높일 수 있는 주된 결정요소인가를 파악해야 한다는 것이다. ABM 시스템을 구성하고 구현하는 회계담당자들이나 그외의 모든 사람들에게는 직관적이지 않은 주장일 수 있지만, ABM 시스템이 전통적인 방식에 비하여 정확성이 개선되는 것은 활동원가나 활동동인량의 정확성이라기 보다는 ABM의 원가할당 경로 구성 자체가 더 중요한 것이다. 즉 제품, 서비스라인, 유통경로 및 고객별 원가가 상당히 정확해 질 수 있는 것은 ABM의 원가할당 경로 구성을 이루는 원가 경로의 설계에 있는 것이지 투입 자료의 정확성에 있는 것이 아니라는 것이다.

ABM을 성공적으로 완수하기 위해서는 먼저 적절한 수준의 세분화된 적정한 모형을 수립하여 수준차이 문제를 극복하는 것에서부터 시작을 하는 것이 중요하다.

원가 할당 관점의 진화

1980년대 후반 활동기준원가는 자원을 제품 원가로 전환하게하는 보다 정확한 계산방법으로 2단계 원가배분 절차로서 처음 알려졌다. 그러나 활동기준원가의 원가할당 구조는 2단계가 아니라 다단계 할당 방식으로 인식되고 있는데, 이는 간접원가 또는 지원원가가 원가대상에 대하여 직접적으로 배분되는 것이 아니라 활동간의 할당 또는 원가대상간의 할당과 같은 다단계 할당을 수행하는 것이다. 이러한 다단계 할

ABM 프로토타이핑 :
빠르고 정확한 결과 구하기

ABM의 모형에 대한 수준 문제는 ABM 프로토타이핑 기법의 보급을 통하여 해결될 수 있다. 이 방법은 업무에 박식한 직원들을 중심으로 수일내에 첫 모형을 수립하고, 수주간에 걸쳐서 모형의 규모를 반복적으로 재구성하면서 확장해 나가는 방법이다. 또한 이와 같은 시행착오 접근법뿐만 아니라 ABM 모형은 보다 깊은 사고에 의하여 구성될수 있다. 그림 12A는 ABM의 반복적인 모형 재구성을 도식화한 것이다.

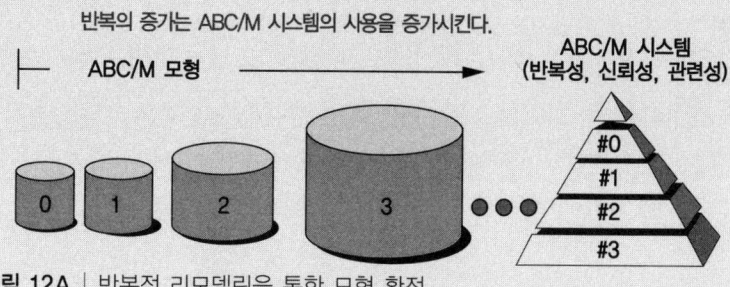

그림 12A | 반복적 리모델링을 통한 모형 확정

전통적인 전부원가 방식하에서 오류는 상계되어 없어지고, 그 오류는 원가대상으로 반영되게 된다. 그림 12B에는 수직축에 정확성 수준을 표시하여 원가에 대한 정확성을 나타내고 있는 그래프들이 있다. 수평축은 자료에 대한 수집, 계산, 보고에 따르는 관리적인 노력 수준을 나타낸다. 각 그래프에서 자료의 수집량과 자료의 질이 더 나아지는 것에 대해 정확성의 향상은 반대의 경향을 띤다. 그림의 점근선이 오류의 상계에 대한 효과를 나타내고 있다.

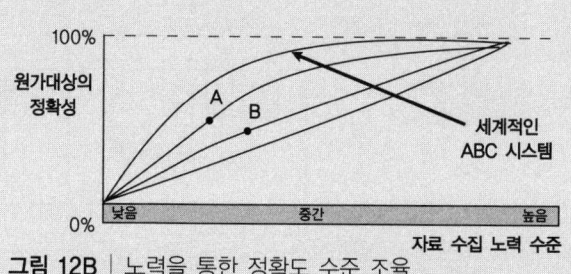

초기 ABC 시스템의 목표가 수익성 보고일 때, 잘못 고안되거나 분석 수준이 잘못된 ABC 시스템은 더 많은 노력에도 불구하고 정확성은 떨어질 것이다.

ABC Project 팀 A는 팀 B에 비하여 상대적으로 노력은 적게 투입하고 더 높은 정확성을 달성했다.

그림 12B | 노력을 통한 정확도 수준 조율

> "높이 올라간 만큼 경치가 좋을까?"라는 질문이 ABM에도 적용할 수 있다. 즉 보다 상세하고 정확한 ABM 모형을 만드는 것이 보다 나은 답이 될 것인가 하는 것이다. 모형이 커질수록 유지보수 관련 이슈가 발생(적절한 상세수준으로 확장된다면)하게 된다. 신속한 ABM 프로토타이핑은 완성될 ABM시스템의 모습과 새로운 ABM 정보의 사용방법에 대한 비전을 빨리 제시하여 줌으로써 팀원들의 모형에 대한 이해를 빠르게 한다.

당은 특별 주문에 대한 프로세스 원가를 예로 들수 있는데, 규정 수량 또는 제품, 서비스, 산출물 등을 복합적으로 주문하는 특정 고객이나 고객군에 대한 원가를 추적하는 경우가 그것이다.

그림 12.2의 모형은 다원의 종의 진화 모형과 유사하다. 왼쪽의 그림은 짚신벌레나 아메바 같은 단세포 종과 유사하며, 중간 그림은 파충류, 양서류, 뱀종과 유사하다. 그리고 오른쪽 그림은 직립보행하기 시작한 사람과 유사하다고 할 수 있다.

그림 12.2 | 원가회계 방법론에 대한 다원의 진화론

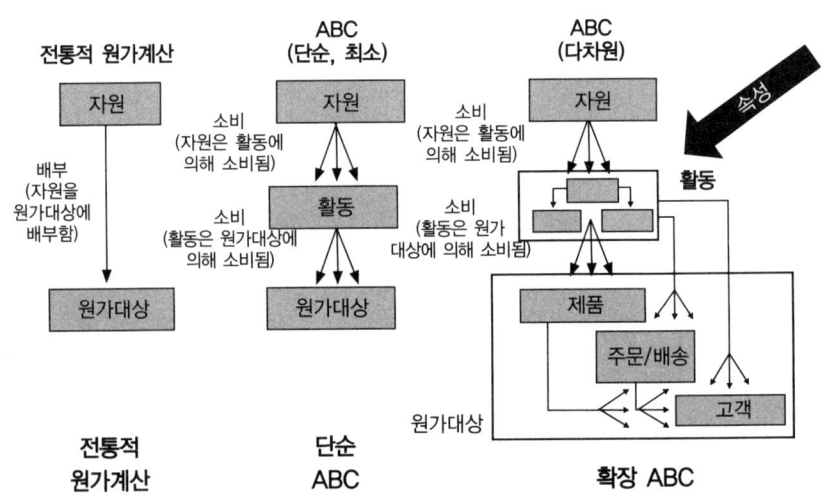

활동과 원가대상의 원가계산을 위한 두가지 등식

활동원가와 원가대상에 대한 원가를 구하는 두가지 방법이 있다. 이 두가지 방법은 자료의 수집 또는 계산과 원가통제를 위해 사용하는 피드백 자료의 선호도에 따라 다르다. 두가지 방법은 다음과 같다.

1. 활동동인 방정식 Activity driver equations

먼저 활동원가는 설문, 타임시트, 추정치 등에 의하여 산출되며, 활동동인의 양, 빈도, 비중은 각 활동별로 수집된다. 각각의 활동동인에 대한 단위당 원가율을 계산하여 전표처리건수 등과 같은 활동동인의 고유한 사용량에 따라 모든 원가대상에 적용한다. 활동이 수행되는 매 기간마다 재계산한다.

2. 원가대상 방정식 Cost Object equations

이 과정은 업무 수행 내역과 프로세스에 대한 시간 측정 연구에서 시작된다. 연구 과정에서 각 제품 및 작업 지시 유형별로 진행 단계에 대한 단위 시간에 대한 상세한 과정이 설문 등을 통하여 진행된다. 이렇게 되면 제품과 작업 유형에 대한 거래 건별 합계에 대한 개략적인 방정식이 성립한다. 마지막으로 제품과 작업지시 유형별 건수를 기간별로 산정하고, 활동원가 계산을 위한 표준 시간을 구한다. 이와 같은 활동원가는 표준율에 의해 가정된 것으로 실제 활동원가는 아니므로, 이 가정은 측정시간동안 해당 활동의 변화가 크지 않다는 것을 전제로 해야 한다.

비용을 유발하는 요인은 다양한 대량의 제품과 주문이다.

그림 12C는 이러한 두가지 접근법이 ABM 원가 할당 구조도 측면에서 어디에 위치하고 있으며, 어떻게 다른가를 나타낸다. 활동동인 방정식 접근법은 각각의 활동에 대하여 활동원가를 측정 및 추정하고 활동동인량을 추적하여 원가대상에 대한 원가를 구하게 된다(Push 방식). 그러나 원가대상 방정식 접근법은 제품과 지시유형에 따라 수량과 조합 정보를 수집한 후, 표준시간을 가정하여 활동원가를 계산하게 된다(Pull 방식). 이 방법은 원가대상의 최하위 수준의 특성으로부터 시작하게 되고, 활동원가를 결정하기 위한 역계산의 형태를 나타내게 된다.

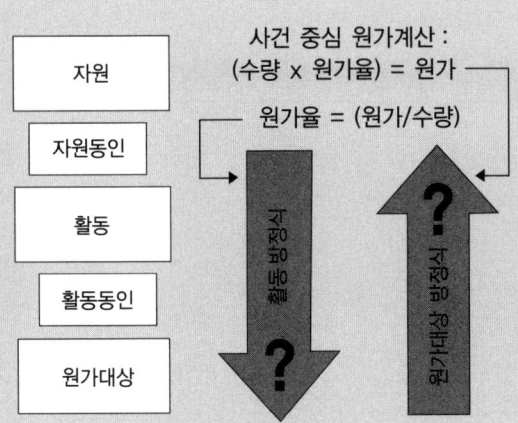

그림 12C | 두가지 원가 계산 방정식 접근법

　활동동인 방정식 접근법은 다른 두가지 요인에 대한 자료가 수집가능하고, 합리적으로 추정가능하다는 가정에 의한 활동동인률로 문제를 해결하는 반면, 원가대상방정식 접근법은 각 제품의 특성별로 작업 시간이 측정되고, 각 제품에 대한 세부 내역이 정의될 수 있어서 제품 조합량을 보고할 수 있다는 가정에 따라 표준원가 측면에서 활동원가를 해결한다. 우수한 ABM S/W는 두가지 방법으로 원가를 모두 계산해 낼 수 있다.
　어떤 방식의 접근법을 사용하더라도 가장 먼저 ABM의 자료를 통하여 무엇을 수행할 것인지를 항상 염두에 두어야 한다. 그리고나서 운영상의 원가 통제와 피드백을 위하여 ABM 정보를 사용할 때 관심을 어디에 두어야 할지, 어떤 유형의 원가 계산 결과 정보가 의사결정에 보다 유용한지를 결정하면 된다.

　그림 12.2의 왼쪽 그림은 아주 초기적인 것으로 논리적인 인과관계를 고려하지 않고, 단순하고 임의적으로 자원을 제품원가와 같은 원가대상으로 재분배하는 전통적 회계에서의 원가배분 방식을 나타내는데 아직도 많은 재무담당자들이 이 방식으로 원가를 배분하고 있다. 그러나 인과관계가 고려되지 않고서는 원가대상에 대한 원가를 계산하는 과정에서 바람직하지 않은 오류가 발생될 가능성이 있다. 그 결과 부정확한 원가가 계산된다. 이러한 원가 배분 방식을 계속 사용하는 재무담당자는 잘못

된 자료로 최종 사용자들을 오도하게 된다.

그림 12.2의 중간 그림은 자원의 지출을 부문 수준이 아닌 활동 수준으로 할당하는 ABM 2단계 원가 배분 모형인데, 이 방식은 실제 적용하기에는 너무 단순한게 흠이다.

그림 12.2의 오른쪽 그림은 중간단계의 활동과 활동동인 및 원가대상간의 추적 등이 가능한 확장 디단계 구조를 가진 다단계 원가할당 네트워크로서 ABC의 원가할당에 대한 세로축을 상징하는 것이다. 이 그림에서 예전의 이단계 배분과 구별하기 위하여 간선(arterial) ABM 모형으로 구분지었다. ABM 모형에서 3가지 단계(modules)는 활동과 원가대상에 대한 다단계 네트워크가 되도록 구성된다. 이와 같은 원가할당 네트워크는 자원과 원가대상의 연계에 대한 유연성을 제공하고, 인과관계에 의한 추적이 가능토록 한다. 그러므로 원가할당 네트워크에서의 전체 원가는 원가대상에 대하여 보다 정확한 원가를 파악할 수 있도록 한다.

요약하면, 수직적 관점에서의 활동기준원가의 원가할당 네트워크의 진화는 전통적 회계 시스템의 단순하고 임의적 배분에서 출발하여 활동기준원가의 세가지 원가모듈에 따라 다단계의 원가 흐름으로 마무리 된다. 이와 같은 다단계 원가계산 네트워크는 제품 뿐만 아니라 다양한 고객 유형을 비롯한 모든 최종 원가대상의 다양성과 차별성을 추적가능하게 한다.

13

지속적 개선을 위한 운영 ABM

ABM 시스템이 전사적인 측면에서 구현된다고 생각하는 것은 가장 일반적인 오해다. 이 오해는 시스템에 포함되어 있는 비용이 기업의 전 직원에 대한 모든 비용과 기간비용의 100%를 설명할 수 있어야만 한다는 것으로 비용에는 공장이나 배송 분야와 같은 조직의 모든 직원들까지 포함되어야만 한다는 것이다. 이와 같은 오해를 가지고 있는 사람은 총수익성을 산정하기 위해 제품이나 서비스의 총원가를 계산하고자 하는 ABM 모형이나 시스템만을 접해본 경우가 많다. 여기에서는 운영적 ABM을 중점적으로 논의하기로 한다. 운영 ABM은 수익이나 이익을 증가시키기 보다는 프로세스 개선을 하고자하는 조직에 적합한 것이다. 이러한 운영 ABM의 목적은 프로세스 개선, 생산성 향상 및 자산 활용도 증가라 할 수 있으며, 이익을 결정하기 위한 가격과 수익 정보는 운영 ABM에 포함되는 것이 아니라 전략적 ABM에 필요한 정보들이다.(이러한 정보는 다음장에서 논의될 전략적 ABM에서 의미가 있다.)

이번 장에서는 먼저 기업 전사적 ABM 모형이 어떻게 부문이나 프로세스를 대표하는 다수의 로컬 ABM 모형으로 나누어질 수 있고, 이들이 상위의 ABM모델로 순차적으로 통합될 수 있는지에 대해 논의하고자 한다. 그리고 활동 및 원가대상 분석, 비부가가치원가와 같은 속성에 따른 ABM 정보 등에 대한 운영적 ABM이 추구하고자 하는 내용에 대하여 기술하고자 한다.

ABM의 종속모형을 지배모형과 연결하기

로컬 ABM 모형은 심포니 오케스트라의 지휘자가 예행 연습에서 바이올린을 연주하게 하는 것으로부터 시작하여 트럼펫, 현악기 전체, 관악기 전체로 진행하도록 하고 결국 전체 연주가 되도록 하는 것과 같은 것이라고 본다. 즉 오케스트라는 반복적이고 신뢰성 있게 시스템을 가동하도록 하여 로컬 ABM 모형을 지배모형으로 집계되도록 하는 전체적으로 연결된 ABM 지배모형을 나타내는 것이다.

상용 ABM S/W는 로컬 ABM 종속모형을 전사적인 ABM 지배모형으로 연결할 수 있도록 하고 있다. 그림 13.1에서는 전략적인 지배모형에서 철도관련 조직을 운영적 ABM 모형으로 분리하는 방법을 설명하고 있으며, 종속모형의 원가대상에 대한 산출 정보가 상위의 전략적 ABM 모형의 원가대상에 대한 투입 정보가 되는 것을 설명하고 있다.

로컬 ABM 모형은 생산성 향상과 같은 전술적 목적을 위하여 사용되지만, 전사적 통합 ABM 모형은 문제점을 파악하고 개선 기회를 파악하고자 하는 측면에 집중하도록 함으로써 전략적 목적으로 사용된다고 할 수 있으며, 유통경로, 고객, 서비스 수혜자에 대한 이익 기여도를 포함하여 모든 수준에서의 이익을 계산하는 목적으로 흔히 사용된다.

그림 13.1 | ABM 다원모형

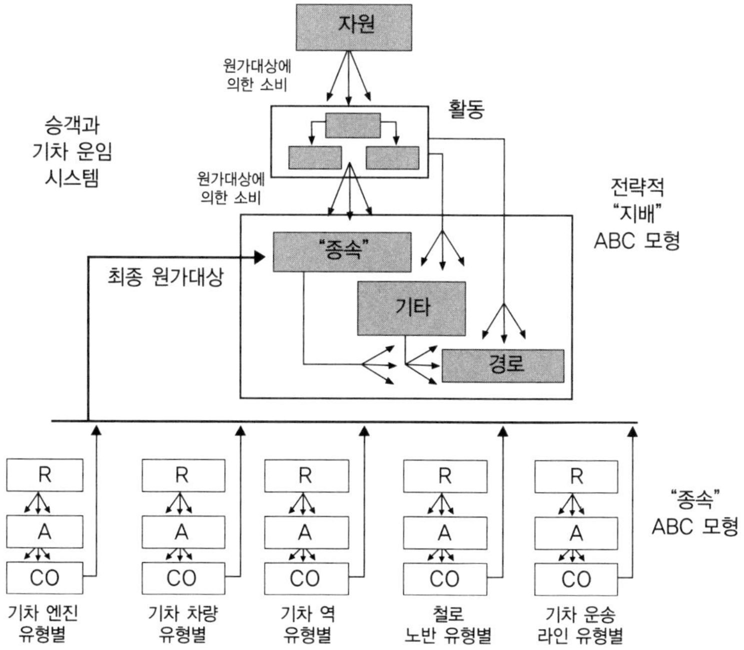

운영적 ABM 모형 분석 : 고속도로 유지보수 사례

정부의 자동차도로 유지보수 부문은 개별 자동차나 트럭 또는 운전자에 대해 직접적으로 서비스를 제공하지 않는다. 근본적으로 도로 유형에서 다양성이 발생하는데, 도로의 특성에 따라 작업자의 작업량이 결정된다고 볼 수 있다. 사용된 자원(트럭, 차고, 직원 등)에 대한 부문작업의 산출물을 파악할 수 있는 실질적인 방법은 노반(road bed)이다.

ABM 모형에 대한 교훈 : 최종 원가대상은 앞서 언급한 먹이사슬의 마지막에 있다. 따라서 원가대상인 최종적인 도로는 각 도로별로 이전에 누적적으로 발생한 모든 원가 할당금액을 소비한 것이라 할 수 있다. 원가할당액 중 일부는 직접원가이지만 간접조직의 증가에 따라 대부분의 원가가 간접원가로 최종원가대상별로 추적할 수 있다.

4차선 도시형 고속도로가 거리에 대한 효과를 제거한 후에도 다른 도로 유형에 비하여 아주 많은 비용을 소비하는 데에는 여러가지 특징이 있을 수 있다. 도로유지에 투입된 활동원가의 수준은 근본적으로 노면 유형에 따르게 된다. ABM 할당은 활동동인이 이미 작업원가의 원가대상에 대한 추적을 수행한 이후에는 원가대상 동인에 의존하게 된다.

그림 13.2는 거리(마일)당 도로 원가에 대한 활동 단위 원가를 비교하기 위한 가상의 자료인데, 이러한 보고양식이 ABM 사용자들이 흔히 볼 수 있는 것이다. 이 보고양식은 산출물에 대한 총단위원가 뿐만 아니라 소비된 다양한 활동별 단위원가를 세부적으로 보여준다.

이처럼 산출물 한단위당 활동원가에 대하여 상세한 정보를 제공하는 것을 표준으로 삼아 조직의 타부문에서도 실무적으로 적용가능하도록 하여 종업원과 관리자들이 파악하고자 하는 원가 정보에 대한 의문점을 보다 잘 해결할 수 있도록 하게 된다. ABM은 잠재적인 개선점을 찾아 집중할 수 있도록 하는 도구로서 훌륭한 역할을 수행한다. 이를 통하여 직원들은 다른 원가대상과 비교하여 상대적으로 높은 원가가 발생한 원인이 무엇인지 논의할 수 있다. 이러한 방식으로 ABM 원가할당 구조상의 원가대상 모듈은 제한된 자원을 어떻게 사용하고, 보다 잘 사용할 것인가를 생각하고 논의하도록 자극하기위한 통찰력을 제공한다.

그림 13.2 | 작업 산출물 단위당 원가

노면 유형별 원가						
노면 유형						
차선 수	포장재	위치	총원가	총연장거리(마일)	활동	마일당 원가
4	아스팔트	간선 도로	$270,137,078.40	125,342		$2,155.20
					잡초 제거	$120.00
					전자 표시	$334.25
					구멍 메우기	$150.00
					도로 파기	$975.60
					칠 제거	$450.50
					표시 변경	$124.85
2	역청포장	지선 도로	$29,783,384.10	43,578		$683.45
					잡초 제거	$220.00
					전자 표시	$0.00
					구멍 메우기	$65.00
					도로 파기	$250.00
					칠 제거	$112.20
					표시 변경	$36.25
4	아스팔트	시내 도로	$95,567,207.84	65,672		$1,455.22
					잡초 제거	etc.
					전자 표시	etc.
					구멍 메우기	etc.
					도로 파기	etc.
					칠 제거	etc.
					표시 변경	etc.

원가구조 개선을 위한 활동 분석

ABM의 거의 모든 자료는 국지적으로 적용되는 것으로, 로컬 ABM 모형의 목적은 제품, 용역 및 고객의 이익을 계산하는 것이 아니라 조직의 원가구조가 어떻게 구성되는지를 파악하기 위하여 다양한 산출물의 원가를 계산해 보는 것이다. 다양한 원가대상의 영향 분석뿐만아니라 활동분석 및 원가동인 분석이 있다.

그림 13.3은 활동동인과 활동과의 연계 관계를 표시하는 것이다. 제품이나 고객의 요구, 활동의 효율성 및 부가가치 속성 등에 따른 개별활동들에 대한 판단방법을 단순하게 도식화한 것이다.

일부 관리자들은 원가를 줄이는 유일한 방법이 활동 자체를 제거하는 것이라고 생

그림 13.3 | 활동 분석

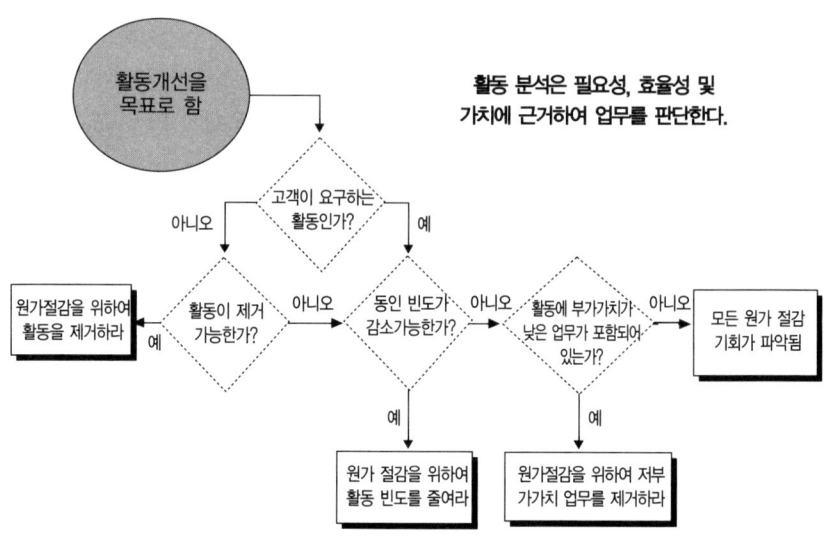

각한다. 또한 하지 않아도 되는 것을 굳이 할 이유가 없다고 생각한다. 즉, 수행할 가치가 없는 작업은 잘 수행할 가치도 없다는 것이다. 여기에서의 요점은 업무의 중심에 ABM이 있다는 것이다. 그럼 우리는 무엇을, 얼마만큼, 누구를 위해 업무를 수행하고 있는가? 그리고 하고 있는 일이 얼마나 중요하고 잘하고 있는 것일까?

ABC의 속성 활용

ABM 시스템은 원가할당 구조내에 활동들을 포함하거나(즉, 원가대상 유지) 속성과 같은 구분자를 붙여서 활동을 구분할 수 있는 방법을 제공한다. 여기에서 속성은 ABM의 구현에 많이 수반되는 것으로서 ABM의 원가계산 보다 더 강력한 것으로 여겨진다. 관리회계 컨설턴트들은 고객들이 고객사의 원가구조와 원가행태를 보다 잘 파악할 수 있도록 다양한 속성을 적용하여 분석하는 것을 좋아한다.

그럼 속성이 무엇인가? 전통적인 원가회계 방법에서는 소비된 금액 이외에 원가에 대한 별도의 분석적인 정보를 개별적인 원가 수준에서 어떤 방식으로든 제공하지 않는다. 활동을 측정할 수 있는 구분자에 대한 범위의 예를 들면, "아주 중요함", "필요함", "대기" 등으로 나타낼 수 있는 것이다. 이런 방법은 부가가치원가를 측정하고, 어디에서 부가가치가 발생하는지를 측정하는 일반적인 방법이다. 이에 따라서 낮은 부가가치를 달성하는 활동을 제거하고, 고부가가치 활동을 개선시킴으로써 직원들이 조직의 가치있는 업무에 집중할 수 있도록 하는 것이다. 또 다른 예를 들어보면 품질관리 부문은 품질원가(COQ, Cost-Of-Quality)를 구하기 위하여 속성을 사용하곤 하는데, 그림 13.4와 같이 활동을 구분하는 일반적인 품질원가군을 나타낼 수 있다. 각각의 품질원가군은 자체적으로 보다 상세한 보고를 위하여 세부항목으로 구분될 수 있다.

ABM의 사실에 의한 객관적 원가 보고와는 대조적으로 속성에 의한 정보는 업무 수행에 대한 주관적인 자료를 생성하는 ABM의 부가적인 단계라 할 수 있다. 속성은 중요도(즉, 가치)와 조직의 성과 달성 수준을 나타낼 수 있다. 첫번째의 목적은 고객과 주주의 요구사항을 만족시킬 수 있는 수행 업무 또는 산출물에 대한 관계를 결정하는 것으로, 부가가치를 증대시키는 활동들은 개선시키고, 그렇지 못한 활동들은 감소 또는 제거시키는 것이다. 두번째의 목적은 효율과 효과성에 집중하는 것이다.

그림 13.5에는 세로축에 성과 속성을 가로축에 중요도 속성을 놓고 분석한 결과를 4분면으로 표시한 것이다. 예를 들어 많은 금액을 소비한 부서가 업무 수행은 잘하였으나, 수행 업무의 중요도는 낮은 것으로 평가될 수도 있다. 그리고 이런 중요도 낮은

그림 13.4 | ABC/M의 속성은 점수를 매길 수 있으며, 원가를 구분할 수 있다

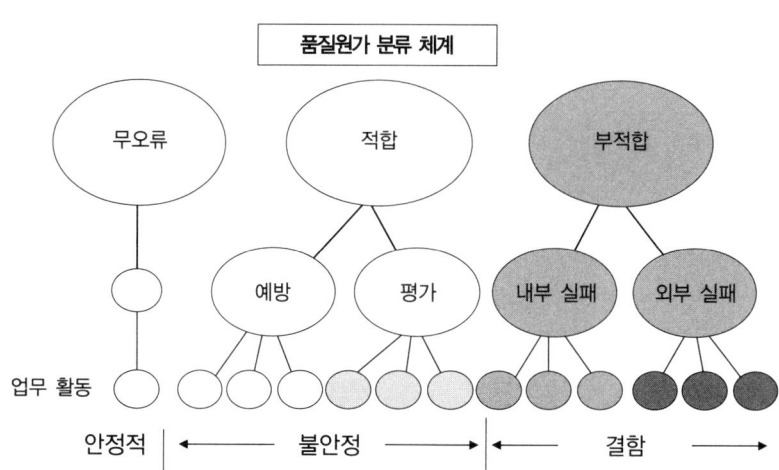

그림 13.5 | ABC/M의 속성은 실행을 제안할 수 있다

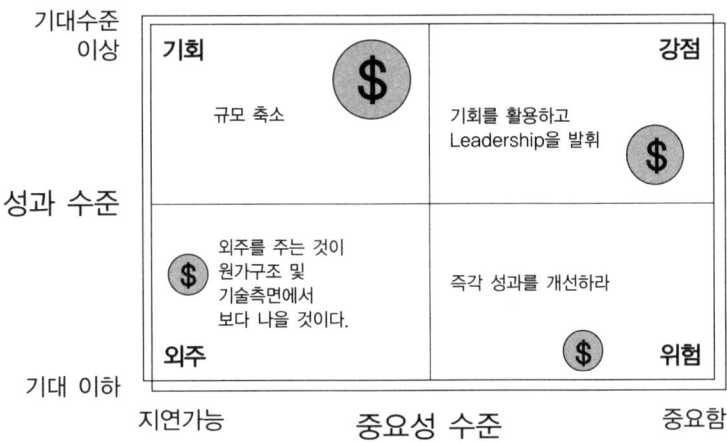

활동에 대한 활동원가는 사분면의 좌측상단에 나타나게 되는 것이다. 이 사례에 따르면 그러한 중요도 낮은 활동에 대하여는 규모를 줄이고, 비용도 줄여야 하는 것이 당연하다. 각 사분면에는 이와 같은 각각의 제언이 존재한다. 좌측하단에서는 활동도 잘 수행되지 않을 뿐 더러 요구되는 핵심 경쟁력도 없으므로 업무에 대한 아웃소싱이 제안될 수 있다.

요약하면 운영적 ABM의 목적은 지속적인 프로세스 개선이며, 일반적인 원가관리의 수행이지만, 전략적 ABM의 목적은 수익 증대나 이익 개선과 같은 궁극적인 문제이다.

14

고객과 유통경로 수익성 분석을 위한 전략적 ABM

본 장에서는 고객 수익성을 적정히 측정할 수 있는 방안을 제시하고, 기업들이 전사적으로 이익의 증가와 원가의 감소 및 이를 통한 성과의 증진에 대한 전략의 변화를 실질적으로 관리할 수 있는 성과관리시스템을 구현하는 방안에 대하여 제시한다. 먼저, 전통적인 회계담당자들은 원가회계자료의 전략적 활용을 위하여 거래 상세 내역들을 수집하고, 요약하여 보고하는 업무를 수행하는 것에 대한 의문을 제기해 왔다. 그러나 그러한 반발은 이제는 변했다. 앞장에서는 원가의 절감에 중점을 두었다. 그렇지만 자원의 삭감은 한계가 있다. 즉 사람은 내보낼 수는 있어도 그 사람의 업무는 없앨 수 없기 때문이다. 이번 장에서는 수익의 증대와 매출관 관련된 이익의 질을 중심으로 설명한다.

모든 고객이 수익성 있는 고객일까?

기업들이 작은 규모로, 재빠르게, 효율적으로 운영되는 것으로는 더이상 충분하지 않다. 즉 공급사슬 전체도 그러한 방식으로 업무를 진행돼야 한다. 예를 들어 거래 당사자들인 공급자나 고객의 일부가 과도한 유지보수를 필요로 한다면, 그런 공급자 또는 고객들이 우리의 이익을 줄게 만드는 것이다. 그렇다면 과연 누가 그렇게 문제 있는 거래처이며, 과연 얼마나 많은 이익을 감소시킬까? 보다 중요한 것은 이 질문에 대한 답을 얻은 후에는 "관리자나 직원들이 취해야 할 올바른 대처방안은 무엇일까?"이다.

어떤 고객들은 주로 이익률이 낮은 제품들을 구입하는데, 이런 고객들이 구매한 제품이나 서비스라인 자체의 원가에 고객에 대한 서비스 제공 원가(cost-to-serve)를 더해 보면, 기업이나 기업의 확장된 가치사슬 측면에서 수익성이 없는 것으로 나타날 가능성이 높다. 반대로 상대적으로 고수익성 제품을 구매한 다른 고객들은 추가적인 서비스를 너무 많이 요청해서 결국 어떤 면에서 수익성이 없는 것으로 나타날 수도 있다. 그럼 이런 고객과 공급자에 대한 수익성을 어떻게 적절히 측정할 수 있을까? 어떻게 하면 그런 고객이나 공급자들을 배제시킬 수 있을까? 수익성이 낮은 고객과 공급자를 명확히 정의하고, 이들을 이익관리기법을 사용하여 수익성이 높은 영역으로 이동시킬 수 있다.

예를 들어 두명이 고객이 있다고 하고, 그 두명의 고객이 동일한 제품과 서비스를 동일한 기간동안 동일한 금액으로 구입했다고 할 때, 그 두 고객의 수익성이 동일할까? 당연히 그렇지는 않을 것이다. 어떤 고객은 천사와 같이 행동하는 반면 어떤 고객은 악마와 같이 행동하며, 어떤 고객은 불평 없이 표준적인 주문을 하는가 하면, 어떤 고객은 배달 날짜를 지정하는 등의 비정규적인 요구를 하기도 한다. 또한 구입한 제품이나 서비스에 대하여 추가 요구가 없는 고객이 있는 반면, 어떤 고객은 배달 관련 요구사항의 변경이나, 주문 접수나 발송, 제품의 반품이나 교환 등에 대한 요구를 하기도 하고, 사후서비스에 대한 추가적인 요구를 하기도 한다. 그리고 어떤 때는 고객의 지리적인 위치도 차이를 유발하기도 한다.

이런 경우 까다로운 고객에 대한 직원들의 시간이나 노력, 업무 중단 등에 대한 모든 원가를 포함하고, 제품이나 서비스의 자체적인 원가를 추가하게 될 경우, 해당 고객에 대한 이익이 없을지도 모른다는 것을 파악할 수 있을까? 물론 가능할 것이다. 하지만, 대부분의 기업들은 그러한 경우에 해당하는지 조차도 모를 것이다. 이러한 경험은 1922년의 다음과 같은 유사한 사건에 대한 언급이 있은 이후로 계속되어 왔다.

"원가시스템이 거의 완벽하게 구현되고, 공장의 경제가 아주 활성화 되어 왔다 할지라도, 제조업자들의 부적절한 판매관리비의 통제로 인하여 손실을 보고하는 경우가 종종 있어왔다. 사실 동일한 원가 기준이 판매관리비의 통제에 적용되지 않는다면, 효율화된 저원가 생산을 통해 얻을 수 있는 우위를 잃게 될 수도 있다"*

---

*Note William B. Castenholz, "The Application of Selling and Administrative Expense to Product," National Association of Cost Accountants(NACA) Yearbook, 1922.

공급자로부터 발생하는 인바운드(inbound) 원가에 대해서도 유사한 문제가 제기될 수 있다. 일부 공급업체들과 협업이 너무 어려워서 궁극적으로 조직의 이익을 축소시키는 관리원가가 존재하는가? 예를 들어 이런 모든 추가적인 원가들을 고객에게 그대로 전가함으로써 최종고객에 대한 가격이 상승하게 된다면, 전체적인 공급 사슬에서 고객이 대용품을 찾게 된다거나 또는 경쟁사의 제품으로 대체를 하든지 그렇지 않으면 구매의사결정 자체를 지연하게 될 위험은 무엇인가?

이익에 대한 진실 추구

보다 건실한 원가정보를 보유한 기업은 고객과 공급자에 관한 다음의 질문에 답할 수 있을 것이다.

- 특정 고객에 대하여 판매량이나 이익을 설정할 수 있는가?
- 포장, 판매, 배달 및 고객 서비스 방식을 변화시킴으로써 수익성을 증진시킬 방안이 있는가?
- 고객의 판매량에 대비해서 우리의 할인, 환급, 판매촉진 정책은 적정한가?
- 고객들이 차별화되고 보다 수익성이 높은 구매행태로 변경하도록 우리의 전략을 변경하여 이익을 창출할 수 있는가?
- 여유 능력이 있거나 우리에 비하여 월등한 원가 구조를 가진 특정 공급자에 따라서 작업을 변경할수 있는가?

경쟁력을 갖추기 위하여 기업은 자사 이익의 원천을 알아야 하고, 자사의 원가구조를 이해하고 있어야만 한다. 또한 경쟁력있는 기업은 전략을 실천할 수 있는 행동으로 전환할 수 있어야 한다. 명확히 수익성 없는 고객에 대하여 기업은 가격 인상을 감수하거나, 추가적인 업무에 대한 추가 요금을 부가할 기회를 찾기를 원할 것이다. 그 방법은 아주 극단적일 수 있으며, 이로 인하여 고객과의 관계가 단절될 수도 있을 것이다. 이에 반해 이미 수익성이 높은 고객에 대해서는 직원들의 추가적인 업무를 유발하는 고객 관련 업무의 감소나 배송 프로세스의 효율화를 수행함으로써 고객에 대한 원가를 감소시키거나, 고객의 구매행태의 변화를 통하여 고객들이 기업에 대한 부가적인 요구를 덜 하도록 하는 것이다.

그럼 어떤 종류의 고객들이 충성도가 높고 수익성이 높을까? 어떤 고객이 한계이익 수준이거나 더 나쁘거나 또는 손실을 나게 하는가? ABM은 기업에 다양한 요구를 하는 그러한 유통경로나 고객들에게 기업의 자원에 대한 소비내역을 경제적이고 정확하게 추적하도록 하는 인정된 방법론인 것이다.

그림 12.1을 다시 살펴보면, 고객과 고객의 주문에 의한 인과관계에 따라서 ABM이 어떻게 원가를 추적하고, 세분화하고, 재할당하는지에 대한 구조가 나타나 있다. 이미 말한 바와 같이 ABM은 이러한 요인들을 활동동인이라고 정의한다. 즉 고객의 주문에 대한 매출액에서 고객 주문을 처리하는 원가를 빼면, 업무 처리의 전 과정에서 실제적으로 이익이 발생하는지 또는 손실이 발생하는지를 알 수 있게 되며, 미래의 고객 주문에 대한 가격 견적이 수익성이 있는지 없는지에 대하여 알 수 있게 된다.

영업 부문에 있는 직원들은 매출액에 근거한 성과수수료로 평가 받기 때문에 원가나 이익에 대하여는 그리 중요하게 평가하지 않는다. 그러나 다양한 보상에 대하여 강조하기 위해서는 고객별 이익을 포함시켜야 하며, 그리하여 최종이익(당기손익)까지 관심을 기울일 필요가 있다. 이 부분에서의 이슈는 고객들이 구매한 제품에 대한 정확한 원가를 포함한 고객별 이익 기여도를 결정하는 것과 각각의 고객의 요구를 충족시키기 위한 총원가를 산정하는 고객 중심의 업무 요소를 이해하는 것이다.

원가에 대한 원천이 공급자든, 제품이든, 고객이든 상관없이 추적불가능하여 합리적인 할당 시스템이 없다는 것은 더 이상 이해할 수 없다. 이에 대해 ABM은 합리적인 시스템이며, 전사 성과관리 시스템으로서 계획정보와 평가정보를 통합하게 되면, 올바른 행동을 취할 수 있도록 해주는 강력한 도구가 될 수 있다. 고위 경영층은 지속적으로 전략을 조정한다. 성과관리 시스템은 지속적으로 모든 사람에게 실행가능한 정보를 제공해 준다.

빙산의 일각 : 미실현 이익

전통적인 제품원가계산 방식은 원가배분을 조업도기준으로 평준화하는 방식을 사용한 결과로 과대 또는 과소 원가를 산정하게 되는 결과를 초래했다. 이익의 산정 공식은 매출액으로부터 제품이나 서비스에 대한 진실된 ABM 원가를 차감하는 것이

그림 14.1 | ABC를 이용한 수익성 내역

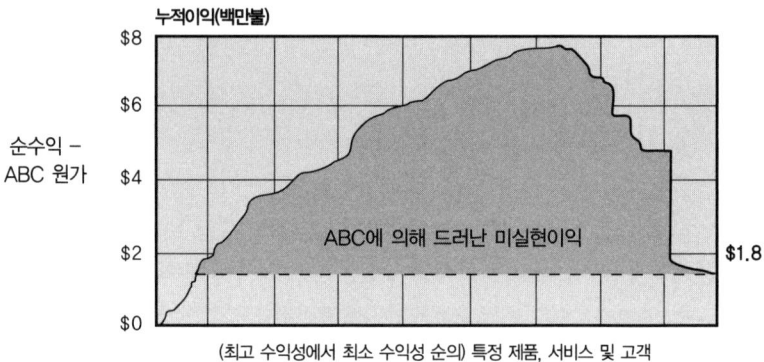

며, 이익이라는 것은 항상 파생적으로 남겨지는 금액인 것이다. ABM에서 원가는 모든 사람이 믿고 있었던 방향과 달라지는 반면에 가격과 조업도는 변하지 않는다. 그 결과 이익은 기업들이 믿어왔던 것과는 다르다는 것이 드러나게 되었으며, 그 결과는 이익이라는 것은 원가의 미약한 변경에도 차이가 발생한다는 사실에 따른다.

그림 14.1은 부적합한 원가 계산 방식에 따라서 미실현 이익이 어떻게 숨겨질 수 있는지에 대한 그림이다. 회계담당자들은 비용을 인과관계에 의하여 배부하지 않고 있다. 이 그림에서는 각 제품과 서비스에 대한 이익을 보여주기 위하여 제품원가와 순매출액을 나타내 주고 있다.

제품은 왼쪽에서 오른쪽으로 이익률이 가장 큰 것부터 가장 작은 것 순으로 나열되어 있다. 제일 마지막 지점은 손익계산서에 보고된 기업의 순이익을 나타낸다. 통계학자들은 이를 Stobachoff 곡선이라 부른다. 이 기업의 총 수익은 2,000만$, 총 비용은 1,820만$로 순이익이 180만$이며, 순이익 180만$을 구성하는 제품 조합이 그래프에 나타나 있다. 실증적으로 증명된 것은 아니지만, 경험으로 미루어 보면 이익 총 합계는 보통 보고된 순이익의 200%를 초과한다. 심지어는 1,000%를 초과한 경우도 있었다.

그림 14.1의 마지막 지점은 보고된 순이익과 같으나, 그 점에서 부분별 가시적인

그림 14.2 | 수익 − 활동원가 명세 = 이익 / 손실

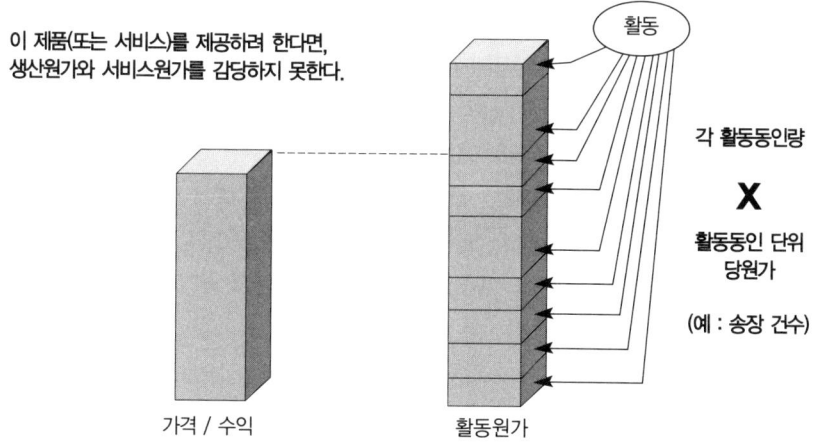

ABC는 상대적으로 거대한 양의 활동원가 구성 요소에 대하여 비교 목적으로 유용한 통찰력을 제공할 뿐만 아니라 제품 또는 서비스의 원가동인과 동인량에 대한 통찰력을 제공한다.

정보를 제공하지는 않는다. 그림에서 보는 바와 같이 이 곡선은 낚싯대와 유사하다. 즉 마지막 지점은 낚싯대의 추라고 생각하고 가상의 물고기가 낚싯바늘에 걸려있다고 생각하면 이 낚싯대를 밀어 올리고 내리기만 할 수 있게 될 것이다. 이런 방식으로 그래프를 다시 살펴보면 항목별 매출액이 원가와 정확히 상쇄되는 지점인 제일 꼭대기점 왼쪽 부분의 제품과 서비스는 이익을 증가시키는 것으로 보여진다. 많은 사람들이 꼭대기 오른쪽의 실패 영역에 관심을 갖게 된다. (이 그래프는 "Profit Cliffs(이익 절벽 곡선)" 나 "Whale Curve(고래등 곡선)"으로 불리기도 하지만, 낚싯대 이론이 끝 지점을 위로 끌어올리게 하여 이익을 상승시키는 개념에 가장 적합하다.)

그림 14.2는 그림 14.1을 부연설명하고 있는 그래프로서 "낚싯대" 그래프의 오른쪽 면의 어떤 지점에 대한 정보를 나타내고 있다. 그림에서 각 제품, 서비스, 고객 및 원가대상에 대한 활동원가는 강바닥의 퇴적물 처럼 쌓여지게 된다. 이는 ABM 원가 할당 구조에 따라서 각각의 적절한 활동동인과 동인률에 의하여 소비된 활동원가가 계산되는 것이다.

성과관리 시스템은 계획 및 성과 측정과 ABM을 조합한 것이지만, 성과관리를 너무 강조하는 것은 다소 업무 중심적이라 할 수 있으며, 성과관리의 근본은 사람과 설

그림 14.3 | 고객 매출수량 대비 이익

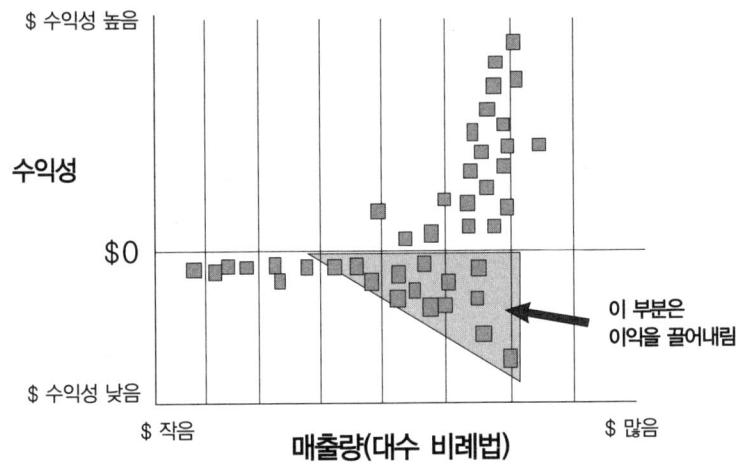

비들이 무엇을, 얼마나 많이, 그리고 왜 했는지에 따라서 관리되는 것이다.

회계담당자들은 특정 고객 세분화와 관련된 원가인 고객관련 활동원가를 거의 분리해 내거나, 직접원가화 시키지도 못한다. 그 결과 재무회계 상의 매출원가, 광고비, 마케팅비, 물류비, 보관료, 운반비 등과 같은 용어들을 사용하여 발생기간에 대하여 비용화(기간비용) 시켜버린다. 결과적으로 회계담당자들은 유통경로나 고객별 세분화를 위하여 원가의 추적을 수행하지 않는 것이다. 요즘에는 이러한 판매나 유통관련 비용들이 더 이상 사소한 비용이 아니다. 그러므로 이제는 단순하고 임의적인 원가배부를 배제한 고객의 공헌이익에 집중해야 하며, 비용을 감수하고서라도 매출 증대에 목표를 두는 기업은 수익성 중심의 매출 증대로 계획을 조절할 필요가 있다.

고객 매출이 얼마나 이익과 관련되는가?

그림 14.3은 그림 14.1의 낚싯대 그림에서의 각 지점들을 매출액과 이익으로 구분

하여 다시 그린 것이다. 이 그림에서 각 점들의 묶음이 의미하는 것은 다음과 같다.
- 소규모 매출 고객군은 아주 수익성이 없다.(그러나 소규모 매출 고객들 중 일부는 미래의 대규모 고수익을 달성할 고객도 있을 수 있기 때문에 소규모 매출 고객 모두를 자동적으로 포기하도록 제안하는 것은 아니다.)
- 대량 매출 고객이 많아 질수록 이익은 기하급수적으로 증가한다.
- 그러나 대량 구매 고객군이라 할지라도 이익이 최소로 발생하거나 또는 손실이 발생할 수도 있다.
- 중간규모의 고객들은 집합적인 고객군으로서 총이익을 증대시킬 수도 있다.

기업의 고객 중심 수익성 곡선의 형태는 각기 상이할 것이다. 그림 14.3의 그래프에서 다수의 손익군으로 고객 유형을 묶어내게 되면 어떤 대응을 해야하는지를 결정하는데 유용한 정보가 될 수 있는 것이다.

성과관리는 기업의 전략과 부합하는 의사결정을 내릴 수 있는 성과평가 도구와 이러한 이익과 원가의 측정 도구를 결합함으로써 더욱 발전할 수 있게 된다. 성과관리는 이제 Web 환경에서 구현이 가능하므로 직원들이 보다 빠르게 분석, 의사소통 및 행동을 취할 수 있다. 하향식(Top-Down)으로 진행되는 기업의 비전 및 전략과 상향식(Bottom-Up)으로 진행되는 결과분석 정보들이 기업을 실질적으로 관리하는데 중요한 역할을 하게 된다. 성과관리는 전략과 운영간에 연결고리 역할을 한다.

이익기여도 단계 분석을 통한 ABM 고객별 손익계산서

ABC 에서는 전통적인 손익계산서와는 달리 이익기여도가 양파껍질처럼 단계별로 보고된다. 즉 ABM 손익계산서에는 먼저 개별 제품별 이익을 제품과 관련된 원가의 오배부로 인한 왜곡 없이 보여준다.(전통적 간접비 배부는 인과관계에 의한 소비기준 활동 동인에 의한 것이 아니라 조업도 기준으로 배부한다) 그렇게 되면 어떤 제품은 수익성이 있고, 어떤 제품은 제품 수준에서 수익성이 없을 수도 있지만, 그 후 고객이 제품이나 서비스를 구매하게 되었을 때 고객관련 원가가 다음 단계의 이익기여도로서 계산되어지게 되는 것이다. 즉 양판 껍질이 한단계 벗겨지는 것이다.

제대로된 ABM 시스템은 재할당 시스템으로 운영되며, 다음으로 중요한 것은 ABM 원가 할당 구조인 그림 12.1이다. 이 구조는 각 고객별 이익 단계를 나타내고,

그림 14.4 | ABC/M의 이익 기여 수준

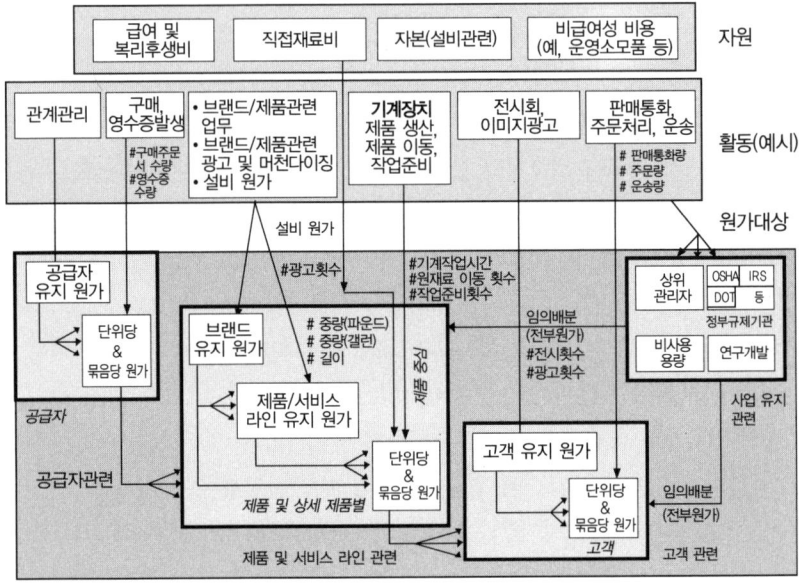

그림 14.5 | ABC/M의 고객별 손익계산서

```
고객 : XYZ 사 (고객 No. 1270)
매출액                      $$$           이익(매출액 − Σ원가)      매출액 대비 이익률

제품 관련
  공급자관련 원가(TCO)      $xxx          $xxx                   98%
  직접재료비                xxx           xxx                    50%  ┐
  브랜드 유지               xxx           xxx                    48%  │ 제품관련원가
  제품 유지                xxx           xxx                    46%  │
  제품 단위, 묶음           xxx           xxx                    30%  ┘

유통 관련                                                       28%
  외부 운송 유형별          xxx           xxx                    26%
  주문 유형별              xxx           xxx                    24%
  채널 유형별              xxx           xxx                          ┐ 고객관련원가
                                                                   │
고객 관련                                                            │
  고객 유지                xxx           xxx                    22%  │
  고객 단위, 묶음           xxx           xxx                    10%  ┘
사업 유지                 xxx           xxx                    8%
                                                               8% 영업이익
자본비용(재고, 채권)        xxx           xxx                    −2%
                                                               6% EVA를 산정을 위한 경제적이익

*  활동원가 동인별 할당은 활동 산출물에 대한 측정가능한 수량을      ** 자본 비용은 제품과 고객으로 인하여 발생한
   사용함 (기타의 활동 할당은 (주관적) 제공비율에 따라 추적된다)         이자로 직접 비용화될 수 있다.
```

고객 중심의 손익계산서를 생성하는 주요 요소이다.

그림 14.4는 그림 12.1의 ABM 원가 할당 구조 중 최종원가대상 부분을 확장한 것으로, 두 단계의 원가 소비 순서를 나타내고 있다. 앞서 말한 바와 같이 이와 같은 소비 순서는 생태계의 먹이사슬과 같으며, 이 그림에서 최종 원가대상인 고객은 업무 유지원가를 제외한 다른 모든 최종원가대상의 원가를 소비하게 되는 것이다.

공급자, 제품, 서비스, 고객과 같은 주요한 원가대상들은 최종적인 제품이나 고객에게 할당할 유지원가를 보유하고 있다.

ABM 원가 할당 구조하에서 각 제품들은 임의적인 간접원가의 배분에 의한 것이 아니라 인과관계에 따라 제품별로 활동원가를 부담하게 된다. 이러한 이유로 원가계산에 있어서 원가의 단계가 생성된다. 그림 14.5는 고객별 손익계산서 예시이다. ABM을 사용하면 고객에 대한 논리적인 세분화나 그룹화 뿐만 아니라 각 고객별 손익계산서를 적정하게 만들수 있다.

ABM 손익계산서를 사용하게 되면 구매한 제품 및 서비스에 대하여 개별적인 단가 및 가격에 따른 손익의 수준에 대해 상세한 수준의 검증이 가능해진다. 즉 고객 중심 요약 손익계산서에는 제품과 서비스는 총평균으로 보고되지만, 상세한 조합 정보까지 확인이 가능하다는 것이다. 또한 정보이용자는 제품 및 서비스별로 내용, 활동원가와 원가 명세 내용까지 상세분석할 수 있게 된다.

여기에서 중요한 것은 ABM이 고객 수익성 정보를 계산하기 위한 것이라기 보다는 계산된 정보를 활용하고, 그 정보를 효율적으로 사용하는 것이 중요한 것이다. 이런 효익은 잠재적인 이익을 확인하여 현실화 하고 올바른 행동을 취하여 잠재적 이익을 달성하는 것이다. 성과관리의 중요한 특징은 분석을 구조화 하고, 전략적인 방향성을 설정하고, 즉각적인 의사소통과 행동을 가능하게 하는 것이다.

고수익성 영역으로 고객 유도

이렇게 분석된 정보들이 나타내는 바는 무엇일까? 먼저, 모든 사람들이 궁금해하는 문제인 모든 고객들이 동일한가에 대한 내용을 계량화하여 제시한다. 어떤 고객은 요구 행태에 따라 수익성이 높거나 낮을 수 있다. 고객 만족이 중요하다 하더라도 장기적인 관점에서는 고객과 기업의 수익성을 증가시키는 것이 목표인 것이다. 그래서 고객의 만족도를 높이기 위하여 고객에게 제공하는 서비스 수준 관리와 그로 인한 주주의 부에 미치는 영향도 간에 항상 균형이 이루어져야 하는 것이다. 최상의 해결책은 수익성을 유지하면서 고객 만족도를 증가시키는 것이다. 이는 점점 더 많은 고객들이 표준화된 제품이나 서비스 및 주문 보다는 고객의 취향에 맞추어 주는 것을 기대하고 요구하고 있기 때문에 이와 같은 균형을 이해하는 것이 중요해 질 것이다. ABM 정보는 균형을 달성하는 방안에 대한 논의를 용이하게 한다. 많은 관리자들이 사실을 확인할 때 까지 어떤 행동을 취하는 것을 망설인다.

그림 14.5의 손익계산서에 의하면 공헌이익에 대한 두가지 측면이 나타나 있다.

1. 제품 및 서비스의 조합 측면
2. 개별 제품 및 용역의 조합과는 별개의 제공원가 측면

그림 14.6은 이 두가지 측면을 모두 고려한 것으로 특정 고객 또는 고객군은 두 측면에 교차하여 표시될 수 있다. 이 그림은 언급한 바와 같이 구매 내역에 대한 이익 측면과 이를 위하여 투입된 제공원가 측면을 반영한 고객 정보를 제공한다. 각 4분면은 고객 특성별로 4가지 군으로 구별할 수 있다.

그림 14.7은 그림 14.6의 도표에 다양한 고객 및 고객군에 대한 정보를 표시한 것이다. 이와 같은 도표에 의한 분석의 목적은 모든 고객들을 보다 수익성 있게 만들어 좌측 상단으로 이동하도록 하게 만드는 것이다. 이렇게 고객을 좌측 상단으로 유도하는 것은 그림 14.1의 수익성 내역 그래프상의 개별지점을 오른쪽에서 왼쪽으로 이동하게 하는 것과 동일한 것이다. 고객이 현재 사분면의 어디에 위치하는 지를 알려주는 것이 ABM 자료이다. 그리고 ABM에 의하여 고객을 세분화하는 것은 또 다른 여과장치가 필요하다.

고객의 수요 행태와 유지보수 요구에 따른 고객 세분화

많은 기업들이 고객을 지리적 위치나 인구통계학적 방법 또는 구매 행태 등을 사용하여 구분한다. 이런 구분은 영업이나 마케팅 연구 측면에서는 유용하겠지만 고객관련 원가를 파악하려는 측면에서는 가치 중심 세분화(Value Segmentation)가

그림 14.6 | ABC/M 고객 수익성 도표

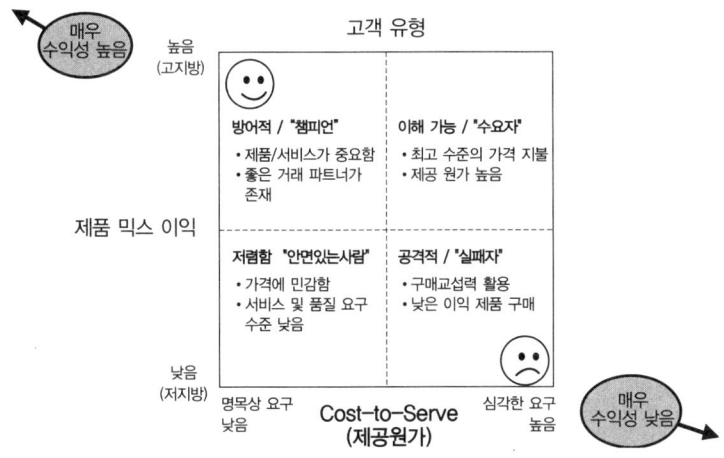

그림 14.7 | 고객을 고수익성 측면으로 이동시킴

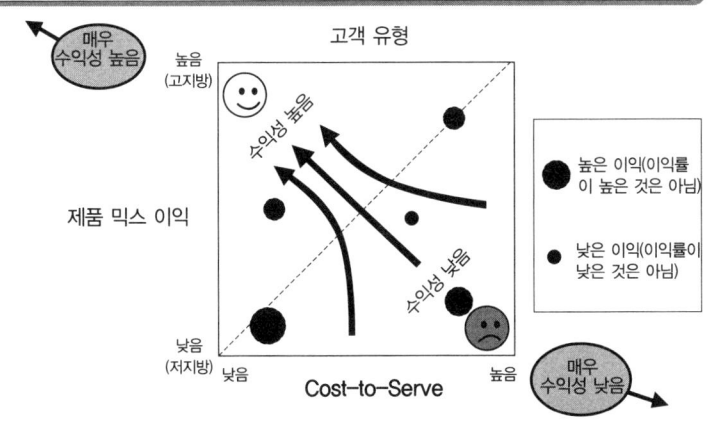

필요하다. 그림 14.6의 4가지 고객 유형은 복합 인구통계학적인 분류체계로 구분될 수 있다.

이 그림에서의 인구통계학적이나 다른 고객세분화와 다르게 4분면을 구분하는 방법은 고객 가치(valued customers)가 4가지 유형으로 구분하는 것이다. 이런 분석틀은 고객관리 전략을 명확하게 하는데 용이하게 할 수 있다.

- 챔피온 Champions : 이 영역은 최상의 고객군이다. 이들은 다량으로 구매하는 충성도 높은 고객으로 큰 노력 없이 서비스를 제공할 수 있다. 그러한 고객을 양성하고 보상을 제공하기를 원하게 된다.
- 수요자 Demanders : 이 영역의 고객은 사업에 대한 이해가 높아(savvy)고수익을 창출하지만 요구하는 것이 많은 고객이다. 그래서 그러한 고객들로부터 수익을 증대시키기를 원하지만, 그들에게 소요되는 원가에 대한 관리가 필요한 영역이다. 이런 고객에게는 은행의 ATM기와 같이 고객이 스스로 행동할 수 있는 프로세스를 제공하여 원가를 절감할 수 있다.
- 인지자 Acquaintances : 이 영역은 구매력이 낮은(cheap) 고객군이 속하는 영역이다. 이 영역에서는 고객 특성에 따라 사업을 영위하는 것이 아니라 이런 고객들이 상대적으로 저비용으로 한계이익을 달성가능하므로 적절히 유지하는 것이 바람직하며, 이 고객들로부터 수익을 증가시키는 것은 좋지만 그다지 경제성 높은 것은 아니다. 이런 고객들은 가격에 민감하여 서비스나 품질 수준을 그다지 중요하게 여기지 않는다.
- 실패자 Losers : 이 영역은 자원과 시간을 고갈시키는 공격적인 고객군으로 이익이 적거나 거의 마이너스가 될 정도다. 이들은 대규모 구매의 대가로 예측가능한 수익성 이하로 가격 할인 협상을 강요하기도 한다. 이런 고객들은 당신의 회사와 경쟁사를 저울질하는 유형일 수도 있다. 경쟁사에 장기적인 손실을 안기게 하든지 또는 그런 고객들을 회피하기를 바라게 된다.

이익 도표에서 고객이 어디에 위치하고 있는지를 알아야하는 중요한 또다른 이유는 경쟁사로부터 가장 수익성 높은 고객을 방어하는 것이다. 즉 이러한 소수의 고객들이 이익의 상당한 부분을 차지하고 있기 때문에 노출된 위험이 아주 크다. 이는 높은 고객 유지율, 고객 충성도에 의한 부가가치 및 수익성 높은 고객상실에 따른 기회비용의 중요성을 강조하는 것이다.

이익 곡선을 증가시키는 방법

일반적인 상기업들이 고객 수익성 정보를 사용하여 무엇을 할까? 다시 말해 기업들이 이익 증대를 위하여 어떤 행동을 취할 것인가? 이는 ABM에서 "M"에 모두 담겨있는 의미로 원가와 이익을 관리하는 것이다. 어떤 고객들은 고객수익성 도표의 하단 오른쪽 구석 깊숙히 자리잡고 있어서 결국 그 고객으로 부터의 수익성 달성이 불가능하다는 판단하에 배제하고 나갈 수 밖에 없는 결론을 내릴 수도 있는 것이다. 결국 사업의 목표는 원가에 상관없이 고객 만족도만 향상시키는 것이 아니라 장기적인 기업의 수익성을 향상시키기 위하여 고객관계를 관리하고자 하는 것이다.

다음은 비록 일부기는 하지만 수익성 증가 방안이다.

- 고객에 대한 제공원가를 낮은 수준으로 관리
- 고원가의 대고객 활동에 대한 추가 요금청구 및 가격 재산정
- 제공 서비스 감축
- 신규 제품 및 서비스 발굴
- 가격 인상
- 제품, 서비스 또는 고객의 포기
- 프로세스 개선
- 고객 수익성 중심의 서비스 수준 선택 옵션 제공
- 고객 선호 활동 원가 증대
- 고객 구매 조합의 고수익 제품 및 서비스로의 전환
- 서비스 제공원가가 낮은 고객의 규모 증대를 위한 할인 정책

그리고 성급하게 행동을 취하기 전에 이익 분포 다이어그램을 해석하기 위해서는 다음의 핵심 이슈를 이해하는 것이 중요하다.

- 특정시점의 원가정보는 여러기간에 걸쳐 자원과 활동원가를 소비하는 제품, 서

비스 및 고객에 대한 수명주기별 원가를 제대로 반영하지 못함
- 도표에서의 정보는 급조되거나 임의적으로 만들어져서는 안된다. 분석담당자들은 이 정보가 무엇인지와 실행가능한 의사결정이 무엇인지의 커다란 차이점을 올바로 알고 있어야 한다. 그 두가지는 동일한 것이 아니기 때문이다.

학습조직 경계하기 : 경쟁자

진취적인 기업들은 ABM에서 제공하는 BI(Business Intelligence) 분야에서의 전문적이고 우월한 정보들을 얻을 수 있기 때문에, 그 기업들은 강력해 질 수 있다. 그런 기업들이 인식하게 되는 것은 개별적인 고객들이 기업의 브랜드별 제품, 서비스 및 시장 세분화에 따른 수익성에 영향을 미친다. 그러한 효과는 고객의 구매 성향이나, 배송 지역, 할인 및 환불 정책 또는 제품 공급자에게 요구하는 다른 요소에 의해 발생한다. ABM을 통한 고급 정보를 갖추게 되면, 경쟁업체들은 그들 자신의 경쟁업체에 대한 잉여 이익 고객을 파악해 낼 수 있다. 경쟁업체는 신규 제품 진입을 위한 전략적인 가격정책을 쓸 수 있게 되는 것이다.

15
예측적 원가회계와 예산

정보기술력의 발전은 경영분석가나 기획담당자들이 예산수립이나 의사결정대안별 원가추정시 진보된 방법을 적용할 수 있도록 하고 있다. 이러한 방법은 단순이 역사적인 원가와 원가율을 추정하는 전통적인 원가 추정 방법에 비해 보다 정확한 추정치를 제공한다. 그러나 이러한 진보된 원가추정 방법의 적용에는 더 많은 관리적인 노력이 필요하게 됨으로써 추가적인 비용이 수반된다.

본 장에서는 실질적으로는 변할 수 밖에 없는 데에도 불구하고, 시장의 추정치나 경쟁적인 압박에 따라 1년 앞선 고정계약을 한 경우와 같이 전통적인 예산체계의 단점에 대하여 말하고자 한다. 이와 같은 전통적인 예산 체계를 수정하기 위한 유명 솔루션중의 하나가 활동기준예산(ABB)이다. 이러한 측면에서 예산(budgeting)과 계획(planning) 분야로 더 깊이 파고들수록 예측(forecasting)과 증분원가(incremental cost)분석이라는 보다 넓은 영역으로 발을 내딛고 있다는 것을 알게 될 것이다. 예측은 수요 예측과 연계된 원가 추정을 포함하게 되며, ABB와 ABP(활동기준계획)는 요즘은 일반적으로 활동기준자원계획(ABRP)로서 통합되어 있으며, 이 내용은 본 장에서 다룰 것이다.

진부한 연간 예산 기법 : 사용자 불평, 불만

왜 ABRP에 대한 관심이 증가할까? 이러한 관심사는 연간 예산 프로세스상의 문제점 증가에 의한 것이지 개인들이 요구한 금액의 승인을 받지 못하기 때문에 관심이 증가하는 것은 아니다. 개인들은 모두 예산프로세스에 의해 규제를 받게 된다. 그리고 경영진이나 직원들 모두 확정 계약적 예산은 끊임 없이 변하고 있는 거센 시장 압력이나 경쟁사의 행위에 대응하지 못한다는 것을 잘 알고 있다. 현실과는 단절된 관료적 관습이라는 커다란 비판이 일고 있다.

불만의 다른 원인은 모든 사람들이 보다 나은 예산수립방식(사업 계획이나 주기별 재무 예측(rolling financial forecast))이 있다는 것을 알고 있는 것이다. 성과관리 방법론에서 사람들의 동기를 유발하는 보다 나은 방식을 제공한다.

전통적 예산 : 잘못된 나침반

ABP와 ABB는 전통적 예산수립기법 보다 자원의 위치와 수준 및 예산지출 예측능력이 뛰어나다. 이 방법에서는 자원의 요구는 기업의 서비스 수준과 능력 측면에서 고객이나 최종 소비자의 요구로부터 발생한다는 것이 알려져 있다. 그러나 예산에 대한 전통적 기준은 과거에 소비된 자원 수준을 추정하는 경향을 띠는데, 과거는 미래에 대한 신뢰성 있는 지표가 아니라는 것을 간과하고 있다.

그림 15A에는 전통적 예산 기법에 대한 비판이 열거되어 있는 것이다.

우리의 예산수립은…

- [ ] 효익이 거의 없는 전멸전(death match)이다
- [ ] 총 14개월이 소요된다
- [ ] 종료시까지 두번이상의 경영진에 의한 조정이 필요하다
- [ ] 조직 재편에 따라 두달 내에 쓸모없어진다
- [ ] 정말로 필요한 부서에는 배정된 예산이 없다
- [ ] 목소리 큰 쪽이나 정치적 압력이 우선한다
- [ ] 불필요하게 부풀린 쪽으로 더 많이 책정된다
- [ ] 전년 소비액 보다 과대계상된다
- [ ] 금년 예산에 전년의 비효율성이 이어진다

그림 15A 퀴즈 : 항목별로 체크해보라.

전통적 예산은 의도하지 않은 잘못된 행위를 유발하게 된다. 이는 많은 시간

을 낭비하고, 초과되었거나 불필요한 지출을 숨기게 하며, 개인의 이익을 보호하는 도구로 쓰이기도 하며, 고객이 필요로하기도 전에 고객의 주문을 이끌어 내기 위한 영업적인 노력을 유도하기도 하며, 결국에는 비도덕적인 결과를 초래할 수도 있다.

전통적인 예산은 과거지향적이어서 단순히 지난해 비용에 물가상승에 따른 소액을 증가시킨다. 이 방법은 예산 프로세스가 현재의 비용 수준을 기점으로 시작한다는 것을 의미한다. 그러나 요즘 관리자들은 미래의 산출물 수준에 따라 필요자원을 산정하여야 한다는 것을 알고 있다. 이러한 예산은 전략적으로 기대하고 있는 시장에서의 예견된 변화를 반영하여야 한다. 사실 ABB는 이와 같이 반대 방향으로 진행되며, 기업이 직면한 시장 중심의 미래 수요를 충족시키기 위하여 실제로 어떠한 수준의 지원이 필요한지를 결정하는 것을 논리적으로 지원해준다.

관리기법상의 중대한 변화는 종종 기존 방법에 대한 불안과 새로운 방법에 기대되는 비전의 혼조속에서 발생한다. 전략 매핑, 성과표 및 ABRP 등의 방법론을 가지는 것이 그와 같은 두가지 상황에 직면하게 되는 것이다.

경영진, 관리자 및 종업원들이 연간 예산 수립 프로세스에 대하여 왜 그렇게 냉소적일까?

- 경영진의 입장에서는 예산수립이 전략과 전략맵과 성과표를 예산과 연계할 수 있는 방안을 모색하는 과정에서 업무활동의 연계를 통해 전략을 성공적으로 수행하도록 하는 안내도구라기 보다는 재무부서 입장에서 전략 및 성과표와 별개로 단기적인 시각에서 "내년도 숫자 만들기" 보고서 작성 수준으로 이해하고 있다. 예산은 재무적 안전성에 대한 잘못된 인식을 제공하게 된다. 성과표가 포함된 전략 맵은 전략을 운영 가능하게 만들고 전략실행을 위해 필요한 예산을 연계시킨다.
- 관리자와 직원은 다른 불만들을 가지고 있다. 이들은 프로세스가 너무 길고, 상세하며 너무 귀찮다는 것을 알게 되었다. 게다가 예산수립이 정치적인 게임이어서 어떤 부서는 예산 없이 일하고 있는데 반해 어떤 부서는 재원이 넘치는 결과를 나타내는 것을 보게 된다. 재원이 없는 부서의 직원들은 고생만 하게 된다. 기

업 규모 축소 과정에서는 고위 경영진들은 때로는 인력은 감축하지만 업무는 그대로 유지해 왔다. 대대적인 인력 감축은 어떤 영역에서는 잉여 인력을 남겨두는 반면 어떤 영역에서는 핵심적인 기능이 제거되는 것과 같다.

다행스럽게도 보다 나은 예산수립 방식에 대한 비전이 있다. 경비통제 역할 보다는 예산에 대한 보다 넓은 의미에서 종업원 서비스에 대한 기대치를 달성하기 위하여 필요한 인력, 재료, 비품 및 장비 등과 같은 요구 자원수준이 사전에 결정되어야 한다. ABB 옹호자들은 요구 자원(resource requirements)의 개념을 출발점이 아닌 결과로서 흥미있어 한다. 이들은 우선 미래의 고객과 경영층의 요구사항을 추정하고 나서 요구되는 작업활동 수행을 위해 필요한 자원 공급금액(원가)을 추정할 수 있기를 바란다.

요약 하면 ABRP 옹호자들은 전통적 예산 방정식을 뒤엎고 기존의 상황이 아닌 예상 결과로부터 시작하기를 바란다. 효과적인 예산수립과정은 폐회로(closed-loop)와 같아야 한다. 전략 맵상의 전략적 목표를 가지고 시작하고, 그와 같은 목표를 달성하기 위하여 필요한 프로젝트와 계획을 고려하며, 최종적으로는 계획을 실행가능하게 하기 위하여 필요한 자금을 결정하게 되는 것이다. 계획상의 예상 단계와 결과는 목표 달성의 평가와 모니터링이 가능한, 성과표와 같은 도표를 제공한다. 회계 분야 시스템이 제한적이고 통합되지 않고 있기 때문에 대부분의 계획은 예산으로 시작하여 예산으로 끝난다.

ABRP는 접근법은 관리자들을 제약하는 연간 기준의 계약이 아니라 의미있는 수준의 세분화 및 지속적인 이동재무예측을 통해 주기적으로 재구성될 수 있도록 한다. 이러한 이동재무예측(rolling financial forecasts)은 외부 환경이나 전략 목표의 수정 및 자원 배분의 변화에 대하여 보다 빠르게 대응할 수 있도록 한다.

ABP 및 ABB의 근간으로서의 ABC

1990년대 초반 ABC가 소개됨에 따라 어떤 기업들은 보다 운영적 목적에서 활동원가 정보를 이용하기 시작했고 이를 통해 제품과 서비스 원가에 누적되어 있는 동일한 ABC 활동원가를 변화 또는 관리하고자 했다. 이들은 PC 기반의 ABC 모형이 원

주요 정보(clue) : 용량은 자원으로만 존재함

대부분의 기업이 다음달, 다음 분기 및 내년의 계획을 수립할 때 자원조달 수준은 고객 주문과 미래 예산 주문 수요량을 개략적으로 충족시키기 위해 재조정된다. 사실 계획된 자원의 수준은 다소 방어적으로, 그리고 요구량 급상승 등에 대비하여 항상 고객 수요를 초과해야 한다. 이는 또한 고객에 대한 적시 배송서비스 수준의 향상에도 도움이 된다.

미사용 및 유휴 용량이라는 주제가 전부원가 측면에서는 힘든 문제가 될 것이다. 핵심은 용량이라는 것이 활동과 관련되는 것이 아니라 단지 자원과 관련지을 수 있다는 것을 인식할 수 있을 것이다. 활동은 용량의 개념을 가지지 않고 자원을 소비할 뿐이다. 관리 담당자가 업무를 보다 잘 이해함에 따라, 개별 자원에 대한 미사용 용량을 세분화하고 분리하는 능력은 계속 증가하게 될 것이다. 관리회계 담당자들은 점차적으로 경험적으로나 추정 표준 원가율에 따른 연역적 방식에 의해 미사용 용량을 측정하는 것이 가능해지게 될 것이다. 또한 회계 담당자들은 이러한 미사용 용량에 대한 비용을 다양한 프로세스나 인원, 영업 분야 및 고위경영진에게 세분화하고 할당할 수 있게 될 것이다. 이는 제품으로 인하여 발생하지 않은 미사용 용량에 대한 원가를 포함함으로써 제품 원가가 과대 책정 되는 것을 방지할 수 있게 된다.

가 행태를 모형화하는데 유용하다는 것을 알게 되었다. 점진적으로 활동원가 및 중간 산출물, 제품이나 서비스의 원가 추정 기준으로서 활동 단가 정보를 사용하기 시작했다. 원가 추정 측면에서의 ABC 정보는 고객주문에 대한 견적 산출, 자체생산 vs 구매 여부 분석 예산수립을 위해 널리 사용되어 왔다.

ABC 정보는 예측적 계획 도구로서 인식되어 지고 있었다. 기업의 현재상태 파악과 바람직한 미래 모습을 달성하기 위한 측면에서 효용성이 매우 크다는 것이 이제는 명백하다.(자원소비회계(RCA ; Resource Consumption Accounting)라고 불리는 ABM에서 한차원 진보한 버전은 한계원가분석을 위한 독일식 회계관습과 운영통제를 위한 변동예산 수립에 토대를 두고 있다. RCA는 ABM 원칙 위에 자원과 용량 관리 논리에 집중하는 포괄적 접근법이다.)

원가 추정은 때로는 what-if 시나리오로 간주되기도 한다. 즉 프로세스라는 것이 무엇이든 간에 의사결정은 미래에 대한 결정이며, 관리자들은 그 의사결정에 대한 결과를 측정하기를 원한다는 것만이 사실로 남게 되는 것이다. 이와 같은 상황에서 미래는 우리가 직면한 상황이며, 어떤 면에서 활동동인들의 양과 그 조합은 기업으로서 해야만 하는 업무에 대한 요구사항이 될 것이다. 업무 수행에 필요한 자원은 비용이다. 그래서 기대 산출물에 대한 가정이 만들어시게 된다. 또한 중간 산출물에 대한 가정과 기대되는 최종 산출물을 만들어 내기 위하여 조직간 관계와 같은 복잡한 가정도 만들어져야 한다.

ABRP와 ABB는 어디에 적합한 것인가?

예측시 수요량과 제품 조합(mix)을 추정한 이후에 생산과 배송에 소요될 비용 수준을 결정한다. 이는 곧 자원의 용량 소요량을 결정하는 것이다. 자원사용으로 인한 미래 현금 유출액을 추정하는 것은 자원 자체가 불연속적인 집단으로 발생하기 때문에 복잡해진다. 즉 자원소요비용은 최종적인 산출물 단위 수량당 점진적인 비용 증감에 따라 즉각적으로 변하지 않는다. 전통적인 회계담당자들은 이러한 비용을 "단계적 준고정(step-fixed)" 비용이라고 한다.

ABRP 방법에서는 전기 ABM 계산에 의한 물리적인 기준치와 원가소비율을 사용한 추정치를 포함하고 있다. 관리회계담당자들은 ABRP를 변동예산(일반적으로 12개월 주기로 연간 적용됨)의 형식과 연계 시킨다.

그림 15.1은 용량 계획에서의 최적해를 찾는 방법을 나타낸 것이다. 계획 담당자와 예산 담당자들은 간접비나 지원비용 보다는 직접비 및 반복적 발생 비용에 집중하게 되며, 거의 대부분 수량과 제품 조합 관점의 미래 수요의 추정치를 가지고 시작한다. 그리고 나서 생산 시스템의 제품 라우팅 정보와 BOM 정보 같은 표준적이고 평균적인 개념에 의하여 계획 담당자와 예산담당자들은 인력과 자원에 대한 미래 소요 수준을 계산한다. ABRP 방식은 이와 같은 접근법이 간접비 영역 및 지원비 영역 또는 유형의 제품이 존재하지 않아 오해를 받고 있는 프로세스에도 적용 가능한 것으로 주장한다.

수요량은 활동과 자원의 소비를 유도한다. ABRP는 미래 지향적이지만, 기초 소비

그림 15.1 | 활동기준예산(ABB)과 활동기준계획(ABP)는 조정이 필요하다

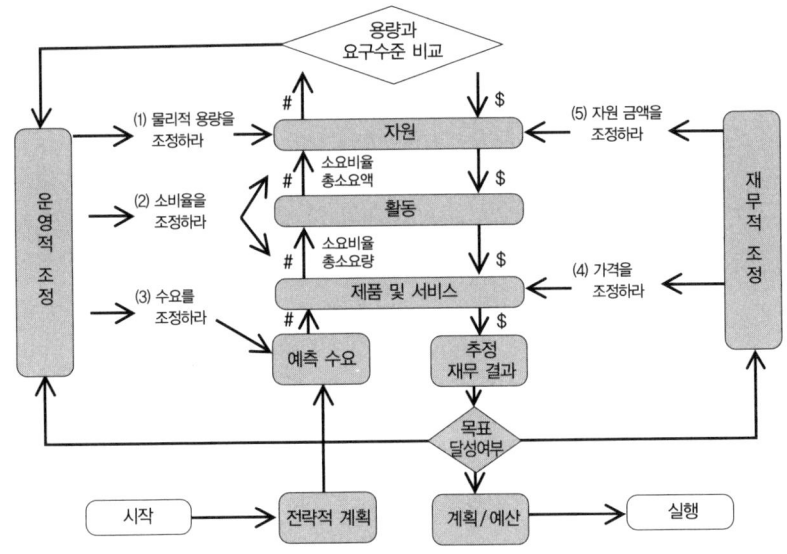

율을 결정하기 위해서 과거의 실제 성과 정보를 이용한다. ABP와 ABB는 자원에 부과될 작업 수요량을 평가한다. 그림 15.1에서 "시작"으로부터 출발해 보면, 먼저 "원가대상별로 요구되는 활동량은 얼마인가?" 즉 활동소요량에 대하여 질문하게 되고, 다음은 "활동을 수행하기 위한 자원별 필요량은 얼마인가?"를 질문하게 된다. 즉 작업량은 원가대상 수량만큼을 생산하기 위해 필요한 단위 활동별 수량으로 측정되어질 수 있다. 비용의 결정은 ABM 모형에서의 자원동인률을 이용하여 활동량이 자원용량으로 변환된 이후에 확정되는 것이다. 이 비율들은 시간(hours), FTEs(full time equivalents), 면적(square feet), 중량(pounds), 부피(gallons) 등으로 표현된다.

이와 같은 계산 결과에 따라 현재의 사용가능한 자원과 계획을 달성하기 위한 자원소요량간의 차이가 발생하게 된다. 즉 계산결과를 사용하여 기업들은 필요로 하지 않는 것은 너무 많이 보유하고 있고, 고객에 대한 적시배달과 같은 기대 서비스 수준을 만족시키기위해 필요한 것을 충분하게 보유하고있지 않다는 것을 알게 되는 것이다. 초과보유에 대한 결과 비사용 용량에 대한 원가를 내포하고 있다. 부족보유에 대한 결과는 고객 서비스 수준을 저하시키는 제약조건이 된다.

그러므로 용량에 대한 분석이 수행되어야만 한다. 이에 대한 한 방안은 예산담당

자, 계획담당자 또는 관리담당자들이 미래 수요량에 부합되도록 실제 자원의 과부조족을 얼마만큼 조정해야 할지를 평가해보는 것이다. 고위 경영진은 변화를 허용하거나 허용하지 않을 수 있다. 단기적 재무 목표나 경영진 보상 계획 등을 감당할 수 있을 정도로 비용 최대치가 있다. 이와 같은 용량 조정은 용량 조정 실행시 현금 지출비용의 실질적 변화에 따른 실제 자원을 나타내게 된다.

경영진들이 추가 분석이나 논쟁 없이 새로운 자원수준에 동의했다고 가정하자. 그림 15.1에서 아래로 향하고 있는 화살표를 중심으로 살펴보면, 자원 지출 수준이 결정될 수 있으며, 활동별 원가 및 제품별, 서비스 라인별, 유통경로별 및 고객별 원가로 전환될 수 있다. 이런 방식이 전통적 ABM이다. 어떤 사람들은 이 방식을 형식적 ABM(pro forma ABM) 계산이라고 하기도 한다. 예정된 동인들의 동인량들이 적용되고, 새롭게 편성된 예산 또는 계획 원가가 제품, 서비스 라인, 산출물, 고객 및 서비스 사용자별로 계산될 수 있다. 그러나 이러한 경우 재무적인 영향에 대하여는 받아들이지 못할 수 있는데, 이는 너무 작은 재무적 수익이 발생하기 때문이다.

재무적 결과에 대하여 받아들이지 못할 때 경영진들은 자원용량 수준을 계속 재조정하는 것 외에 대하여 몇가지 대안이 있다. 이러한 대안들은 비용에 대한 많은 영향을 미치지 않을 수 있다. 그림 15.1에는 계획담당자 및 예산담당자들이 원하는 재무적인 결과를 달성하기 위해 그들의 기대수요량과 자원 소요량을 연계하는 것을 고려할 수 있는 5가지 조정유형이 나타나 있다. 경영진들은 먼저 물리적으로 다음 첫 3단계를 취할 수 있다.

1. **용량 조정(Adjust capacity)** : 용량 부족시에는 인력, 비품, 시간, 장비 등을 구가 구매할 수 있다. 초과시에는 규모 축소 및 인력과 장비를 감축할 수 있다.
2. **소비율 조정(Adjust consumption rates)** : 가능하다면, 기존 자원 소비의 속도와 효율은 늘리거나 줄일 수 있다. 예로 인력의 증가가 경제적이지 못하다고 의사결정이 되면, 생산성 향상을 가정해서 소수의 인원만을 고용할 수 있다.
3. **수요량 조정(Adjust demand)** : 자원에 대한 제약이 존재한다면, 수요를 통제하거나 제한할 수 있다.

나머지 두가지 대안은 운영적이지만, 필요 자원 소요 수준에도 영향을 미치게 된다. 수요에 따라 공급량을 조정하여 균형을 이루게 하는 단계를 거친 후에도 재무적 결과에 대하여 여전히 불만이 있다면 경영진들은 두가지 점진적인 재무적 변화를 행할 수 있다.

4. **가격 조정(Adjust pricing)** : 총원가 회수를 추구하는 일반적인 기업에서는 가격 조정이 가능하다. 이는 직접적으로 매출액에 영향을 미치게 된다. 그리고 당연히 가격 탄력성에 의해 가격 변화를 상쇄하는 수준 이상의 수요량 변동을 유발할 수 있으므로 주의해야 한다.
5. **자원 원가 조정(Adjust resource cost)** : 가능하다면, 임금수준 또는 원재료 구매가격을 재협상할 수 있다.

이런 접근법을 폐회로 ABP/B(closed loop activity-based planning and budgeting)라고 한다.

전부원가는 서술적인 방법으로서 단 하나의 핵심적인 원가계산 속성은 원가대상으로부터 원가대상이 소비한 자원으로 까지의 추적가능성이다. 그러나 서술적 ABM 자료는 예측적인 목적으로 사용되어 추정치를 제공하게 된다. 이에 비해 ABRP는 그 자체가 예측적인 방법이다. 이 방법은 기업의 외부 현금 흐름 측면에서 의사결정 또는 계획에 대한 효과를 파악하고자 한다.

예측적인 관점에서 자원 소비 수준을 결정하는 것은 변화가능성과 같은 추가적인 경제적 속성의 고려를 필요로 하기 때문에 점점 까다로워지고 있는 것이다. 자원의 변화가능성은 다음 두가지 요인에 영향을 받는다. (1) 불연속적인 자원량 유입에 따른 자원의 준고정비화(step-fixed), (2) 자원량의 증감에 소요되는 지연시간의 불규칙성에 따른 자원의 역진성

재무 분석가들은 단순히 원가를 조업도의 관련범위(relevant range) 내에서 고정원가 및 변동원가로 분류하고 있다. 사실 고정, 준고정, 준변동, 변동의 비용 구분은 의사결정에 따라 달라진다. 단기적으로 대부분의 비용은 변하지도 않고 변할 수도 없지만, 장기적으로는 대부분의 비용들이 조정될 수 있다.

기업은 어디에서 돈을 벌고 잃을지 또는 의사결정의 결과가 비용 증가분 이상의 수익 증가를 창출할 수 있을지에 대하여 판단함으로써 자체적인 관리를 수행한다.

기업들은 ABM 자료를 사용함으로써 점차적으로 공헌 이익에 대해 보다 잘 이해하고 있다. ABRP와 개별 사건별 프로세스 시뮬레이션 도구를 ABM과 접목하여 사

비용 추정 방법 비교/차이파악을 위한 체계

그림 15B는 원가를 추정하는 다양한 방법을 묘사하고 있는 구성 체계이다. 수평축은 시계열적 계획을 나타내는 것으로 왼쪽으로 갈수록 장기 계획을 의미한다. 수직축은 미래 수요량의 변화에 대한 유형과 규모를 나타낸다.

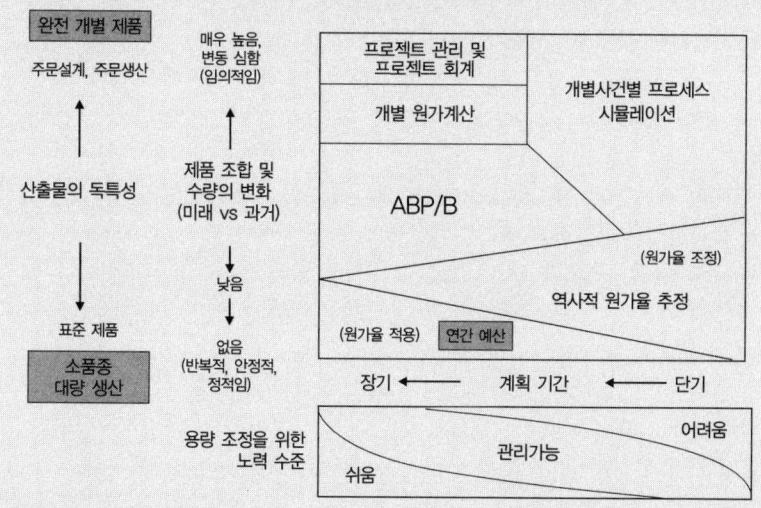

그림 15B | 결과 예측 방법

그림의 하단부분은 용량 조정을 위한 노력의 수준이 시간이 지날수록 쉬워진다는 것을 나타내며, 비용 측면에서 계획 기간이 길어지면 변동성이 높아지며 고정화되지 않게 된다는 것을 의미한다. 단기적 측면에서 기업은 업무 요구량을 맞추기 위하여 인력 수준의 증감을 고려하지 않기 때문에 준고정 비용이 존재한다. 항시적 자원을 변동성 자원으로 전환하기 위해서는 기간이 소요된다.

그러나 요즘은 10년 전에 비하면 고정비용은 보다 짧은 기간 만에 변동비용화가 가능해 졌다. 고정비는 변동비화 될 수 있다. 계약직 산업이 급성장한 것이 그 증거라고 할 수 있다. 기업들은 요구 수준에 상관 없이 급여를 지급해야 하는 정규직 직원들은 요구 수준에 맞춰서 고용하고 작업시간을 측정하여 급여를 지급하는 계약직 직원으로 전환하고 있다.

요약하면 역사적 원가율은 장기적 의사결정에 보다 쉽게 적용가능하며, 이 경우에 단계적 고정비용 문제는 줄어들게 된다.

여러 구간사이의 경계선에 대한 정의는 없으며, 하나의 추정 방식은 보다 우월한 다른 추정 방식으로 대체됨에 따라 상호 중복이 발생하게 된다. 그러나 실행가능성을 검증하고 충분히 의사결정을 평가하기 위한 추가적인 의사결정 지원이 필요하기 전에 변화가 필요한 조건이 얼마나 될까? 하는 것이 좋은 질문이 된다. 해답을 위하여 어느 영역에서부터 중복이 시작되는지를 파악한다. 지금까지는 ABRP가 여러 조건하에서 상당히 적용가능성이 있는 것으로 나타났다.

그림 15B의 우상단에는 용량 조정 기간이 단축되고, 동시에 조건의 변화횟수가 과거에 비해 상당히 증가함에 따라 원가 예측을 위하여 배타적인 추정방법에만 의존하는 것은 위험하게 된다는 것을 나타내고 있다. 의사결정의 평가와 검증이 가능한 개별 사건 프로세스 시뮬레이션은 다른 방법들에 비하여 우상단의 영역에서 특히 우월하고 신뢰성 높은 결과를 제공할 수 있다.

용하면, 계획을 보다 훌륭하게 수립할 수 있다. 계획 정보는 실행가능성이 높아서, 계획을 실행하기 위하여 필요한 자원과 비용 수준을 결정하고, 다양한 이익관리를 위해 현행의 성과와 계획 추정 결과를 비교 검토할 수 있게 된다.

경제학과 비교하여 보면, 유사한 것 같지만 차이가 있다. 즉 경제학 서적에서는 한계비용분석이 쉽게 나타나 있지만, 복잡성 때문에 계산하기는 실제로 어렵다. 과거에는 컴퓨터 기술이 낙후되어 있었지만, 현재는 달라졌다. 기술의 발달은 생각을 현실로 만든다. 그래서 이제는 필요한 적정 비용과 견적 또는 예정 원가를 계산하기 위하여 어떻게 ABRP 모형을 구성해야 할지 그리고 어떤 가정을 세워야 할지를 파악하는 것이 중요해 지고 있다.

16
ABM의 성과관리 지원

Part Ⅱ에서는 ABM의 사실에 근거한 정보가 어떻게 전략 맵과 성과표를 지원하는지에 대하여 언급했다. 그림 16.1은 ABC 자료가 전략적 ABM(예, 올바른 업무 수행 – 효과성 측면) 및 운영적 ABM(예, 업무 수행 잘하기 – 효율성 측면)과 전략 매핑에 대한 확고한 기준을 제공하는 방법을 나타내고 있다. 피라미드의 하부 수준에서 ABM은 거래 정보를 수익성 측정 목적의 프로세스 원가 및 제품/유통경로/고객 원가에 대한 전반적인 파악을 위한 의미 있는 정보로 전환하는 것을 나타내고 있다. 그 상위수준으로 갈수록 ABM이 분석적인 정보를 사용하기 위해 ABC 정보를 처리하게 된다.

ABM 정보가 계획 정보 및 그 결과의 피드백 정보를 갖추게 되면, 기업은 전략적 목적달성을 지원하는 이행과제를 실행하고, 프로세스를 관리하기 위한 성과표에 의해 성과를 모니터링 할 수 있다. 전략맵, 성과표 및 ABM은 성과관리의 근간이다.

ABM과 그 미래

미래 경쟁력 차별화는 기업이 학습하는 양이 아니라 학습의 속도에 따라 결정 될 것이다. 기업들이 너무 느려서 운영적 원가 행태와 고객 수익성을 파악하는 도구로서 ABM을 이해하고 마스터하지 못해서는 안된다. 또한 기업은 거래처들이 어디에서 돈을 벌고, 잃는지에 대하여 모르게 하는 것을 원해서도 안된다. 고객 수익성을 이해하는 것이 거래처들과 상호낭비요소를 제거하기 위해 협력하고, 상호 유익한 토론을 위한 근거를 마련하기 위한 핵심이 될 것이다.

그림 16.1 | ABM의 전략맵 지원

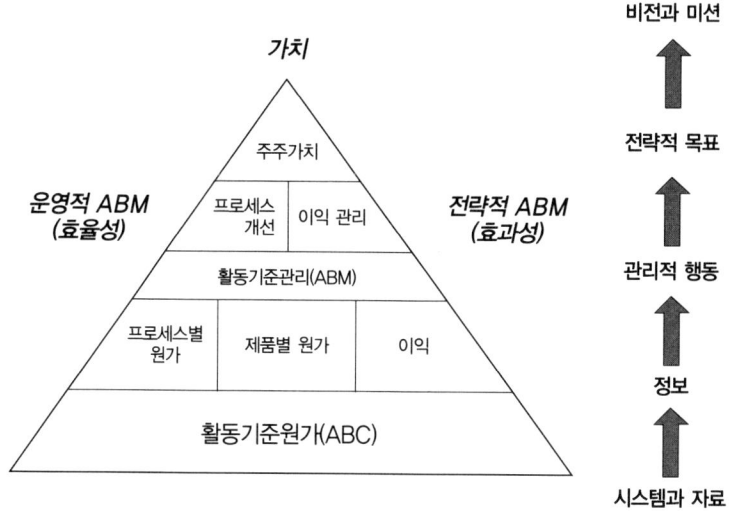

ABM의 지배적인 이슈는 ABM을 목표 지향적인 관리정보라기 보다는 재무 정보를 변형하기 위한 또 다른 방식으로 인지하는 것이다. 미래에는 기술 발전에 따라 아주 많은 관련 정보에 접근하고자 하는 수요가 있을 것이다. 생존하는 기업들은 다음의 질문에 답할 수 있는 기업들일 것이다.

- 모든 정보에 어떻게 접근하는가?
- 정보를 가지고 무엇을 할 것인가?
- 정보를 어떻게 구성하고, 업무를 수행할 수 있도록 어떻게 변화시킬 것인가?
- 정보화 시대에 정보화시기 동안 개발된 기술을 사용하려면 무엇을 해야 하는가?

정보기술(IT)이 진화하면 명백히 기업들의 효과성(effectiveness)이 증가하게 될 것이다. 더 나아가 시장의 변화에 따라 기업들은 점차 경쟁우위로서 정보와 IT를 바라보는 세계적인 경쟁자들을 직면하게 될 것이다. ABM은 수완높은 경영의 광범위한 경쟁무대에 관련된다. ABM은 경영관리를 경영층 보고로 다루고 있다. ABM 프로젝트에 관련된 사람들에게는 단순히 나쁜 상황에 반응하거나 할 수 있는 데까지 시도를 한다기 보다는 변화를 창출하고 조화롭게 하는 것이 핵심이다. 기업들이 학습의 단계에서 ABM 시스템을 구축하고 사용하는 단계로 변화하는 것을 지켜보는 것은 아주 흥미로울 것이다.

ABM은 차세대의 전부원가시스템이다. 10년 후에는 오늘날의 표준원가 시스템과 마찬가지로 ABM을 주된 조류로서 돌이켜 보게 될 것이다. 이러한 원가와 이익 정보를 보유하고 있다는 것은 단지 시작에 불과하다. 사람들이 그러한 자료를 통하여 업무를 수행하고 의사결정을 수행해야 하는 것이다. 우스개 소리로 장님 나라에서는 외눈박이가 왕인 것이다.

Part IV에서는 기업에 있어서 공급자, 고객 및 주주를 포함하는 핵심 경영 프로세스에 대하여 알아보게 될 것이다. 모든 사람들이 성과관리를 위한 이러한 기초방법론들의 혜택을 본다.

PART IV
성과관리와 핵심 솔루션의 통합

"세 부류의 사람들이 있다 :
보는 사람들, 보일 때 보는 사람들, 보지 않는 사람들"

- 레오나르도 다빈치, 1500 -

전략맵과 성과표 및 ABC/M 시스템의 유용성과 효용은 고객, 종업원 및 주주들을 만족시키기 위하여 제품을 생산하고, 서비스를 제공하는 기업 측면에서 현실화 되고 있다. 다음의 다섯 장에서는 성과관리가 여타의 핵심 솔루션과 통합될 수 있는 방법에 대하여 다룰 것이다. 핵심 솔루션들은 특정 산업이 아닌 모든 산업에 적용할 수 있는 방법론으로 본서에서 솔루션별로 기술하고 있다.

성과관리의 5가지 인텔리전스

그림 P4.1은 그림 1.1와 동일한 역피라미드를 사용하지만, 여기에서는 기업들이 고객, 공급자, 종업원 및 주주들에게 제공하는 인텔리전스 아키텍처 내의 솔루션에 중점을 두고 있다. 이러한 솔루션들은 독립적으로 운영되는 것처럼 보여져 기업내에서 내부적인 것으로 보여지기 보다는 기업의 상, 하향 거래처들과의 상호작용 및 직원들과 소유주에게 보상을 통해 기업간 영향도를 관리하고자 한다.

이러한 각각의 핵심 솔루션은 그림 1.1에서 표현된 정보기술의 거래처리 응용 소프트웨어의 상위에 위치한 인텔리전스 아키텍처의 주제별 인텔리전스로 간주된다. 다음장에는 성과관리와 연계된 다섯가지의 인텔리전스 아키텍처의 요소에 대하여 논의된다.

- 고객 인텔리전스와 CRM(17장)
- 공급자 인텔리전스 : 가치사슬상의 경제적 이익 관리(18장)

그림 P4.1 | 전산업과 부문에 대한 핵심 솔루션의 적용

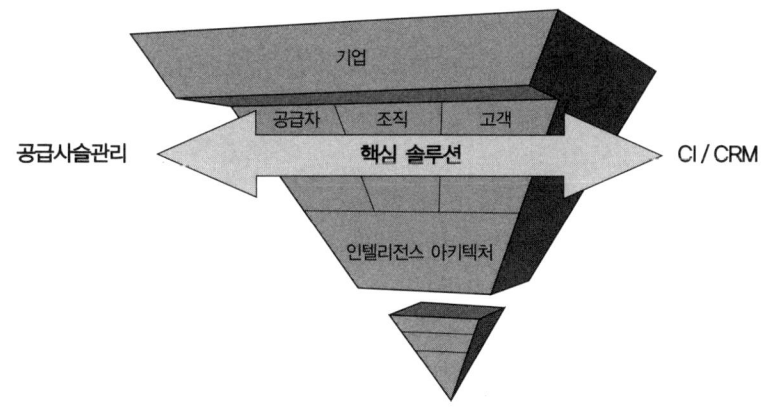

- 6시그마 품질과 린(lean) 사고에 의한 프로세스 인텔리전스(19장)
- 주주 인텔리전스 : 누구의 투자에 대한 수익인가?(20장)
- 종업원 인텔리전스 : 인적자원관리(21장)

각각의 내용에 들어가기에 앞서 가치(value)라는 용어에 대한 모호함에 대하여 간략히 논의하고자 한다. 먼저 고객에 대한 가치 증가와 주주 가치의 감소는 서로 상쇄될 수 있다. 저자는 일생동안 성과관리의 정량적인 측면에서의 고객 만족도와 주주의 부 창출에 대한 측정 지표간의 연계모형을 만들 수 있기를 희망한다. 21장에서 이와 비슷한 모델을 나타내고 있다.

가치 추구의 혼란

기업이나 정부기관에서 논의되는 가장 애매모호한 용어 중의 하나가 가치(value)이다. 모든 사람들이 가치를 얻기 위하여 교환한 무엇인가에 대한 수익 측면의 가치를 바란다. 우리는 가치에 대한 정의에 대하여 끝없는 철학적인 논쟁을 할 수도 있다. 고대 그리스 철학자들은 이미 가치 논쟁에 많은 시간을 소요했었다. 21세기에 와서는 보다 흥미있는 논쟁거리가 있는데, 바로 "누구의 가치가 더 중요한가?" 하는 것이다. 공급사슬 측면에서는 가치를 부여한다고 믿는 고객, 주주 및 종업원의 세가지 유형의

그림 P4.2 | 가치의 모호성: 누구의 가치인가?

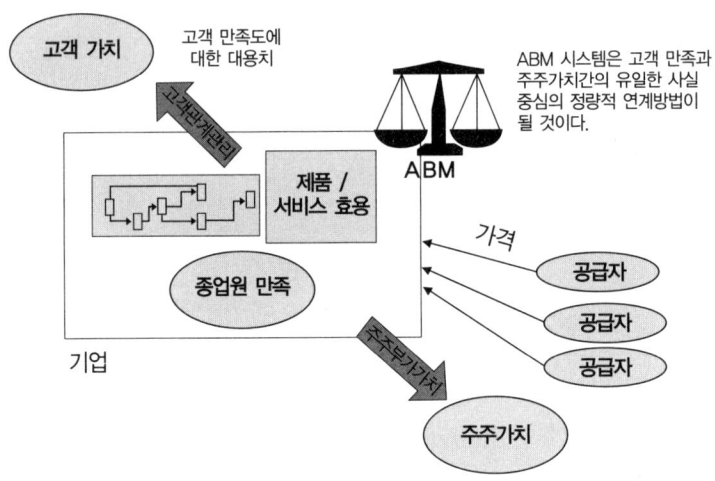

그룹이 있다. 그러면 이들은 경쟁자일까? 각 그룹별로 공정한 지분을 가지도록 하여 경제적 균형을 유지하도록 하는 아담 스미스의 보이지 않는 손과 같은 통제가 있는 것일까? 그렇다면 개별 프로젝트별로 기대하는 원가 절감이 부분적 또는 전체적으로 달성되었다면, 재무적인 절감액을 이들 그룹에 대하여 어떻게 배분할 것인가?

그림 P4.2는 이 세 그룹간 상호작용을 나타내고 있다. 고객은 그들이 지불한 것 이상으로 재화나 용역으로부터 효익 또는 만족감을 받는다면 가치를 얻었다고 할 수 있다. 그림의 반대 쪽에는 사주, 주주 또는 채권자들이 있다. 이들 또한 가치를 부여하게 된다. 투자자의 입장에서 투자 수익률이 위험 측면에서 유사하거나 덜 위험한 투자로부터 얻을 수 있는 경제적 수익률보다 낮다면 그들은 실망하게 되고, 가치를 적게 얻었다고 느끼게 될 것이다. 그림 P4.2의 저울은 고객과 주주에 대한 상반관계에 대하여 나타내고 있다. 특정한 조건하에서 고객 만족도가 증가하는 것은 주주의 부가 감소하는 결과를 초래할 수 있다. 예를 들어 기업이 가격을 너무 많이 내리거나 가격을 올리거나 시장점유율이나 판매량의 증가 없이 제품이나 서비스를 더 많이 제공한다면, 주주들은 고객의 가치를 위해 그들의 가치를 포기하는 것이다.

그림 P4.2에는 공급자-종업원 관계도 포함하고 있으며, 여기에는 경영진관리팀들도 포함된다. 즉 그들의 인지된 권한이 직업에 대한 가치인 것이다. 대다수가 그들 직업에 대한 보장과 재무적 보상이 그것이다. 오늘날 미국내 AFL/CIO 노조의 Walter

Reuther과 같은 20세기 노동운동의 영웅들은 시간제 근로자에 대한 "공정한 일급"을 위하여 Henry Ford와 맞섰다. 오늘날의 보다 활동적인 지식 노동자 소속의 종업원들은 직업 가치에 만족하지 못할 경우 더 나은 가치를 추구할 수 있는 다른 고용주에게로 이동함으로써 퇴사해 버린다. 그렇지 않으면 그들 스스로 계약자가 되어 그들 자신들의 가치를 만들게 된다.

그림 P4.3은 그림 P4.2를 풀어 놓은 것이다. 기업이 소유하고 있는 기업을 둘러싸고 있는 두가지 핵심적인 업무 프로세스가 화살표로 표시되어 있다. 그 두가지는 (1) 주문을 접수하는 것과 (2) 주문을 이행하는 것이다. 자세히 들여다보면 어떤 기업이든 하고 있는 일이다. 그렇지 않은 기업이 있는지 말할 수 있는가? 그림 P4.2에는 IT 분야에서 이 두가지 주요 프로세스들에 대한 자원시스템을 일선업무(front lffice)와 후방업무(back office) 시스템이라고 명명해 왔음을 나타내고 있다. 기타의 IT 시스템은 가치사슬(value chain)을 관리하는 구성요소로서 역할을 수행한다.

그림 P4.3에 가치의 개념이 내재화되어 있다. 세 그룹에 대하여 부여된 가치는 다음과 같이 정의된다.

1. **주주가치(Shareholder Value)** : 주주가치는 경제적가치관리(EVM, Economic Value Management) 방법에 의해 측정되며, 이 방법에 의하면 고객 만족을 통해 발생된 이익이 투자자와 채권자들이 미국 재무부 국채와 같은 금융상품 투자 수익을 포함하여 다른 투자안을 통해 달성할 수 있는 위험조정 투자 수익 이상으로 주주와 채권자도 충분한 보상을 할 수 있을 것인가를 판단할 수 있다. 회계적 이익과 경제적 이익은 다르다(20장 참조).
2. **고객 가치(Customer Value)** : 고객 인텔리전스(CI)와 고객관계관리(CRM) 시스템과 같은 일선업무 시스템(front office)은 개별적인 고객의 독특한 요구사항에 대한 의사소통, 상호작용 및 반응도를 극대화하고자 하는 것이다.
3. **공급자-종업원 가치(Supplier-Employee Value)** : 전사적자원관리(ERP)와 계획시스템(APS ; Advanced Planning System)과 같은 업무 지원 시스템(back office)은 주문 이행을 효과적으로 수행하고자 한다. 성과관리 전략 체계 및 성과표 시스템은 특정 인원, 설비 및 자산들이 고위 경영진의 전략과 밀접한 연계 하에 활동되고 있다는 것을 확신하게 한다.

ABC/M 정보는 그림 P4.3의 모든 구성요소에 반영되어 있다. 앞에 언급한 것처럼

그림 P4.3 | 전체적 최적화 방안

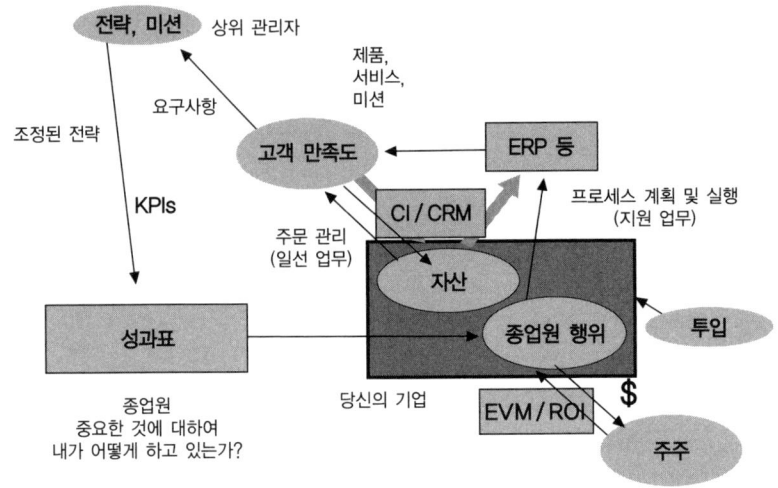

그림속에 있는 몇몇 시스템들과 같이 ABC/M 자체는 성과향상 프로그램이나 실행 시스템이 아니다. ABC/M 정보는 보다 나은 의사결정을 지원하기 위한 시스템 실행 도구로서의 역할을 수행한다. 그러나 ABC/M이 경제적가치관리 도구에서 필수 요소인 주주 가치 측면에서 CI/CRM과 연계되어 보다 효과적일 수 있다. CI/CRM과 EVM간의 경쟁은 주주의 부를 감소시키는 위험요소가 있는 반면 고객의 가치를 증대시키는 상충관계이다. ABC/M은 특정 가치가 다른 가치로부터 받는 영향을 측정하여 정량적으로 변화를 파악할 수 있도록 하는 유일한 재무 계산 엔진이다. 사견으로 ABC/M을 필수적인 성과관리 방법으로서 최일선의 정가운데로 밀어붙일 수 있는 핵심적인 사안은 ABC/M 모델링 방법이 현재는 서로 다른 것 처럼 보이는 시스템간의 최적 연계 관계를 파악해 낼 수 있다는 것을 인식하는 것이다. 우리는 이러한 것들 모두가 서로 연계된 개념이라는 것은 알고 있지만, 어떻게 연계할 것인가에 대하여 고민해야 한다.

Part Ⅳ에서는 보다 강력한 ETL 도구로서의 데이터웨어하우징(DW), 데이터마이닝(DM) 및 경영분석(통계, 예측, 최적화 등)과 같은 정보기술이 어떻게 명백하게 다양한 정보 원천으로부터 자료를 생성할 수 있는지에 대해 결론을 내린다. 이러한 IT기술들은 원천 데이터를 인텔리전스로 변환시키는 것을 가능하게 해준다.

17

고객 인텔리전스와 고객관계관리

17장에서는 고객과 전망에 대하여 직접 일대일 마케팅 보다 대중 마케팅이 뛰어난 이유와 고객 정보가 보다 강화된 CRM 도구(캠페인관리 시스템, 콜센터 관리 시스템 등)들에 의해 사용되는 방법에 대하여 알아 본다. 그리고 고객 수익성 및 차세대 측정 방법인 고객 수명 주기 가치(CLV)의 측정이 고객 접근 도구와 통합될 수 있는 이유에 대하여 알아 본다.

마케팅의 ROI(투자수익률)는 무엇인가?

북미의 1990년대 경제 호황기는 상대적으로 값싼 자본의 지속적인 공급에 의하여 추진되었다. 경제는 투자중심이었다. 그러나 앞으로의 경제는 수요중심이 될 것이다. 왜 그럴까? 자본이 아닌 고객들이 역동적인 경제 성장의 새로운 조류를 창출하게 될 것이기 때문이다. 과거 기업들은 제품을 생산, 판매하는 것에 모든 잠재력을 집중하였다. 그래서 많은 제품들이 획일적으로 생산되고 상품화되어 왔다. 이러한 문제들이 복잡하게 얽히게 되어 제품개발관리(PDM) 방법론이 대두되었으며, 경쟁자들의 신제품 모방이 가속화 되었다.

그 결과 제품이 상용화 될수록 서비스의 중요성이 높아진다. 즉 제품 우위로부터의 차별화가 감소 또는 무력화되면서 고객 관계의 중요성이 증대된 것이다. 이로써 제품 중심의 차별화에서 서비스 중심의 차별화로 자연스럽게 이동된 것이다.

전략전문가들은 모두 경쟁우위의 핵심이 차별화라는 것에 동의하고 있으며, 그 의미 또한 명확하다. 즉 공급자와 서비스 제공자의 이익 증대는 고객과의 긴밀한 관계

구축과 기존 고객에게 보다 나은 제품과 서비스를 제공함으로써 창출되는 것이다. 이제는 단순 구매가 아닌 고객 충성도를 얻는 것이 필수적이다. 그러나 고객 유지를 위하여 어느 정도의 마케팅 비용을 지불하고, 어떤 고객을 위해 지불해야 하는가? 그리고 어떤 마케팅 채널과 마케팅 활동을 더 많이 또는 덜 사용해야 하는가? 상향판매(up-sell) 또는 교차판매(cross-sell)할 수 있는 어떤 맞춤제안을 할 수 있는가? 어떤 고객에 어떤 유형의 커뮤니게이션을 선택해야 할지 우선선위를 규정할 수 있는가? 거의 대부분의 기업들이 이런 질문에 대답하기 어렵다.

설비 구매에 대한 투자수익률(ROI)을 추정하는 것은 과학적이다. 반대로 마케팅에 대한 ROI를 결정하는 것은 거의 불가능하다. 어떤 회사 사장이 농담처럼 말한 것을 옮겨보면 "나는 내가 광고에 사용한 돈의 절반이 낭비되었다고 확신한다. 그런데 문제는 절반이 얼마인지를 모른다는 것이다" 누가 말을 했는지는 중요하지 않다. 정말 현실로 와닿는 것은 마케팅 예산에서도 이 말이 적용된다는 것이다. 마케팅은 돈을 소비하고 기업은 이에 대하여 기적을 바란다. 마케팅을 위한 보낸 이메일이 스팸으로 버려질 것인가 아니면 일확천금이 될것인가?

오늘날에는 오류에 대한 한계는 더 적고, 실수는 더 비싸다. 매출액, 시장점유율 및 수익성의 지속적인 성장을 창출하는 원인을 모르면, 마케팅 기능은 일시적으로 비정상적인 사건의 결과를 초래할 수 있는 불완전한 지표나 사건, 역사적 기록 등에 의존하게 된다. 고객 인텔리전스와 CRM은 이런 문제에 대해 접근한다. CI 및 CRM은 곧 정의 되겠지만, 이런 개념들은 1950년대의 대중 마케팅에서 고객 데이터베이스 마케팅 시스템의 사용 단계로까지 이동하면서 진화해 왔다. 이런 시스템들은 직접마케팅과 동일한 것은 아니다. 직접마케팅은 소매업자나 배급업자를 거치지 않는 것을 말하는 것으로 우편, 전화 또는 이메일로 고객과 직접 접촉하는 것이다. 직접마케팅의 한 방법인 데이터베이스 마케팅은 고객별 요구사항을 이해하여 각 고객별로 맞춤식 제품 또는 마케팅 캠페인을 제공한다는 것이 다르다.

CI는 보통 분석적(Analytical) CRM으로, CRM은 운영적(Operational) CRM으로 불려진다. 의미적인 논점에 무관하게 CRM은 고객을 정의, 파악, 확보 및 성장시키는 고객 데이터베이스 마케팅 방법이다. 이는 (1) 고객과의 의사소통을 유지하고, (2) 목표한 판매 가능성을 촉진하는 용도로 사용한다. CI/CRM의 목표는 고객 또는 목표 경험치를 기업의 우선적 목표의 핵심에 위치하도록 하고, 경험의 증가에 따른 보상 체계, 프로세스 및 정보 자원의 관계를 이용할 수 있도록 하는 것이다. CI와 CRM은 우선 기존 고객들에 대한 판매촉진을 통해 그들의 반응을 테스트하고 유사 특성을 지닌 판매기회를 정의하여 신규고객 유치를 도와준다.

논리적인 집단으로 고객을 분류하는 것은 CI/CRM의 핵심이다. 분류 집단은 어떻게 정의되고, 집단을 구분하는 주된 차이점은 무엇인가? 집단 분류의 어떤 특성이 가장 예측력이 높은가? 고객들은 시간대별로 분류 집단간을 어떤 방식으로 이동하고, 고객들의 이동을 어떻게 사전에 관리할 수 있을 것인가? 어떤 분류 집단이 가장 수익성 높은가? 어떤 분류 집단이 보다 장기적인 관점에서 유지하기 어려운가? 어떤 분류 집단이 어떤 마케팅 채널로 어떤 마케팅 유형에 대하여 반응하는가? CI에 내재되어 있는 고객을 이해하는 것은 CRM으로 이끌어 가는데 도움이 되며, 이상적으로 고객을 사전에 관리할 수 있게 한다.

CI/CRM의 메시지는 경쟁자들을 능가하기 위한 최상의 방법은 경쟁자에 대해 고민하기보다 고객에게 집중하라는 것이다. 또한 기존 고객을 유지하기 보다 신규 고객을 창출하기가 더 많은 비용이 든다는 것이 일반적으로 인정된 것이다. 고객 또는 매출 대상에 대한 기업의 상호작용은 CI/CRM에서의 가장 중요한 전달 수단이다. 그러나 각각의 상호작용에 대한 실제 원가는 무엇이며, 그로 인한 효익은 무엇인지는 고민해야 한다. 마케팅에 대한 ROI와 관련된 질문들은 Part Ⅳ에서 논의되는 핵심 방법론과 Part Ⅱ와 Part Ⅲ에서의 성과관리(PM) 도구를 통합함으로써 해결될 수 있다.

고객 : 경제적 가치 창출의 근본 원천

하나는 확실하다 : 고객들은 불확실성과 변화를 반영하는 하나의 상수이다. 20장에서는 만족도 측면에서 고객을 위한 가치창출 뿐만 아니라 경제적 가치라는 재무적 견지에서 기업의 투자자 및 주주들에 대한 가치 창출에 대하여 말할 것이다. 그러나 매출 증대만이 핵심이다 라는 단순한 믿음은 기업들이 단지 매출 성장을 지속하기 위해 수익성은 저하되는 결과를 초래할 수 있다. 어떤 고객들은 수익성이 없을 수도 있다. 문제는 비용이 높은 매출 보다는 수익성 있는 매출로 사고를 전환해야 하는 것이다.

증권투자분석가와 주식중개인들은 주식의 주당 시장 가치를 평가하는데 고심한다. 그들 중 대다수는 장기적 잠재가치(potential)의 대체치(substitute) 또는 대리치

(proxy)로서 단기적인 재무 결과에 의존한다. 장기적 가치 창출로 투자자의 시각을 옮기도록 하는 하나의 방법은 기업의 고객을 세심하게 파악하는 것이다. 기업의 고객 베이스가 확대되고 기존의 고객이 더 높은 이익 수준에서 관리가 되면(Part Ⅲ ABM으로 계산된 고객수익성 참조), 근본적으로 더 높은 이익 성장을 관리할 수 있게 된다.

그래서 실제로는 고객들이 문제다. 투자자, 주주 및 관리팀이 장기적인 경제적 가치 성장의 성과에 대한 기업의 가능성 측정 방식이 바로 고객을 측정하는 것이다. 얼마나 많은 고객들이 경제적 가치를 가지고 있는가? 오늘 및 미래에 각각의 고객으로부터 얻은 이익은 얼마인가? 상향판매에 있어서 최상의 고객은 어떤 유형인가? 어떤 종류의 고객이 증가되어야 하며, 고객 증가에 따른 성장률은 얼마인가?

고객은 항상 존재할 것이다. 하지만 고객들은 다양한 요구사항을 가지고 있고, 요구사항은 증가하고 있다. 이상적으로, 각 고객의 이익 공헌에 대한 구성요소의 원가는 경제적인 측면의 가시성을 제공하기 위해 측정되어야만 한다. 그 부분은 ABM이 적합하다. 하지만 이야기를 더 발전시키지는 말자.

인터넷으로 가능해진 전자상거래(e-commerce)는 판매자로부터 구매자로 권력(협상, 교섭력)을 이동시키고 있다. 이러한 권력의 이동은 너무 많은 제품 교육 및 비교쇼핑 정보에 구매자들이 접근한 결과이다. 그 결과 소비자가 왕이나 여왕 대접을 받을 것이다. 고객들은 이제 풍부한 옵션을 가지게 되었고 현재 고객들은 과거에 비해 아주 짧은 시간내에 관심이 있는 제품 또는 서비스 정보를 얻을 수 있게 된 것이다. 이제는 고객들이 이전에 비하여 통제력이 더 높아진 것이다. 결국 공급자의 관점에서 이제는 고객 유지가 보다 중요한 문제가 되고 있으며 수익을 고객 수명주기 전체의 흐름으로 관리하는 것이 주된 흐름이 되고 있다. 본 장 후반부의 "고객 수명주기 가치를 이용한 고객 가치 관리" 부분에서는 고객 수익과 기업의 이익을 연계하는 방법에 대하여 알아볼 것이다. 이러한 고객 수익과 기업의 이익이 항상 동일한 방향으로 움직인다고 가정해서는 안된다.

전자상거래에서 개별 고객은 고객별로 독특한 요구사항을 제시할 수 있게 되었으며, 맞춤식 제품과 서비스를 점점 더 희망하게 될 것이다. 정보기술이 이러한 가능성을 이룰수 있게 하고 있다. 개별 고객에 대한 맞춤화 경향이 보다 다양해지고 있을 때 공급사슬의 제조업자와 유통업자들은 이익을 창출하지 못하는 고객들로부터 이익 창출이 가능한 고객을 어떻게 구별해 낼 것인가? 그 답은 ABM을 사용한 고객별 수익성에서 제공할 수 있다.

  그러나 수익성 수준은 개별화된 마케팅 전략에 있어서의 단일 변수일 뿐이다. CI와 CRM은 구매자들이 계속 구매를 할 수 있도록 하는 다양한 변수를 포함하고 있다. 변수의 다른 사례는 지리인구통계학적 변수 또는 행동양식 변수를 들 수 있다. 지리인구통계학적 변수는 성별, 나이, 수입 수준, 가족 상황(미혼, 기혼, 자녀, 무주택자, 퇴직여부 기타), 최근 구매 이력, 거주지역 등을 들 수 있다. 행동양식 변수로는 고객 충성도, 경계 성향, 신제품 선호 경향, 절약 성향, 세련미 등이 해당된다. 분석적 CRM은 고객 반응률을 최대화하기 위하여 이러한 성향의 조합을 조사한다.

대중 마케팅에서 고객 데이터베이스 마케팅 시스템으로의 변천

  역사적 시각이 마케팅의 혁신에 대한 이해를 도울 것이다.

  CI/CRM 시스템은 정보기술의 향상과 마케팅 및 판매 부분에서의 개선을 위한 거대한 데이터베이스 사용의 결과로 진화했다. CI/CRM 툴들은 기업이 개별 고객 또는 정밀한 발생 중심의 세분화된 시장을 목표로 하거나, 이들에 대한 의사소통과 상호작용을 가능하게 한다. 운영 CRM의 적용 초기인 1990년대의 목표는 단순히 제품에 대한 판매를 촉진하고, 매출 유형 또는 기존 고객에 대한 핵심 서비스를 강조했었다. 초기 운영 CRM은 또한 콜센터 구축등과 같이 업무 프로세스에 따른 작업 흐름을 자동화하거나 거래 비용을 낮춤으로써 원가를 절감하는 것에 중점을 두고 있었다.

  현재는 많은 것이 변화되었다. 그 이후의 강조점은 단순히 원가를 낮추는 것이 아니라 수익을 성장시키는 것이다. 메인프레임 컴퓨터는 데스크탑으로 변화되었다. 인터넷의 발달로 컴퓨터 플랫폼에 상관없이 전세계적으로 사용가능하며, 광범위하게 적용가능한 의사소통 도구가 됨으로써 고객에게 보다 빠르게 접근할 수 있게 되었다. 고객 데이터베이스 마케팅 시스템에 의한 분석적 CI는 운영 CRM의 중요한 협력 도구로 진화해 왔다. 예를 들어, CRM 도구인 콜센터는 텔레마케터들이 전화통화는 많이 하고, 통화당 시간은 줄이도록 하였고, 분석적 CI는 통화시간 동안 주문 수락 가능성을 증대시켰다. 분석적 CI를 전개하기 위한 요소는 매출 증대를 통한 시장점유율의 증가로부터 개별 고객에 대한 깊은 이해를 통한 이익을 증대하는 것으로의 변화를 요구하는 마케팅 전략이다.

원가를 낮추고 시장에 제품을 빠르게 내놓는 것이 기업의 성공을 보장하곤 했었다. 이제 전자상거래(e-commerce)가 사업에 있어서 고객중심의 접근방법을 창출하고 있다. 이 주제에 대한 책으로서 "One to One Future: Building Relationships One Customer at a Time"(Don Peppers and Martha Rogers 저)가 있다. 그들의 전제는 고객을 끌기 위해 제품을 제공하고 광고를 사용하는 것만으로는 더 이상 충분하지 않으며, 이제는 고객 각각의 독특한 요구사항을 충족하는 것이 사업에서 필요하다는 것이다. 즉, 2차 세계 대전 이후는 대중 마케팅이 활성화 되어 기업은 표준화된 제품을 생산하고, 거대한 일반 고객층을 대상으로 매스미디어를 통하여 판매하는 것이 적합했었다. 단일의 사이즈로 모두가 맞추는 시대였다. 그러나 더 이상은 아니다. CI/CRM의 사고 방식이 시장점유율의 개념을 고객지갑의 점유율의 개념으로 변화시키게 된 것이다.

대부분의 선진국 국민들은 의류, 가구, 가전제품 같은 부분에서 그들이 요구하는 중요성 기준을 가지고 있다. 그들이 보다 흥미있어 하는 것은 세계의 유행에 집중되는 미묘한 차이 요소들로서 브랜드네임과 같이 사람들에게 정서적으로 유대를 가지게 하는 품질적인 요소들이다. 제품과 서비스의 다양성 사이에서 선택 하는 것은 사람들이 개인적으로 또는 그룹의 일원으로서 스타벅스와 같은 특정 브랜드에 연관성을 가지고자 하도록 하는 것이다. 고객 데이터베이스 마케팅은 고객과의 일대일 대화를 통하여 고객의 독특한 선호도를 파악할 수 있다.

이윤의 경제학이 CI/CRM을 지원하고 있다. 기존 고객을 유지하는 것보다 새로운 고객을 유치하는 것이 훨씬 더 비싸다. 그러므로 항상 중요 요소로 파악되는 고객 만족도는 이제 공식적으로 필수적이고 중요한 요소로서 인지되어야 한다. 즉 중요한 것은 공급자들은 이제 지속적으로 고객들과 보다 실질적인 내용 중심의 의사소통과 상호작용을 하는 방식을 찾아야만 한다는 것이다. 여기에는 고객의 요구사항에 대한 적극적인 검토가 필요하다.

기업들은 점점 기업의 수익성을 향상시키기 위하여 더 많은 그리고 더 나은 고객과 접촉하고 보다 친밀한 고객 관계가 필요하다는 것을 깨닫고 있다. 그리고 무차별적인 대중 마케팅 기법들이 데이터베이스 마케팅 또는 상호관계 마케팅(relationship marketing)으로 변화하고 있다.

마케팅과 영업 기능이 고객 만족도의 증가와 고수익 창출과의 관계를 명확히 파악하고 있다 할지라도 회계담당자들은 전형적으로 고수익성의 방법은 원가절감이라는 것에 더 집중하고 있는 것이 사실이다. 현명한 관리자는 최고의 이익 창출 기회가 고품질을 유지하는 것과 같은 개선으로부터 창출 될 수 있으며, 고객 만족도를 증가시킴으로써 저원가 고수익을 달성할 수 있음을 인식하고 있다.

CI/CRM의 필요성

분석적 CI와 운영적 CRM 시스템에 대한 필요를 이끄는 힘은 사업을 영위하는 것과 고객을 관리하는 것사이의 간격이 넓어지는 문제와 익명성의 문제를 포함하고 있다. 나의 부모님은 시카고에서 30년간 식품점을 운영하고 있으며, 우리 가족들은 모든 고객들을 이름 중심으로 알고 있다. 오늘날 기업이 고객과 의사소통하고 사업을 영위하기 위하여 증가하고 있는 수많은 의사소통 채널을 관리하는 것은 거의 불가능하다. 이것은 전화번호, 인터넷 사이트, 이메일, 일반 우편 또는 인편 등을 포함할 수 있다. 훨씬 더 문제인 것은 모든 종업원들의 일관된 고객대응을 보장하는 것이다. 업무상 고객과의 상호작용은 일반적으로 여러 부류의 종업원들이 서로 다른 채널에 대응하여 차별적인 역할과 상황에 따라 처리하게 된다. 종업원들은 특정 고객군을 대하는 기업의 전략과 요구 서비스 수준에 대하여 모를 수도 있다. 고객들에 대한 불일치한 경험들이 발생하고 있지만 고객들은 종업원들을 정확히 알고 있으며 그에 따라 행동한다.

공급사슬관리 체계상의 자재관리와 신제품 개발 관점에서 얻은 교훈은 "내 고객의 고객에 대하여 더 잘 파악할 필요가 있다"는 것이다. 공급사슬관리를 위한 S/W들은 공급사슬에서의 투명성을 보장하게 된다.

공교롭게도 인정된 용어인 고객관계관리(customer relationship management)는 실질적으로 고객을 관리하지 못하기 때문에 이상적인 용어라고는 할 수 없다. 그 보다는 고객과 기업과의 관계를 훌륭한 경험과 상호작용을 통하여 향상시킨다. 결국 CI/CRM의 목적은 좋은 제품 또는 서비스를 올바른 채널을 통하여 해당 고객에게 적기에 제공하고 인도하는 것이며, 그렇게 하는 것이 고객의 관점에서 바람직한 것이다.

CI/CRM의 최근 경향은 가능한 표준적인 제품을 판매하기 위하여 정의된 문구로 고객에게 통화를 하는 것이 아니라 고객 서비스 센터에 고객들이 전화를 하게끔 하는 받아들이는(inbound) 상호작용에 대한 반응을 극대화하는 것을 강조한다. 고객들은 외부의 수많은 판매권유로 인하여 포화상태가 되었으며, 이로 인하여 고통의 한계에 이르렀다. 보다 유익한 효과 고객이 전화했을 때 당신이 알고 있는 것을 기초로 맞춤식 상향판매(up-sell) 교차판매(cross-sell)를 제안하는데서 온다. 이것이 바로 반응률을 보다 더 증대시킬 수 있는 비강요적인 방법이다. 더 높은 영향은 어떤 유형의 고객이 어떤 유형의 제품/서비스 제공을 잘 수용하는지를 분석적 인텔리전스와 결합된 현행의 관련 고객 정보를 가지는 데서 온다. CI는 구매와 직결될 수 있는 고객 선호도 정보를 제공한다.

CI/CRM 8자형 사이클

고객 인텔리전스 관리는 언급은 되고 있지만, 아직 고객관계관리와 차별화된 것은 아니다. 이 두가지가 서로 다르기 때문에 이에 대하여 논의가 될 것이다. 그림 17.1은 두 부분의 차이를 알려주며, 어떻게 업무 처리 S/W가 고객 중심 프로세스를 용이하게 하는지에 대한 이해를 도울 것이다.

- **Customer intelligence(CI).** CI는 고객 세분화 영역을 결정하고 분석하여 각 고객 세분화 영역별로 만족도를 향상시키고 유지하기 위한 전략을 수립하는데 사용하는 기업 중심의 자료 저장소이다. 여기에서는 분석(Analysis)이 핵심 용어이다. CI는 기업의 고객이 누구이며, 고객이 기업에게 무엇을 원하는지를 실질적으로 파악하도록 하는 내부 프로세스이다. CI는 고객의 요구사항을 예측한다. CI의 결과는 CRM에 의해 실행된다. CI는 자료의 추출, 재구성 및 분석을 위한 데이터웨어하우징(DW) 및 데이터 마이닝 툴에 영향을 준다.

- **Customer relationship management(CRM).** CRM은 마케팅 캠페인과 같이

의사소통 채널과는 상관없이 고객과 새로운 매출 기회와의 상호작용을 위한 운영적 방법이며 도구이다. CRM과 CI는 그림 17.1에 나타난 것과 같이 지속적인 8자형 사이클에서 서로 입력 자료를 양방향으로 제공한다. 운영적 CRM은 CI의 입력자료가 되는 거래 정보를 생성한다. 분석적 CRM은 이 자료를 추후의 고객과의 상호작용 또는 의사소통을 위하여 운영적 CRM의 입력 정보가 되는 실행가능한 업무 정보로 전환한다.

운영적 CRM의 목적은 고객들이 당신으로부터 재구매를 함으로써 충성도와 선호도를 증가시키는 훌륭한 경험들을 늘 즐길수 있도록 하는 것이다. 다시 말해 궁극적인 목적은 반복적인 업무와 위탁사항에 대하여 특별 서비스와 맞춤형 제품을 일관되게 제공함으로써 고객과의 장기적인 관계를 증진시켜 나가는 것이다. 일관된 고객관리는 고객이 자신들의 기대에 미치지 못하는 결과에 대하여 아주 민감하고 조급해하고 바로 대안 제공자인 경쟁자들을 탐색할 수 있기 때문에 가장 핵심적인 용어라 할 수 있다.

그림 17.1의 아래부분에 "시작"표시는 고객에 대한 분석의 시작을 나타낸다. 여기에서는 이미 많은 고객 자료가 수집되어 있고 쉽게 분석될 수 있다는 것을 가정하고 있다. 각 화살표는 순환 프로세스를 나타내는 것으로 8자 모양을 나타내고 있다. 지원 업무 영역(Back office)의 CI(분석적 CRM) 측면에 있는 많은 고객 자료는 일반적으로 오른쪽의 운영적 CRM으로부터 수집된다. 이 부분은 8자형 고리가 지속적 사이클로서 운영되어야 하는 이유를 설명한다.

사이클은 운영 패턴을 종합하고 정화하기 위하여 고객 자료를 분석하는 것에서 시작한다. 그후에 마케팅 분석자들은 공급자의 재화와 용역을 지속적으로 구매하도록 고객을 자극하고 다양하게 세분화된 고객에게 맞춰진 전략들을 수립한다. 다음 단계는 전략을 실행하기 위하여 조직을 구성하게 되는데, 여기에는 새로운 제품개발 프로그램에서부터 기존의 제품과 서비스 라인을 지원하는 새로운 부가가치 서비스까지 모두 포함한다.

프로세스 사이클의 다음 단계는 일선 업무 영역(Front office)의 CRM 부분과 겹치는 영역으로 고객과 접촉하고 수집된 고객의 반응에 대한 의견이 제시된다. 강력한 영업 자동화, 마케팅 자동화 및 고객 서비스 툴들이 여기에 적용된다.

그림 17.1 | 분석적 CI와 운영적 CRM

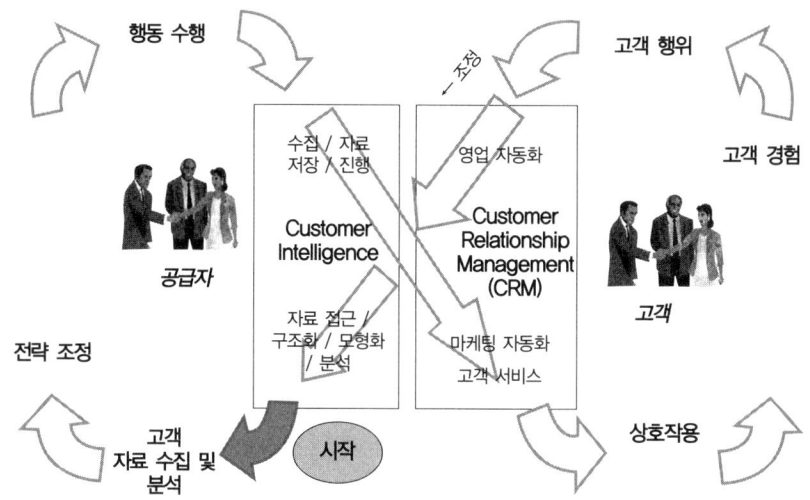

- Sales force automation(영업자동화). 이것은 현재는 훨씬 더 많은 데이터를 가지고 완전히 자동화된, 전형적 명함관리 도구인 Rolodex, 주소록, 판매경로예측들로 생각하라. 영업자동화 시스템은 모든 영업 기회에 대하여 성공적인 결과가 나타날 때까지 전체적인 영역을 관리하는데 도움을 준다. 또한 실질적인 영업 상황이 발생하거나, 일상적 업무를 자동화 함으로써 관리적 업무를 제거한다거나, 영업팀에게 가능성이나 고객에 대한 통화 내역 및 관련 지식들을 제공하여 보다 나은 예측이 가능한 영업 경로 또는 통로를 관리하도록 한다.

    이러한 툴들에는 고객 응대 관리, 제안 관리, 실사례 생성 기능 및 영업 및 주문 내역 파악과 같은 기능도 포함하고 있다. CI(분석적 CRM) 툴과 결합되면, 모든 종업원들이 각 고객에 대한 통일된 시각을 가지도록 하는 단일의 정보 수집점을 제공하게 된다. 반대로 이 툴들은 은행의 대출 담당자와 같은 각각의 영업사원들에게 자동화된 원장을 제공한다.

- Marketing automation and optimization(마케팅 자동화/최적화). 마케팅 자동화 및 최적화 툴들은 고객의 다양한 특성(예, 선호도, 구매행태, 구매빈도, 최근

구매 내역, 인구통계학적 정보)를 체계화하는데 도움을 준다. 이 툴은 마케팅 이론에 근거한 것이 아니라 고객의 미래 구매행태의 훌륭한 지표는 고객의 과거 행태나 분석자료라는 것을 나타내는 연구에서와 같이 실제 고객의 행태에 기초한 것이라 할 수 있다. CI 기준의 자료가 수집되고 나면, 마케팅 자동화 툴들은 고객 및 미래 전망에 대한 캠페인, 설문, 경연 등을 추진하고 고객 반응을 수집하고 분석한다. 좀더 진보된 마케팅 자동화 툴을 사용하면 고객의 반응을 예측할 수도 있다. 잠재적으로 구매나 행위를 제공 또는 유발하는 개인별 메시지들이 고객에게 즉시 제공될 수도 있다. 마케팅 자동화 툴들은 고객의 선호 수준과 기업 측면에서 유통 채널의 용량적인 제약 또는 운영 용량이나 계획 재고량등을 포함한 제공 능력의 균형을 맞춤으로써 이익을 극대화하여 다음단계로 나아간다. 이런 툴들은 항공사의 마일리지 프로그램과 같은 고객 충성도 향상 프로그램의 근간이 되고 있다.

- Customer interaction centers(고객 응대 센터). 콜센터는 고객들에게 서비스를 제공하는 공장이다. 모든 직원들은 마케팅 요청 전화를 받거나 개인별로 온라인 서비스를 제공하는 자동 응답 시스템으로 전환하는 업무를 수행한다. CI(분석적 CRM) 툴을 추가하여 콜센터 직원들은 고객에게 보다 효과적으로 대응할 수 있으며, 서비스 응대 통화를 보다 상위의 영업 통화로 확장해나갈 수도 있다. 이미 말한바와 같이 캠페인 메시지를 전달하여 고객을 내부적인 응대영역으로 끌어들이는 기술이나 기교가 전통적인 외부 지향적인 마케팅 캠페인 권유에 비해 아주 효과적이라는 것을 마케팅 담당자들은 인식하고 있다.

이런 툴들이 결합되면 이메일, 콜센터, 브로셔, 광고, 신문 등 다양한 의사소통 채널을 통하여 상호작용을 제공하게 된다. 이런 모든 것들이 고객 또는 미래 전망에 대한 접촉점이 된다. 모든 채널은 마케팅, 영업 및 고객 지원에 영향을 주는 강력하게 개인화되고 마음을 이끄는 경험을 주어 고객들을 끌어들일 수 있다. 각각의 상호작용은 고객의 선호도에 대한 지식을 얻을 수 있는 기회이며 고객과의 관계를 돈독히 하는 기회이다. 나는 이미 고객과 영업 목표 조직들이 일관성 없는 메시지를 받는 것에 대한 위험을 알렸다. 문제는 각 의사소통 채널들이 의도하지 않게 동일한 고객에 대하여 다른 의사소통 채널에서 제공한 다른 메시지를 파악하지 못한 상태에서 고객과의 상호작용을 위하여 고객의 정보를 사용하게 된다는 것이다. 일반적인 CI 시스템은 기업의 서로 다른 모든 의사소통 채널을 파악하여 통합하는 근간을 제공한다. 그래서 이 툴은 정보취득자의 관점에서 일관된 채널을 통하여 일관된 개인별 메시지를 제공하게 된다.

CI와 CRM의 상호의존성

분석적/운영적 CI/CRM 툴들을 조화롭게 이용하면, 마케팅 캠페인으로부터 유발되는 고객의 반응들이 고객에게 기대한 반응이었는지를 개별적으로 추적할 수 있고, 비교할 수도 있다. 이메일이나 콜센터를 통한 캠페인에서는 고객 반응에 대한 분석이 적시에 이루어질 수 있고 아주 복잡한 자료들도 모든 고객의 반응이 공급사의 서버나 Web 사이트에서 모니터되어서 마케팅 캠페인 그 자체를 캠페인 시작 이후 몇 시간 또는 수일내에 변경할 수 있다. 이것은 시간의 경과에 따른 반복적 학습이 효과성과 미래 상호작용에 대한 반응수준을 증가시키는 것으로 그림에서 "조정"이라는 화살표로 표현되어 있다. 추가로 통제 집단에 대한 사전 실험을 통하여 본격적인 이행 이전에 마케팅 캠페인을 확인하기 위한 검증을 수행할 수 있다. 또한 다수의 캠페인이 동시에 수행될 수 있으며, 각각은 특정 고객 세분화군별로 맞추어진다.

마케팅 캠페인의 복잡성 수준은 굉장히 난해해 질 수 있다. 행위추적기법에 의존하는 것은 마케팅 담당자에게 있어서는 어쩔수 없이 수행하는 방법이다. 고객 행태를 관찰하고 분석하게 되면, 통계적으로 민감한 편차 또는 보통의 행동 변화가 발생할 때 즉시 식별 가능해진다. 이와 같은 사건 중심 기법이 데이터 마이닝으로부터 도출된 정보와 결합되면 기업은 고객의 구매 행태를 변경시키도록 상호작용하는 과정에서 사용가능한 강력한 정보를 가지게 되는 것이다. 의사소통은 실시간으로 이루어지거나 지연이 더 적정한 경우에는 적절한 시간에 이루어질 것이다. 그리고 고객의 상호작용은 내부적이든 외부적이든 어떠한 의사소통 채널을 통해서든 이루어 질 수 있다. 부가적인 이벤트 동기들은 기타의 원천으로부터 기대되거나 보고될 수 있는 결혼이나 졸업과 같은 일생의 사건들을 포함할 수 있다. 요약하면, CI/CRM툴은 고객 반응을 기초로 조정할 수 있는, 고객 중심의 포괄적이고 집중화된 하나의 통일된 관점을 제공한다.

훌륭한 CI와 CRM은 기업들이 보다 합리적인 의사결정을 보다 **빠르게** 수행하도록 한다. 효과성을 측정, 분석하고 향상시킬 능력을 갖추지 못한 업무흐름 또는 업무 프로세스는 단순히 문제만 보유하게 된다. CI와 CRM은 영업 관리에서 주문 내역 추적에 이르는 전과정의 기능을 거의 일관되게 가능하게 한다. CI는 자료를 분석하고 유용한 형태로 제공하는 분석적 응용프로그램에서 사용되는 DW를 포함한다. 그리고 CRM은 CI에서의 계획을 실행에 옮긴다.

그림 17.1로 돌아가서 프로세스 사이클은 이제 8자 형태로 지속적으로 흘러가게 된다. 마케팅 캠페인에 대한 반응이든 관찰된 소비자 선호도이든 간에 고객 행태에 대한 반응은 분석적 CI 영역으로 돌아가게 되고, 그 자료는 다음 단계 전략의 재수립을 위하여 다시 수집되고 분석된다. 중요성이 다른 많은 캠페인과 전략들이 CI/CRM 프로세스를 통하여 지속적이고 동시다발적으로 수행될 수 있다. 각 캠페인은 특정 틈새시장(Niche Market)에 대한 독특한 판촉을 목표로 한다.

요약하면, CI와 CRM간의 주요 상호의존성은 다음과 같다.

- CI 시스템은 분석적이며, 일선 업무 영역의 운영적 CRM 시스템 자료로부터 분석에 유용한 고객, 거래내역 등의 자료들을 추출할 필요가 있다. 이상적으로는 CI는 CRM을 유도한다.
- CRM 시스템은 추출된 정보를 보다 효과적이고 실질적으로 사용하기 위하여 분석적 CI 시스템에서 생성된 정보를 부각시킬 필요가 있다.

데이터 마이닝 툴의 관련 정보 분석

CRM 시스템은 기업이 고객과 의사소통을 하고, 재화를 판매하고, 서비스를 제공하는 등의 방법을 통하여 기업이 고객에 대한 가치와 만족도를 최적화하는 것을 지원하고자 하는 것이다. 이를 통합하게 되면, CI와 CRM은 마케팅, 영업 및 서비스 영역 종업원들이 계획, 자료 수집, 사건의 추적 및 가능성 있는 고객과 현재 고객 모두에 대한 사전영업에서 사후영업에 이르는 전체적인 구조화를 스스로 수행할 수 있도록 한다. 불행히도 전형적인 운영적 CRM 툴들은 자료 수집에 대한 강조가 약하고, 영업 경로와 같은 표준 영업 보고서 또는 최근 구매일자, 매출액, 구매빈도 등 일반적인 마케팅 변수들을 보여 주는 등의 필수적인 분석적 정보의 정확도가 부족하다.

강력한 데이터 마이닝 기능을 가진 진보한 CI/CRM 툴들은 보다 많은 업무 정보를 제공한다. 분석적 CI 시스템은 고객 중심의 CRM 시스템들이 통합되도록 하고, 일관된 메시지를 전달하게 하여 일선 업무 영역의 통합화를 추진하는데 용이하다. 즉, 다수의 의사소통 채널에서의 자료가 각각의 고객 또는 고객 세분화에 의해 CI를 창출하도록 할 수 있게 되어 분석적 CI 시스템이 고유의 정보를 규정하고 일선 업무 영역의 CRM 채널로 넘겨줄 수 있도록 한다.

예를 들어, 기업이 매출이 급신장 했다고 하자. 무엇이 실질적인 차이를 발생시켰는가? 가격 인하? 새로운 디스플레이? 주말? 새로운 광고? 경쟁자의 가격 인상? 과다하게 밀집된 세분화나 개략적인 평균을 사용하면 마케팅 담당자들은 우연의 일치를 인과관계로 추론함으로써 오류를 범할 수 있다. 그러나 최근의 데이터마이닝 S/W나 상세 거래 내역들을 이용하게 되면, 마케팅 담당자들은 상호 효과를 분별해 낼 수 있다. 가격과 수량 변화에 따른 탄력성의 변화를 검증하기 위한 단순 회귀분석 모형은 다양한 변수를 탐색할 수 있는 복합 모형 기술을 통하여 분석적으로 개선될 수 있다. 이러한 개선은 특정 매장이나 지점에서 특정한 상품이나 용역에 대한 특정한 마케팅 이벤트의 영향에 관하여 예측정보를 생성할 수 있다.

상대적으로 보다 큰 차이를 나타내기 위하여 아주 세분화된 고객군과 집단으로 분석을 수행하는 것은 예측가능한 산출물이 더 자세히 예측될 수 있고, 관련 변수들이 반드시 나이, 소득 수준, 성별과 같이 인구통계학적이 아니라 최초 구매 원천, 구매 소요 시간 등의 새로운 변수들이 될 수도 있게 된다.

평준화도 문제를 유발한다. 새로운 제품을 출시할 때, 소매상의 전국적인 광고나 판촉 예산은 전국적으로 고르게 배분해서는 안된다. 분명히 당신은 당신의 가게가 Toys' R Us 소매점 건너편 거리에 위치하고 있다면 기저귀를 판매할 생각을 하지 말아야 한다. 한가지 답이 모든 곳에서 효과적이지는 않다. 데이터 마이닝 툴을 이용하면 당신은 제품을 비축하거나 가게의 일부 또는 인구통계학적으로 세분화된 것이 아닌 고객의 일부에 대하여 판촉을 수행하는 기회 손실을 최소화 할 수 있다. 반대로 당신은 수요가 없는 과다재고를 회피할 수 있게 된다.

CI/CRM을 통한 통합적 고객 수익성 분석

고객을 얻고 유지하는 것은 실질적으로 조직의 가장 중요한 핵심 프로세스로서 인식되어야만 한다. CI/CRM의 가치를 가져오는 핵심은 각 고객 세분화에 대한 현재 및 미래의 수익성 수준과 관련하여 제품과 서비스에 대한 차별화에 있다. 여기에서는 모든 고객이 동등하게 수익성을 창출하지는 않는다는 가정이 필요하다. 기업이 그들의 고객에 대한 현행 또는 잠재 수익성을 모르고 있다면, 가치있는 자원을 잘못 배분할지 모른다. 수익성 낮은 고객들이 너무 많은 노력과 관심을 받고 있는 동안 매우 수익성 높은 고객들이 충분한 서비스를 받지 못할 수도 있다.

직관에 의하여 감정적으로 고객을 관리하는 것은 매출수량의 증가를 성공과 동일시하는 가정을 낳게 할 수 있다. 서로 다른 유형의 고객들에 대한 가치 산정 방식을 보유하는 것은 고객 중심의 전략을 개발하는 강력한 툴이며, 결과적으로 각 고객 세분화에 대한 우선 순위와 투입 노력을 결정하게 한다.

고객 분석에 따르면, CI/CRM은 고객 기대치를 대규모로 고객을 얻고, 유지하고, 서비스를 제공하는 개인화된 경험으로 변형시킨다. 실시간 자동 고객 반응 분석은 마케팅 캠페인에 대한 빠르지만 맞추어지지 않은 조정을 의미한다. 그러나 CI/CRM은 무료가 아니다. ROI의 기점이 어디인가? 또한 조직이 한정된 자원으로 제한 된다면 투입 노력에 대한 효익이 이상적으로 상호작용에 대한 원가를 초과하여야만 한다. 그러므로 조직은 보다 수익성 있고, 잠재적인 수익성이 있는 고객의 요구사항을 충족시킴으로써 주주에 대한 경제적 가치를 늘리는데 역량을 집중하는 것이 더 낫다. 어떤 점으로는 이러한 고객들은 공급자의 업무와 부의 창출을 늘리기 위하여 선택된 동반자이다.

ABM이 CI/CRM에 추가하는 것은 CI/CRM 시스템에서 일반적으로 무시되고 배제되는 다음과 같은 핵심 정보들이다.

- 고객이 현재나 미래에 제공하는 절대적/상대적인 이익 기여도는 얼마인가?
- 각 고객들의 이익 기여 마진을 경제적으로 증가시킬 수 있는 실행가능한 단계는 무엇인가?
- 중요한 것에 대해 어떻게 하고 있는가? 특정 고객을 위한 다이렉트 마케팅과 고객 계획수립이 가치 있는가?

반대로 운영적 CRM 시스템은 이미 고객의 거래처리에 대한 상호작용 정보를 가지고 있어서 ABM을 지원할 수 있고 ABM과 통합하기 위해 확장될 수도 있다. 그러나 불행히도 운영적 CRM은 많은 진화하는 방법론들과 같이 항상 비평의 대상이다. 유머의 형식을 사용한 냉소주의는 보통 단점을 고치는 개선의 선도 역할을 한다. CRM이란 용어에 대한 몇가지 냉소적이고 대안적인 정의로는 "돈 뭉치(costs reams of money)", "실질적인 편두통의 원인(causes real migraines)", "사실은 문제가 되지 않는(can't really matter)"등으로 불리기도 한다. 재무적 수익성을 분석에 추가하는 전통적 CI/CRM의 불충분한 처리가 CI/CRM의 단점의 한 예다.

CRM 시스템은 시스템 사용자들에게 잘못된 정보를 제공할 수도 있다. 사실에 근거하지 않고서, 시스템 사용자들은 그들의 최상의 고객이 최대의 비용지출원이라고 결론 내릴 수도 있다. ABM과 수익성 자료를 이용하게 되면 기업들은 일반적으로 주요 고객이 고객에 대한 초과 지원, 요구 사항에 대한 응대 및 기타의 숨겨진 원가로 인하여 제품과 서비스 마진을 떨어뜨릴 수 있다는 것을 알고서는 놀라게 된다. 이는 대량의 매출을 발생시키는 공급자의 고객들이 수익성이 없다는 것을 의미한다. 그리고 고객들은 고객들이 발생시킬 수 있는 거대한 숨겨진 비용의 평가 없이 영업력에 의하여 이끌어 질 수 있다는 것이다.

좋은 고객 수익성 정보는 제한된 자원을 배분하는 것에 대한 보다 명확한 사고를 이끌어 낸다. 예를 들어 CI/CRM 시스템을 사용하면, 기업들은 특정한 효과를 위하여 디자인된 고객 의사소통 프로그램을 실험하게 될 것이다. 그러나 예를 들어 기업의 변경된 다이렉트 메일 캠페인이 목표의 부유층 시장이 아닌 10대나 연금에 의존하는 노령자에게 제시된다면, 캠페인의 추가 원가는 결코 수익으로 벌충되지 못할 수도 있다. ABM 고객 수익성 시스템은 이와 같은 문제점들을 탐지해 낸다. 기업의 총수익은 증가할 수 있지만 그 수익이 올바른 수익인가? 증분원가가 증분수익을 초과한다면 아마도 올바른 수익은 아닐 것이다.

관점이 원가에 있는지 고려하지 않은 상태에서 고객 또는 고객 세분화별로 측정된 수익성은 위험하게 된다. 고객 수익성 보고가 정규 보고가 되어야 하는 것이 필수적이다. ABM에 의해서 가능한 고객 수익성 보고는 고객 수익성을 분석하고 개선하기 위하여 마케팅, 영업, 운영 및 회계부분을 함께 보고하게 된다. 고객 수익성 자료를 사용하게 되면, ROI 기산점에 대한 경계선이 그려질 수 있고, CI/CRM 시스템은 기업의 입장에서 계속적으로 노력을 투입할 가치가 없는 고객에 대한 종업원의 시간과 제한된 자원의 낭비를 막을 수 있다. 그러나 이것은 고객에 대한 어리석은 의사결정을 의미하는 것은 아니다. 분석적 CI 시스템은 운영적 CRM 시스템으로 수익성 자료에서 도출된 고객 정보를 보내주도록 설계되어야 한다. 예를 들면, 은행 창구직원은 고객에게 "당신은 낮은 수익성 지표를 나타내기 때문에 서비스 요금을 받아야 합니다"라고 하는 것이 아니라 "죄송하지만 서비스 요금을 받아야 합니다"라고 해야 하는 것이다.

CI/CRM 시스템에 고객 수익성 측정치가 없다면, CRM에 대한 정의와 고객 가치 관리 전략은 기껏해야 의향서에 지나지 않는다. CRM 전술에 의하면 개별 고객의 이익과 이익 잠재력 및 고객에게 제안함으로써 기대되는 행위를 이해하지 못한다면 일대일 고객 제안을 수행하지 않아야 한다. 의도하지 않은 결과를 조심하라. CRM 시스템은 약속된 시작점이지 최종 종착점이 아니다. 고객 수익성의 측정 없이는 CRM 시스템은 시스템의 잠재력을 발휘하지 못한다.

고객 수익성 정보가 없으면 CI/CRM 시스템을 사용하는 팀은, 비록 성공적이라 하더라도 영구히 수익성이 없을 수도 있는 막대한 노력과 자원을 투자하고 있을 수도 있다. 예를 들어 영업 기능은 더 많이 팔고 더 높은 커미션을 받아 전체적으로 이익을 낮추고 있을 수도 있다. 어떻게? 제 3장에서 알아본 바와 같이, 이는 수익성 있는 것을 수익성이 낮은 또는 수익성 없는 제품이나 서비스로 영업 차원에서 판매 믹스를 변경함으로써 가능하다. 최소한, ABM은 어디에 영업력을 집중해야 할지의 우선순위 정보를 제공한다.

이미 ABM 원가 측정이 수행되는 기업들은 고객이 고도의 마케팅 노력을 보증하는 올바른 품목들에 충분히 소비하는지 또는, 소비할 것인지를 결정하기 위하여 CRM 시스템을 개선시킬 수 있다. 대안적으로 ABM이 가능한 공급자들은 고객 세분화 측면에서 수익을 극대화하기 위해 필요한 것이라기 보다는 기대 이익을 최적화하기 위하여 마케팅 비용을 포함한 마케팅 노력을 조정할 수 있다.

그러면 왜 ABM이 CI/CRM과 결합되어야 하는가? CRM 시스템은 극히 고객 중심적인 반면 ABM은 업무 중심적이다. CRM은 고객의 감정이나 선호도를 다룬다. ABM은 어떤 제품과 고객 다양성이 더 많은 자원을 요구하고 소비하는지에 집중한다. 이 부분만 따로 보면 운영적 CRM은 부분적인 구도를 제공한다. ABM과 결합되어야 CI/CRM은 보다 완벽한 구도를 제공한다. 이는 마케팅 담당자들이 사실에 근거하여 고객 행태를 재구축 하도록 사고방식을 변하게 한다.

더불어 ABM과 고객 수익성 분석은 관리적 의사결정과 업무 수행에 대한 기초를 제공한다. 이러한 방법으로부터의 사용가능한 정보는 기업의 목적과 전략을 달성하고, 수익성을 증가시키기 위하여 필수적인 것이다. 기업은 기업의 프로그램들에 대한 원가를 측정하고, 이해하며, 변경할 수 있다. 고객 수익성 분석의 추가적인 보상으로, 빈약하게 설계된 내부 프로세스의 원가들이 포착되지는 않았지만 이익을 저해하는 효과를 제거하는 것에 집중할 수 있다. ABM이 없는 CRM 시스템은 제한적이다.

ABM과 고객 수익성 분석 보고서 시스템의 성공은 직접적으로 영향을 미치는 의사결정이나 행동 뿐만 아니라 이런 시스템의 발전에 대한 종업원의 인식 정도에 의해 측정될 수 있다. 고객 관련 원가 동인을 분석, 논의하여, 이해하는 것은 관리자들이 그들 자신의 성과를 향상시키도록 동기 부여를 할 수 있다.

평생고객가치(CLV)를 사용한 고객 가치 측정

ABM으로 계산된 고객 수익성 측정치보다 더 나은 방법은 각 고객별 투자에 대한 ROI를 측정하는 것이다. 이 수학공식은 투자 포트폴리오와 같이, 어떤 사건의 발생보다는 변수들을 고려해야 하기 때문에 고객 수익성 수준을 측정하는 것보다는 더 정교하다. 변수들은 다음과 같다.

- 다른 종류의 고객 유치 원가
- 고객별 할당가능 원가를 차감한 미래 기간별 수익 추정
- 자본비용(현금흐름할인(DCF)법 적용)
- 고객이탈율 추정치(경쟁사 이전 고객, 대체 고객, 거래 중단 고객 또는 재구매 고객 등(예, 고객 유지 기간))

이러한 변수들을 이용하여 DCF 공식을 사용하면 미래 순현금흐름을 오늘의 현금에 대한 기대 가치로 산정할 수 있다. 이를 순현재가치(NPV)라고 하며, 오늘의 고객관계가 시작된 시점으로부터 미래 일정시점까지의 가치를 도출할 수 있다. 이 NPV 값을 평생고객가치(CLV)라고 한다. CLV는 고객 및 고객 세분화군으로부터 받은 이익의 합계로서 고객과의 관계가 지속되는 기간 동안 측정된 미래 현금을 할인한 것이다. CLV는 이론과 원칙에 충실한 것이며, 모형에 근거한 예측적 측정값이다.

CLV의 미래 지향 관점은 다양한 고객 세분화군에 대한 기존의 이익률에 집중함으로써 위험을 감소시킬 수 있다. 예를 들어, 소매업자는 동일한 이익 수준의 두 고객을 가질 수도 있다. 그러나 한 사람은 계속 일을 할 수 있는 젊은 치과의사이고, 다른 사람은 퇴직이 임박했다면, 그들의 미래 잠재 수익성은 명확하게 분리될 수 있는 것이다.

CLV의 유용성은 부의 재무적 산출물을 파악할 수 있는 다양한 변수로부터 제기된다. CLV의 부가적인 유용성은 CLV가 단기 주가 관리에 대한 기업의 관심을 고객 세분화군별 투자자산 취득, 이익 공헌 수준, 성장률 및 유지 기간 등의 변수 관리를 통한 장기적 회수 노력으로 돌릴 수 있다. 이러한 방식은 개별 고객을 ROI 관리가 가능한 투자로써 고려할 수 있다.

CLV 계산(입문)

CLV를 잘 이해하기 위하여 CLV 등식의 가정을 파악하자. 그림 17A의 등식 윗부분에는 소비자, 가구, 고객 회사 등 기존의 개별적인 구매단위에 대한 CLV를 보여주고 있으며, 5년 동안의 계획 기간을 나타내고 있다.

Individual Buying Unit(개별 구매 단위 - 소비자, 가구, 고객 회사 등)

CLV = 기존 고객별 순현재가치 =
　　　(기본 서비스에 대한 직접 이익) × (고객 유지 가능률)
　　　+ (부가 서비스에 대한 증분 이익) × (고객 선택 가능률)
　　　+ (구매 품목/서비스에 대한 변동 이익)
　　　× (구매 추정량 및 제품 믹스)
　　　+ (청구 불이행 가능률) × (불이행 추정 금액)
　　　+ ((무상 서비스 원가) × (추정 무상 서비스 사용횟수))의 합

Enterprise CLV(전사(기업) CLV)

CLV = 신규 고객 유치 원가 + 전체 기존 고객 CLV의 합
　　　+ 전체 신규 고객 CLV의 합

그림 17A │ CLV 등식

　이 등식에는 CRM의 중요한 요소인 수익, 비용 및 고객 구매 행태가 단일 측정치로 구성되어 있다. 또한 등식에서는 제품 및 서비스의 가격 및 원가, 신용 위험, 고객 유지율 등이 포함되어 있다.
　CLV에는 다음과 같은 측면이 있다.

- CLV는 제품이나 서비스 라인 자체 보다는 고객 수익성에 대한 영향력 변수로서 고객에 집중한다.
- CLV는 고객 유치시 발생한 과거의 매몰원가(sunk cost)나 특정 고객에 대한 과거의 이익 공헌수준은 포함하지 않는다. 엄격하게 미래 지향적이다.
- CLV는 확률이 포함된다. 여기에서는 분명히 오류가 발생할 수 있으나, 편이(bias)가 없다면 개별 고객세분화군별 오류는 전사적 총 CLV 측면에서는 평준화되거나 상쇄된다.
- 예측 기간은 2년에서 6년으로 제한될 수 있다. 현금흐름할인(DCF)법의 순현재가치(NPV)를 사용하면 기대가치에 대한 시간의 영향력은 5년이나 6년이내에 빠르게 감소된다. 그럼에도 불구하고 대부분의 마케팅 프로그램들은 이기간을 더 단기로 하여 검증하고 있다.

그림에서 위의 등식은 기존 고객에 대한 것이며, 아래는 새로운 고객 관점의 등식으로 예상 유치 원가가 등식에 추가되었다. (ABM의 공통비 추정 원칙은 동일하게 적용되었다.) 또한 모든 기존고객 및 신규고객의 합계가 전사적 CLV 가치를 계산하기 위하여 합해졌다. 이 수치는 시간에 따른 추세 분석 뿐만 아니라 단일 기준으로 분석될 수도 있다.

CLV는 개별 구매 단위나 그룹 또는 유사 고객군별로 계산될 수 있다. 그러나 세분화가 진행될수록 차별적인 프로그램, 제품 믹스 및 고객 동인으로부터의 차이와 영향을 더 잘 파악할 수 있다. 따라서 세부적으로 파악하기 위한 더 많은 정보가 필요하다.

CLV 예측치 vs 실제 고객 수익성

ABM 적용 기업들은 반복적이고 신뢰성있게 고객수익성 정보를 보고하고 측정할 수 있다고 입증하고 있다. 실제 고객 수익성 보고에 대한 효익은 수익성 수준이 다양한 고객군을 비교함으로써 관리자 및 분석가가 획득한 정보에 있다. 이 정보는 그 자체로 새로운 마케팅 전략 수립과 보다 회수금액이 높은 미래의 마케팅 비용에 대한 예산 수립을 위한 충분한 정보라 할 수 있다.

그러나 고객 수익성의 현행 정보 원천은 반드시 미래 고객 수익성의 신뢰성 있는 예측 정보는 아닐 수도 있다. ABM과 ABP 고객 수익성을 결합하는 예측적 CLV 모형의 변수에 대한 조정이 포함된 이러한 예측적인 사고는 CLV의 실제 가치가 존재하는데 있다.

차세대 CRM : 경쟁측면

과거에는 경쟁은 제조업자에 의해 생산된 무형의 제품이든 오토론과 같이 서비스 제공자가 제공하는 무형의 제품이든 간에 1차적으로는 제품에 근간을 두었다. 그러나 현재에는 단순한 제품 판매 이상의 미래에 다가올 더 커다란 경쟁의 형태가 생겨났다. 공급자가 고객을 평생 유지하기 위해서는 고객과 종업원 및 주주들과 상호 효익을 얻을 수 있도록 하는 협업이 필수적으로 될 것이다.

많은 사람들은 오늘날의 통합된 정보 툴을 가지고 공급자들이 뛰어난 서비스, 신속성, 편리함이 고객을 유지하고 시장점유율을 증가시키는 핵심이라는 것을 알게 되었을 것이라 생각한다. 그러나 신제품의 개발과 혁신의 가속화는 서비스와 신속성, 편의성을 제공하여 모든 기업의 경쟁자들의 능력을 증강시키고 있다. 따라서 이제는 경쟁인 것이다.

공급자들에 대한 사실적인 도전은 고객 가치를 창출할 수 있는 차별화되고 부가적인 방법을 찾는 것이다. 많은 사람들이 이에 대하여 이야기는 하지만 무엇을 해야할지를 발견하는 사람은 드물다. 일부 경쟁자들은 고객의 경험에 집중함으로써 가치를 증가시킬 것이다. 고객의 구매 경험에 대한 가치를 증가시키는 데에는 고객의 가치가 무엇인지에 대한 깊은 이해가 필요하다. 기업이나 컨설턴트가 이 영역으로 이동하는 것은 아주 드물다. 전략 컨설턴트들이 드물게 이 영역을 다루고 전통적인 마케팅 진단을 제공하는 것을 선호한다. 소비재 기업들은 궁극적인 소비자 심리를 모를 수도 있다.

결국 서비스가 제품에 추가될 것이고, 독특한 서비스가 개인들에게 맞추어진다. 성과관리의 연관성을 다시 고려해 보면 전략맵과 성과표는 마케팅 기능을 관리하게 될 것이다. 명확한 KPI로는 고객 유지율, 고객 신규 유치율, 고객 만족도, 거래량, 신용위험 발생치, 부정 발생치, 현행 고객 수익성 및 CLV가 될 것이다. ABM 자료는 재무적 장점들이 어떤 서비스에 부가되는지 그리고 어떤 고객에게서 발생되는지를 검증하고 우선순위를 결정하는데 반드시 필요하게 된다. 또한 ABM 자료는 원가와 이익 허용 범위를 검증하는 능력을 가진 공급사의 메인 시스템이 공급자의 기존 원가구조와 조화를 이루도록 하는 방식으로 고객 수요에 영향을 주는데 필수적이 될 것이다.

CRM 시스템은 고객 만족도를 파악하여 진정한 고객 가치가 제공되는지를 파악할 수 있도록 한다. 전사적자원관리(ERP) 시스템과 계획시스템(APS)은 실행력과 조직적 효과성이 제공되도록 한다. 성과관리 전략맵과 성과표는 종업원의 업무를 상위관리 전략에 부합될 수 있도록 한다. 그러나 ABM 자료는 궁극적으로는 주주의 가치와 부를 창출하도록 하는 핵심 성과 지표를 측정하여 계산하는데 적용된다.

ABM 자료는 근본적인 정보이다. 이 자료는 고객이 지불할 수 있는 자원 이상을 소비하는지를 측정하고, ABM은 종업원들이 개선과 올바른 행위를 하도록 하는 기회를 제시해 준다.

CI/CRM, 주주 부의 창출 및 ABM

ABM은 효익을 강화하여 CRM 시스템을 보완한다. 이는 기업이 보다 완전한 기업의 고객상을 그릴 수 있도록 한다. 또한 고객과 무엇을 해야 하는지, 얼마나 해야 하는지를 이해하는 것이 중요하다.

보다 중요한 것은 ABM은 CRM을 주주 가치와 연계하고, 이것이 경제적 가치관리를 위한 필수사항임을 알린다는 것이다. 이 내용은 20장에서 논의될 것이다. 실제 줄다리기는 이제 명백해지고 있다. 그것은 고객의 가치를 증대시키지만 주주의 부는 감소시키는 상쇄관계인 것이다. 고객의 가치를 주주의 가치와 연계하는 것이 얼마나 중요한지를 알고 있는 사람은 많지 않다. ABM은 이러한 상쇄관계를 기업이 측정할 수 있도록 계산기 역할을 할 것이다. ABM과 고객 수익성 및 CLV 관점은 각 고객을 마치 투자인것 처럼 주주와 연계하게 된다. CI/CRM 시스템은 그러한 투자들을 늘리도록 설계된다. 이러한 이슈들은 다음 장에서의 주제들이다.

18

공급자 인텔리전스
가치 사슬에 걸친 경제적 이윤관리

"오늘날의 일반적인 기업의 원가부서는 관리 부분에서
제일 중요한 부서로 여겨진다. 원가부서가 없다면
오늘날 우리 기업의 90%는 존재하기 힘들었을 것이다.
미래의 원가부서는 여타의 단일 부서 보다는 기업과
기업 전반적인 운영에 더 많은 영향을 미칠 것이다.
미래의 원가부서의 주된 업무는 현재의 기업에 있어서
가장 악이 되고 있는 고원가, 낭비, 유통경로상의 과다 원가 등과 같은
매출 관련 비용에 대해 인정된 원가분석의 원칙을
적용하는 것이라고 생각한다."

- 1921년, Remington Rand사, 사장, James H. Rand -

가치사슬을 통한 경제적 이윤 관리

지난 20년 동안 관리자들은 신비스러운 블랙홀과 같이 가치 사슬이 구성되는 기능을 보아왔다. 경영관리의 어떤 다른 분야는 더 흥미로웠다. 경영진들은 TQM의 주역인 6시그마, JIT(적시생산방식) 근간의 Lean 운영 체계 및 최근의 추세인 전사적자원관리(ERP) 시스템과 같은 프로그램들이 더 높은 호소력이 있다는 것을 알게 되었다. 가치사슬은 지금까지는 핵심 주제가 되지는 못했었다. 이제와서 보니 가치사슬은 그 자체가 비효율성이 발생하고 있는 구세대의 경영 실무를 보완해 주고 있었던 것이다. 과대한 제조원가가 실적 저하의 원인으로 보여지고, 서비스 제공 시간이 중요하게 증가하고 있으므로 경영자의 관심이 가치사슬관리로 이동하게 되었다.

이번 장에서는 확장된 가치사슬에 걸쳐 집합적으로 원가형태가 되는 다수의 판매/구매자간 관계상에서의 기업간 원가행태를 측정하는데 집중할 것이다. 그러나 원가와 협업 관계에 대한 측정을 포함한 본격적인 이슈로 들어가기 전에 먼저 가치사슬이라는 광범위한 단계를 논의하자.

가치사슬 인텔리전스

기업의 가치사슬을 최적화하기 위해서는 고객 수요를 먼저 이해해야 한다. 다음을 고려해보자. 가치사슬 내에서는 오직 하나의 독립적인 의사결정이 내려지고, 다른 수많은 의사결정들은 종속적인 것이다. 그러면 독립적 의사결정이 무엇일까? 그것은 바로 구매를 위하여 금액을 지불하는 최종 소비자의 선택인 것이다. 그 이후에 재고의 보충이나 서비스 의사결정, 제품 보관 및 물류 의사결정 등이 결정된다. 이는 너무 어려워서 왜 공급사슬관리(SCM)가 수요사슬관리로 정의되지 않았는지에 대한 의구심을 준다.

성과관리(PM) 툴들은 가치사슬 정보 솔루션을 구성하는 요소들이다. 이 솔루션은 수요계획, 재고보충계획, 가격 최적화 및 지출관리를 포함한다.

■ **수요계획(Demand planning).** 신뢰성 있는 예측이 핵심이다. 통계적으로 의미 있는 규모의 수요 예측은 모든 경영계획의 근간으로 제공된다. 효과적인 예측 툴들은 다이내믹하게 불규칙적인 수요량을 조정하고 영업 촉진에 대한 영향을 설명해 준다. 이는 하나의 결함이 집합된 제품을 결품으로 만들수도 있으므로 모든 상세 수준에서의 모든 항목에 대하여 수행되어야 한다. 그러므로 규모의 예측 시스템이 필요하게 된다. 수요계획에서의 강력한 경쟁력은 고객 중심의 기술적 요소를 보유함으로써 더 높은 이익을 발생시키는 수요 창출의 근간이 된다.

■ **재고보충(Inventory replenishment).** 신뢰성 있는 예측 정보를 사용하여 경제적인 재고보충 전략을 수립하는 것이 핵심이다. 즉 바람직한 서비스 수준은 반복적인 주문과 항목의 빠른 이동 또는 그 반대의 경우와 같이 항목간 차별화된 유형별로 다양한 규칙이나 정책이 잘 융화되어 있어야 한다. 보충이라는 것은 이상적으로는 구분 범주별로 계획되어야 하며, 때로는 항목별 계획까지 세분화되어야 한다. 그리고 다원 분석을 통하여 다른 선택적 항목에 대한 검색과 비교가 가능해야 한다. 여기에서는 상세 자료가 필요하다. 이는 항목 범주별 합계가 유용한 시각을 제공하지 못한다는 것을 말하는 것은 아니다. 상세 정보가 유용하다는 말이다. 목표는 최고의 서비스 수준에서 최저의 원가를 가지는 최적의 기대 수요를 찾는 것이다.

■ **가격 최적화(Price Optimization).** 항공 산업이 예정된 비행기가 이륙하기 직전에 가격을 어떻게 극적으로 조정하는지를 보자. 물론 비행기의 공석은 비사용 자원으로 이륙 후 즉시 손실되는 것이어서 영원히 이익 기회가 상실되는 것이다. 그러나 제품 생산 및 서비스 제공 기업들은 작업자건 장비건 상관없이 물리적으로 제한된 자원의 효과 뿐만 아니라 비사용 및 사용가능 용량의 효과를 여전히 고려해야 한다.

고객의 선호도와 가격 탄력성을 이해하는 것이 핵심이다. 효과적인 고객관리시스템은 과거의 자료 행태로부터 정보를 끌어낼 수 있어야 하고, 새롭게 수집된 자료로 부터는 행태를 조정할 수 있어야 한다.

■ 지출관리(Spend Management). 모든 기업들은 자금을 소비하지만 정말 필요한 곳에 소비하지 않을 때도 있다. 잘못된 소비 시각, 잘못된 조달 및 잘못된 계약 승락은 동일한 증상이다. 각 공급자들에 대한 모든 소비에 대해 완전하고 감사적 시각을 가지는 것이 가격에 대한 수량 할인이나 기타의 협상에서 우위를 이끌어내는 핵심이다. 그러나 종종 과도한 인수의 결과로써 다수의 다른 구매시스템을 보유한 기업들은 각각의 공급사들에 대하여 단위 항목 수준에서 지출량에 대한 하나의 통합된 관점을 가지기 힘들다.

동떨어진 지출이나 불충분한 데이터 통합은 실질적으로 동일한 부품에 대하여 다중으로 부품번호가 부여되는 등 문제를 복잡하게 만든다. 효과적인 지출관리시스템은 구매시스템을 최적화 하기 위하여 구매예측 자료를 포함한 대규모의 구매 자료를 다듬고, 정리하고, 조절하고, 분류하여 통합한다. 일단 그 자료들을 가지고 있다면 공급계약의 수량할인 결정시 협상할 수 있다.

가치사슬 솔루션에서의 PM 툴들은 기업의 목표를 더 넓히고, 원재료 원가를 절감하는 것에서 고객 가치를 극대화 하는 관점으로 확장한다. 위에서 설명한 가치사슬 솔루션 간에는 상호의존성이 존재한다. 예를 들어 예측 정보는 재고 보충 의사결정에 대한 투입정보가 되는 것이다. S/W 제조사들은 솔루션간의 강한 통합성을 제공하고 있다. 기업들이 솔루션들을 적용함에 있어서 숙련도를 높이는 것이 도전과제이다.

가치사슬분석에 대한 ABM 원칙

기업들은 전반적으로 공급사슬상의 원가를 줄여야 하고, 거래 상대처와 보다 효과적으로 협업해야 한다. 공급사슬 전반에 다수의 단계가 존재하면 기업은 기업의 공급사슬에 대한 원가와 수익성을 충분히 계량화하거나, 거래 상대처로부터 야기되는 효과를 측정하기 어렵다. 하지만 이는 필수적인 것으로 되어가고 있다. 필요한 것은 재무적 투명성이다. 가격을 초과하는 제조사 비용을 파악할 수 있어야 하고, 원가 행태를 이해할 수 있어야 하며, 높은 유지비용이 필요한 고객들의 요구사항으로 인하여 이익이 얼마나 감소하는지를 알아야 한다. 지금은 공급사슬이 아주 탄탄하게 통합되어 있기 때문에 협업에 대한 저항과 관련된 원가 및 행동 이슈 모두를 이해하는 것이 아주 중요하다. 이번 장에서 두 주제를 모두 다룰 것이다.

협업(collaboration)이라는 용어는 성공적인 공급사슬 및 가치사슬관리의 핵심 요소로 알려져 왔다. 그러나 많은 사람들은 수세기 동안의 불신때문에 구매자와 판매자간의 협업은 협업이기 보다는 다소 피상적인 이야기라고 믿는다. 기원전에는 구매자가 낙타나 염소를 살 때 사기를 당했다는 것을 알아차렸다면 다시는 그 판매자를 믿지 않았다. 구매자에 대한 그와 같은 감정은 세대를 거쳐 전해져 오고 있다. 그러나 현재는 모든 사람들이 기업 단독으로 민첩하게 대응하고, 최소화하고 효율화 한다고 하여 충분하지는 않다는 것을 알고 있다. 당신의 기업은 당신이 알고 있는 것과 같이 가치사슬의 전후반에 있는 공급사 및 고객 모두에게 의존적이다.

반면 이들은 서비스 수준을 낮추고 추가적인 원가에 의하여 전체적인 가치사슬의 이익을 감소시킨다. 그러므로 전통적인 적대관계에서의 불신에도 불구하고 가치사슬 상의 거래 상대처들이 공동으로 제거 가능한 초과 원가 및 실질적인 상호 의존성을 가지기 때문에 협업이 중요한 고려사항이 되고 있다.

여하튼 핵심 질의사항은 협업이 실제 행동이라기 보다는 구두 서비스이지 않을까 하는 것이다. 그렇다면 당신은 그들이 서로 믿지 않는 상황에서 어떻게 거래 상대처들이 실질적으로 협업을 하도록 할 것인가? 협업을 해야 할 적절한 시기는 언제인가? 이러한 것이 이번에 논의될 것이며, 기업이 공급자와 고객으로 구성된 거래 상대처들간의 원가에 대한 재무적 투명성을 파악할 수 있는지에 대하여 논의할 것이다.

공급자가 공급사슬이나 가치사슬 어디에 위치하든 간에 사슬내의 모든 다른 참여자들이 보여주는 상당 수준의 생산성 및 효과적 성과에 대한 관심도가 높기 때문에 가치사슬에 참여하고 있는 각 거래 상대처들을 볼 수 있다. 협업을 통하여 함께 일을 하게 되면, 거래 상대처들은 확장된 하나의 기업처럼 집합적으로 행동할 수 있다. 그들은 마치 하나의 회사인 것처럼 함께 업무를 수행해야 한다. 우리는 더 이상 "나에게 좋은 것이 너에게는 나쁘다"는 식의 경영 시대에 있는 것이 아니다. 대신 미래에는 "단일 팀, 단일 목표"가 강조될 것이다.

구매와 판매 당사자들간의 진정한 협업은 공급자와 구매자가 이익과 원가 자료를 공개적으로 공유할 때 자극받을 수 있다. 오늘날 우리가 경험했던 것 보다 더 좋고, 나은 협업은 공급자들이 ABM과 같은 가치사슬상의 경제 분석을 지원하는 관리적이고 분석적인 툴을 사용할 때 가능하다. 그러나 진지하게 협업을 이끌 수 있는 일련의 사건들이 있을 것이다. 가치사슬 분석 자료는 기본적으로 기업들에게 기업 자체적인 원가 행태에 대한 시각 뿐만 아니라 거래 상대처들에 대한 재무적 투명성에 대한 시각을 제공한다. 기업들은 기업의 구매자와 판매자간 인터페이스로 발생하는 원가 역학을 이해하고 난 후, 준비가 되었을 때 마침내 협업을 할 것이다. 가치사슬분석은 기업들에게 가치사슬을 통하여 원가가 어디에서 발생하는지를 파악할 수 있도록 필요한 재무적 투명성을 제공하고, 경쟁우위를 제공하여 기업이 이익을 위해 그 지식을 사용할 수 있도록 한다. 그러나 결국 기업들은 가치사슬분석(VCA)를 통하여 그들의 거래 상대처들에게 영향력을 행사할 것이다. 즉 궁극적인 협업은 둘 이상의 거래 상대처들이 상호 이익을 취할 수 있는 프로그램, 경영도구 및 변화내역을 파악하는 공유 자료를 함께 사용하게 될 때 발생할 것이다.

임의적 원가배분에 따른 결함이 없는 훌륭한 원가계산 방법은 거대한 정보를 보유한 기업들에게 각 고객이 공급사들에게 얼마나 수익성 있는지 또는 각 공급사들이 고객에게 얼마나 수익성 있는지에 대한 정보를 제공한다. 가치사슬의 원가 측정에 대한 진보된 접근법을 적용하는 것은 기업들이 그들의 고객, 공급자, 제품 및 복잡한 유통경로를 통하여 이동되는 프로세스의 원가를 보다 잘 이해할 수 있도록 재무적 정보를 제공해 준다.

VCA는 내부 연구를 위해 사용되거나 둘 이상의 거래 상대처들의 공유된 가치사슬에 걸쳐 이동하는 제품들에 대한 서로의 원가를 객관적으로 측정할 수 있는 공통된 원가계산 방법을 제공한다. 이 분석방법은 상반관계(trade-off) 분석과 what-if 시나리오 분석을 통하여 활동의 낭비를 제거하는데 이용할 수 있다. 즉 거래 자료에 의한 재무적 정보가 의사결정에 집중하고, 의사결정을 위한 기초정보가 되며 궁극적으로 더 높은 재무적 수익을 낼 수 있도록 하는 관리적 정보로 전환된다. VCA는 내부적으로 기업의 복잡한 생산 이후의 유통 네트워크 뿐만 아니라 기업의 외부 고객들과의 관계와 결합되어 적용될 수 있다.

사슬내의 모든 공급자들에 대한 경로는 재고를 통하여 계속적으로 채워지고 이동하게 될 것이다. 공기 저항 없는 비행기처럼, 더욱 동시다발적이고, 끊이지 않는 원재료 흐름이 더 경제적이다. 이렇게 하는 것이 에너지를 덜 소모하며, 원가도 덜 소모한다. 재료 처리 속도, 서비스 및 정보는 기업 업무의 규칙이 되어가고 있다. 그러나 오늘날 무수한 공급자, 고객, 제품, 서비스 및 거래처리는 이전에 비하여 더욱 복잡하게 공급사슬을 관리하도록 하며, 이제는 재고와 관련된 정보까지도 관리하도록 한다.

기술 발전은 수익 증대 기회를 포함한 모든 것을 더 많이 창출하고 있지만 새로운 도전 또한 증대하고 있다. 예를 들어 조직은 이익을 얻기 위하여 수많은 재고를 추적하고, 이동해야 하며, 더 많은 신제품을 고안하고 기존 제품들을 만들어 내야 한다. 또한 품질에 대하여 걱정해야 하며, 고객을 유치하고, 유지하며 만족시키기 위하여 수많은 공급자들과 업무를 공유해야 한다.

그러한 가치사슬을 잘 관리하기 위하여 기업들은 가치사슬에 연계된 자료를 수집하기 위한 운영 및 거래처리시스템을 사용하게 된다. 이러한 시스템들은 생산자료에는 효과적이지만, 이익을 극대화하고 보다 경쟁력있는 기업을 만들기 위한 의사결정을 하기 위하여 필요한 정보를 제공하기에는 효과적이지 않다. 기업들은 수많은 자료들을 창출하지만, 사실이나 관련성에 더 근접하지는 않다.

가치사슬에 따른 이익과 원가 통찰

거래 상대처들이 서로에 대하여 일반적으로 원가가 발생한다는 것이 사실이다. 이런 원가들은 보통 의도적인 것이 아니라 업무 수행을 위한 일부로서 간주되어 발생한다. 이와 같은 불필요한 원가들은 이익률을 감소시키는 요소라 할 수 있다. 그림 18.1에는 어떻게 가치사슬이 상/하 양방향으로 다수의 거래 상대처들을 구성하는지를 나타내고 있다. 조직은 가치사슬에 대한 연계관계와 상호의존성을 고려해야만 한다.

그림 18.1에서는 공급사슬의 복잡성으로 인하여 성과 메트릭스의 선택과 원가 측정에 관한 신중한 고려가 필요함을 나타내고 있다. 공급사슬은 뿌리 부분이 공급자를 나타내고 가지들은 고객을 나타내는 나무 구조로 표현된다. 관리자들은 점차 각각의 잠재적 공급사슬이 이익과 원가 측면의 경제적 관점에서 어떤 의미를 가져야 하는지에 대한 이해를 요구하게 될 것이다.

기업간 거래에서 구매자와 판매자는 그들의 직면한 핵심에서의 관계를 더 잘 이해하기 때문에, 기술 결합을 가능하게 된 개선된 업무 흐름은 효익을 창출할 것이다. \

그림 18.1 | 가치사슬관리의 연계 사항

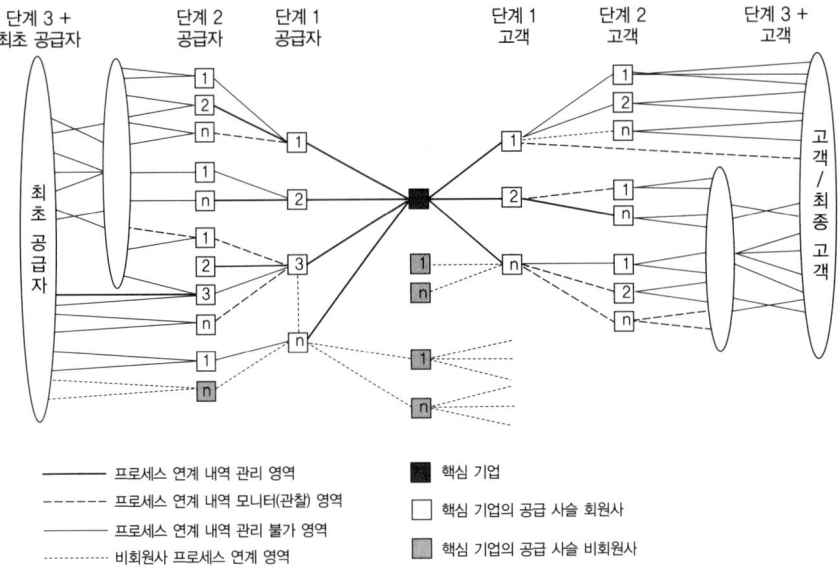

그들은 관계를 견실히 하게 될 것이고, 전반적인 고객 유지율을 향상시킬 것이다.

  일례로 고객은 공급자들에게 1주일에 5일 동안 상품을 배송해 주기를 요구한다. 만약 고객들이 1주일에 3일만 상품 배송을 받을 수 있다면 무슨 일이 발생할까? 그 효과는 고객의 구매 습관 변화가 공급자의 상당한 시간과 노력을 절감해줄 수 있다는 데 있다. 또 다른 예로는 공급자의 서류 작업을 물리적으로 검증하고 절차화하도록 요구하는 구매 대리인이 있다고 하자. 어떻게 하면 그러한 관리적 문서 작업이 전자적으로 처리되거나, 업무가 감소되거나 또는 요구되지 않을 수 있을것인가? 그 효과는 공급자와 구매자 모두 시간과 노력을 절감하게 되고 궁극적으로 원가를 절감하게 된다.

협업은 다수의 과실을 해결할 수 있다

어떻게 하면 불필요한 초과분이 제거될 수 있을까? 거래 상대처들간의 협업을 조장할 수 있는 한 방법은 각 당사자들이 상대방의 원가 구조가 어떻게 구성되어 있는지 보다 잘 이해하도록 하는 것이다. 모든 거래 상대처들이 각각 생성하는 원가 효과를 신뢰성있게 측정가능하다면 그 효익을 생각해 보자. 신뢰성있는 측정은 더 나은 의사소통, 분석 및 거래 상대처들이 공동으로 원가를 절감시키는 방법에 대한 이해를 촉진시킬 수 있다.

그러나 여기에는 제한이 있다.

거래 상대처 행위 변화는 공급자와 구매자간 신뢰를 요구한다. 사업에 있어서는 비록 특정 정보가 상호 이해 증진에 도움을 주는 경우라도 공시가 요구되는 부분이 조직의 원가구조로 간주되는 부분도 있기 때문에 거래 상대처에게 정보를 공개하는 것에 대한 신중함이 존재하게 된다. VCA와 ABM 시스템은 전통적 회계시스템에 비하여 보다 사용자 중심적이고 유용하기 때문에 거래 상대처들은 사업 기회의 발굴을 촉진하기 위한 방법으로 회사의 장부를 공개하는 형식으로 자료를 사용할 때 협업이 보다 촉진될 수 있다.

거래 상대처들이 상대방의 원가에 대한 시각을 저해하는 벽을 제거하고, 재무적 투명성을 창출한다면, 그들은 서로에 대한 원가가 어떻게 발생하는지를 더 잘 측정하고 이해할 수 있다. 그들은 공통원가를 감소하기 위하여 서로를 어떻게 도와야 할지에 관한 생각을 할 수 있다. 서로에 대한 믿음이 잘 정착되어야만 한다. 훌륭한 협업은 높은 신뢰 관계를 이끈다. 이 장에서는 가치사슬을 통한 기업간 이익과 원가의 측정에 대하여 더 깊이 알아볼 것이며, 목적을 잘 달성하기 위하여 용량 제한을 제거하는 방안에 대하여 알아볼 것이다.

인터넷이 모든 것을 바꾸고 있다

이익 창출에 대한 압박을 창출하는 힘을 이해하는 쪽으로 돌아가 보자. 첫째, 가장 중요한 것이 인터넷이다. 인터넷은 판매자로부터 구매자로 힘을 이동시킨다. 검색엔진과 보다 거대하고 빠른 자료 접근은 구매 대행자간에서 유행이 되었다. 구매자가 제품에 대한 지식과 정보에 접근하는 능력은 무한하다. 아이러니컬하게도 공급자는 구매자로의 힘의 이동을 지원하고 있다. 어떻게? 공급자들은 공급자의 웹사이트를 통하여 제품과 서비스에 대한 점점 더 많은 정보를 제공하고 있다. 그 결과로써 공급자의 가격에 대한 압력이 높다. 이런 압력은 기업들 사이에만 한정되는 것이 아니라 기업 내부의 부서간에도 존재한다. 사업 영역간의 경쟁이 모호해져서 동일 기업 내의 사업 단위들이 고객, 파트너 및 경쟁자가 될 수 있다. 이 본원적인 경쟁은 다른 제품을 판매하는 서로 다른 가치사슬 사이에서 점점 더 나타나고 있다. 고객 점유율은 사업의 성공적 성장에 대한 측정치로서 시장 점유율을 대체하고 있다. 즉 전체 가치사슬은 이제 정교함이 요구되는 것이다.

제품이 점점 상품으로서 보여지게 되는 것처럼 문제가 복잡해지면 서비스의 중요성이 증가한다. 즉 제품 우위로부터의 차별화가 감소되거나 중성화 되기 때문에 고객 관계의 중요성이 증대된다. 제품 중심의 차별화에서 서비스 중심의 차별화로의 명확한 이동이 있다. 서비스는 상품이 이동하고 배달되는 방법을 포함하고 있다. 전략전문가들은 모두 차별화가 경쟁우위의 핵심이라는데 동의한다. 요약하면 서로 다른 고객 세분화군의 독특한 요구사항으로 인한 고객 욕구의 증가는 공급자들이 유연성을 가지고 대응하도록 강요하고 있다. 물론 이러한 모든 추가적인 노력과 서비스들은 이익을 줄일 수 있는 추가적인 원가를 발생시킨다.

또 다른 문제는 가격결정이다. 어떻게 공급자나 소매업자가 어떤 제품의 가격이 오를 것이라는 것을 알 수 있을까? 그리고 훨씬 더 중요한 것으로, 당신이 유통업자 또는 소매업자로서 아주 작은 마진으로 운영할 때, 판매가격을 제품 시장 원가보다도 낮게 책정하여 결국 손실을 본 경우는 얼마나 많은가?

다시 말해 서로 다른 고객 세분화군에 대한 다양한 맞춤형 업무가 보편화되면, 어떻게 가치사슬 상의 제조업자, 유통업자 및 소매업자들이 수익성 있는 고객 또는 고객 세분화군을 구별할 것인가? 그리고 알았다 하더라도 그들이 이 새로운 지식에 근거하여 수익성을 개선하기 위해 어떤 행동을 취할 것인가?

소비자들과 구매 대행인들은 비교 쇼핑에 대가가 되어가고 있다. 예를 들어 그들은 전형적으로 그들이 원하는 제품의 정확한 모델을 확인하기 위하여 철저한 검색을 한다. 그들이 원하는 모델을 확인하고 나면 그들은 인터넷을 검색하여 최저가격으로 구매할 수 있는 곳을 찾을 것이다. 인터넷은 이런 쇼핑과 구매 체험을 일단위에서 분단위로 줄여준다. 닷컴 사이트들의 광고 폭격에도 불구하고, 저가 지향의 새로운 기술로부터 창출되는 소비자의 장기적 절약이 가능하도록 경쟁은 계속될 것이다. 그것이 업무 수행 측면에서의 경제학인 것이다. 그러나 현장 수준으로 인터넷이 이용되면 공급자들은 규모에 더 이상은 상관없이 틈새시장(Niche market)을 방어할 능력이나 과거에 누렸던 거대한 이익 마진을 장기적으로 누릴 수 있는 능력을 가질 수 없게 될 것이다.

가격에 대한 압력 : 어떻게 공급자가 대응할 것인가?

어떻게 공급자들이 그들의 고객으로의 힘의 이동과 그 결과인 이익에 대한 압력에 대응할 것인가? 6시그마와 같은 기업의 내부 원가를 감소시키는 전통적인 지속적 개선 프로그램과는 달리 공급자들은 거래 상대처들과의 압력에서 벗어나는 세가지 협업 관리 실무 방법을 가지고 있다.

1. 상대방과 함께 변화의 기회를 정의하고 구매자 및 판매자 서로가 창출하는 불필요하거나 초과ㅎ하는 원가를 제거하기 위하여 공동으로 측정한다.
2. 증가된 이익을 개별 상품별이나 서비스별로 정의함으로써 고객의 행위에 대한 힘의 이동을 최소화하도록 변경하거나 유도한다.
3. 각 고객 또는 고객 세분화군을 어떻게 취급해야 할지를 합리적으로 결정하기 위해 (가능하다면 특정 고객들의 자료를 공유하여) 서로 다른 유형의 고객들에 대한 수익성 수준을 이해한다.

기업간 원가의 개념을 좀 더 잘 이해해 보자. 이것은 재무적으로 투명한 조직의 바램이다. 오늘날 기업은 공급자들의 가격 뒤에 숨겨진 원가나 이익이 아니라 공급자들의 송장 가격만을 볼 수 있다.

협업 관리라는 용어에는 혼동이 있다. 어떤 컨설턴트들이나 S/W 벤더들은 가치사슬 관리를 위하여 제품과 서비스의 제공을 요구한다. 그러나 중요한 점검에서, 이들은 보통 제한적 툴로서 "우리 제품의 유형별 매출량과 이익을 극대화하기 위하여 가격을 어떻게 책정해야 하는가?"와 같은 물음에 답하기 어려운 불완전한 솔루션들이다. 전통적인 공급사슬관리 S/W는 이익의 핵심 동인에 대한 명확한 이해 없이 거래처리 관리를 최적화하는 데에만 집중한다. 이런 툴들은 부분적 최적화된 것으로 품질조차도 확신하지 못한다. 그들은 무엇이 가치사슬의 성과를 끌어내는지 그리고 그것을 어떻게 수익성 있게 향상시킬 수 있는지에 대한 파악이 거의 없이 사라지게 된다.

공급사슬과 가치사슬을 구별해 보자.

- 공급사슬은 자율적 또는 반자율적 기업 실체들의 네트워크로서 하나 이상의 관련 제품군과 연관된 조달, 제조 및 유통 활동에 대하여 총체적인 책임이 있다. 이는 단순히 최종 소비자의 요구사항을 충족시키기 위해 사슬에서의 추가적인 업무(및 원가)를 발생시킨 결과이다.
- 가치사슬은 어떻게 사업과정에서 투입물로서 원재료를 취득하고, 다양한 공정을 통하여 원재료에 가치를 부가하고, 고객에게 완성품을 판매하는지를 설명한다. 가치사슬을 통한 이익을 생성하는 다양한 기업들은 이러한 노력을 수행한다. 이것이 경제적 가치창출 사슬이다.

오늘날 가치사슬의 각 참여자는 프로세스에 가치를 부가하기 위하여 점점 더 면밀한 검토를 수행하고 있다. 성과가 미약한 프로세스는 가치사슬에서 제거될 것이다. 가치사슬에 있는 모든 이들은 이상적으로 높은 성과를 낼 것이다. 공급자와 구매자 간 상호 지식을 분리하는 벽을 이루기 보다는 거래 상대처들간의 재무적 정보를 의사결정 지원 정보로서 끊임없이 연계하여야 한다. ABC 정보를 지원 받는 VCA는 의사소통의 매개물을 제공한다.

많은 공급사슬 S/W들은 핵심적 역할이 제거되면 전체적인 솔루션이라기 보다는 화려한 스케줄러나 재고 최적화 도구가 될 뿐이다. 그들은 단지 공급자에게서 사용자에게로 제품 흐름에 대한 정보를 제공하는 운영 시스템일 뿐이며, 이익을 개선하거나 비용을 감소시키지는 않는다. 목표는 비용을 제거하는 것이지 비용을 다른 것으로 이동하는 것이 아니다. 한 기업의 원가 절감이 다른 기업의 원가 증가는 아니다. 순효과는 포함된 모든 사람들에 대한 이익으로 검증될 수 있다.

공급사슬 S/W가 프로젝트에서의 실현가능한 원가 절감을 추정하고 재무적 의사결정을지원할 수 있도록 둘 이상의 거래 상대처들을 연계하는 사슬에 대한 가치를 충분히 상세하게 측정할 수 없다면, 완벽한 가치사슬 솔루션이라 하기 어렵다. 효과적인 협업관리 툴들은 What-if 시나리오부터 현재(as-is)과 미래(to-be) 업무 프로세스 재구축 제안 간의 차이 분석, 현상유지에 관한 다른 대안적 기회까지의 의사결정 및 변경들에 대한 결과와 영향을 계산하고 보고해야 한다. VCA는 ROI(투자수익

그림 18.2 | 가치사슬을 통한 이익 기회

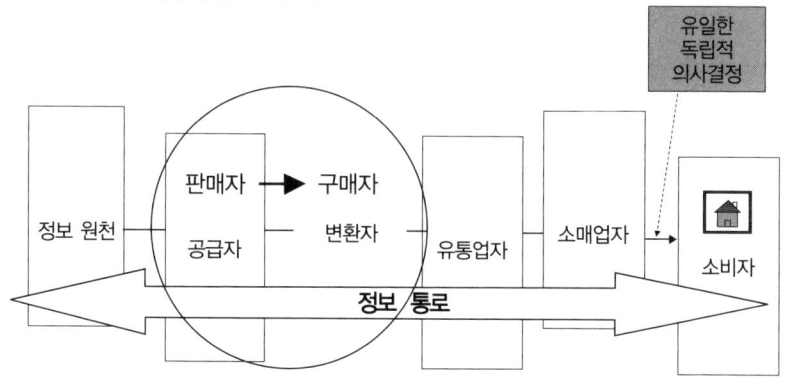

미개발된 이익 기회가 드러날 수 있다. 가치사슬을 통한 이익 측정 과정은
사슬상에서의 구매자 및 판매자간 연계로서 시작될 수 있다.

률)를 제공하지만 다른 벤더 시스템들은 단독으로 제공할 수 없다.

여기에서 "둘 이상의 거래 상대처간 연계(bridging two or more trading partners)"라는 문구를 사용했다. 그림 18.2에 나타낸 것 처럼 실질적인 가능성이 있는 이익 창출 기회는 전형적으로 기업내 분리되어 있기 보다는 공급자와 구매자간의 이러한 연계로부터 발생한다. VCA와 ABM은 이런 관계를 가능하게 하는 이상적인 응용 프로그램이다.

그림 18.2를 좀더 깊이 확인해보자. 가치사슬은 이의 이행을 위하여 정보 기술을 수반한다. 향상된 의사소통력과 감소된 불확실성으로 완충 재고(buffer stock inventory)는 모든 곳에서 감소된다. 완충 재고는 전통적으로 신뢰할 수 없는 공급자와 예측할 수 없는 고객 수요로부터 기업을 보호하기 위하여 사용되었다. 그러나 간판시스템(kanban)과 같은 수요 요구(demand-pull) 방식과 더 나은 예측 방법들은 생산자가 제품을 생산하는 방법에 대한 기술을 변화시켰다. 강력한 시뮬레이션 로직을 가진 진보된 계획 및 스케쥴링 시스템들은 재료 처리 속도를 증가시키며, 작업 흐름에서의 낭비를 감소시킨다. 위험과 불확실성은 차치되고, 이에 대한 비효율성을 파악하여, 더 높은 수준의 고객 서비스가 가능하게 된다. 그러나 주기가 감소될 때 정보에 대한 중요성과 가치는 증가한다. 또한 더 나은 예측에 대한 중요성도 증가한다. 그리고 마지막으로 가치사슬 관리에 대한 관련 이익 및 원가 정보는 그러한 정보 가

치에 대한 중요한 요소가 되어가고 있다. 재무적 정보는 개선을 통하여 실현된 영향력을 입증한다.

요약하면 기업들은 모든 점에서 확장된 가치사슬을 분석하고, 사용가능한 전사적 자료를 지능적 의사결정을 수행하는데 활용할 수 있는 일련의 솔루션을 필요로 한다.

비즈니스 인텔리전스(BI)는 공급사슬 시장에서의 잃어버린 요소가 되어왔고 VCA가 그 빈공간을 채우고 있다. VCA 시스템을 사용하면 공급자들과 소매업자들은 그들의 상/제품 구성, 신규 제품 출시, 판매 촉진, 협업 계획, 예측, 재고 보충 등과 같은 다양한 보충 프로그램에 대한 효과성을 측정할 수 있다. 공급자들은 이익 시너지 창출을 위하여 거래 상대처들과 자료 분석과 영향에 대하여 더 나은 공유를 할 수 있게 되고, 공급자 자체 또는 거래 상대처들과의 변화에 대한 원가 영향력을 스스로 판별할 수 있게 된다.

가치사슬분석과 ABM이 어떻게 상호 보완적인가?

VCA와 ABM은 모두 유사하게 모형을 구성한다면 시장에 출시된 SKU(Stock Keeping Unit)에 대한 원가를 동일하게 계산할 수 있고, 각 단계별로도 동일하게 계산할 수 있는 원가계산 방법론이다. 그러나 각 원가계산 방법은 서로 다른 유형의 문제를 해결할 수 있는 각각의 능숙한 방법과 핵심점을 가지고 있다. 결과적으로 각 방법은 서로 다른 원가를 측정한다. 예를 들어 VCA는 SKU에 보다 직접적으로 귀속가능한 비용을 포함하고 단기에는 변하지 않을 간접원가는 배제한다. 이는 VCA의 원가계산 기법이 대안적인 what-if 시나리오간의 원가 상쇄관계를 계산하는데 집중할 수 있게 한다.

반대로 ABM은 제품, 유통경로 및 고객에 대한 숨겨진 간접원가와 같은 모든 부담받은 원가를 측정하고 보고한다. 여기에 이 두가지 방법에 대한 개요를 살펴본다.

- **VCA**는 구매, 저장, 공급, 적재 등과 같은 사전 정의된 활동과 팔레트, 롤

컨테이너, 케이스, 트레이 등 물리적인 재료 처리 단위에 의한 산업 중심 솔루션으로 현상 기준으로 측정된 것인데 반해 대안적인 시나리오에 따른 예상 증분 원가에 대한 영향력을 해결하는 방법이다. 예를 들어 몇몇 제품의 컨테이너 유형을 변경하고, 다른 이동 경로를 사용하며, 다른 크기의 트럭에 실어서 운반한다면 어디에서 원가가 얼마나 변할 것인가를 파악하는 것이다. VCA는 SKU 중심이며 각각의 SKU 및 SKU에 대한 원재료 처리 단위별로 발생된 모든 사건별로 소비된 원가의 증분에 대하여 직접 원가계산을 수행한다고 할 수 있다. 발생(trigger)의 예는 이동 또는 저장과 같은 것이다.

- **ABM** S/W 또한 최종 원가에 대하여 소비된 비용을 측정하고 추적하지만, 제작 준비단계에서의 간접 생산 원가(보통 간접비)와 SKU 처리가 아닌 일선 업무 영역에서의 고객 처리 및 고객 서비스에 포함된 고객에 따른 제공 원가(costs-to-serve)에 핵심이 있다. ABM은 전형적으로 무엇에 집중해야 하고 어디에 집중해야 하는지를 결정할 원가의 광범위한 시각을 제공한다. (VCA는 일반적으로 변화에 대한 원가와 이익을 검증하는 데 사용된다) ABM의 유명한 응용프로그램들은 (1) 이익 분석을 통하여 고객 및 세분화된 고객군별 손익계산서를 계산하고, 기준 업무 활동 원가를 비교하고 활동에 대한 상대적인 부가가치 및 원가 동인 원천에 대한 비교정보를 제공한다.

그림 18A는 어떻게 VCA와 ABM이 상호 보완적인지 설명한다.

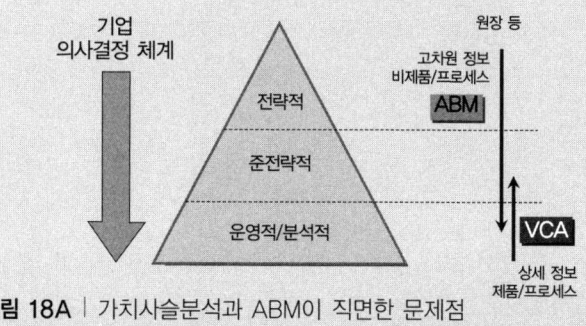

그림 18A | 가치사슬분석과 ABM이 직면한 문제점

요약하면 VCA는 다수의 부서와 잠재적 업무 상대방간의 흐름에 대한 프로세스를 통과하는 제품에 집중한다. VCA는 대안을 평가하기 위하여 사용되는 what-if ROI 분석이 가능하다. ABM은 제품과 고객을 비롯한 다양한 산출물의 원가를 계산하고, 그 원가들의 발생원천이 무엇인지를 파악하는데 사용하기 위한 인정받는 원가계산 방법론이 되고 있다. ABM은 모든 원가가 유발되는 원인이 무엇인지에 대한 이해를 포함하여 이익 수준과 단위당 원가 비교에 대한 해답을 제공하기 위한 직관적 절차를 제공한다.

가치사슬 정보의 공유

가치사슬이 원재료 및 구성 요소에 대한 수집 및 변환에서 시작하더라도 재무적 투명성을 얻기 위한 핵심의 대부분은 제품 생산자의 출시로부터 소매업자의 출고 절차에 이르는 원재료가 전달되는 모든 단계에 대하여 다루어진다. 오늘날의 공급자들은 활동, 프로세스 및 제조로부터 저장, 운송, 배송 등의 제품 이동에 대한 원가를 측정하고자 하는 시도에 도전을 받고 있다.

부가적인 정보 중심 도구를 통한 공급자와 구매자간의 정보의 벽을 없애면, 각 거래 상대처들은 궁극적으로 "어떻게 내가 브랜드, 범주, SKU 수준별 유통경로, 프로세스, 제품 및 고객에 대한 원가를 정확하게 측정할 수 있을 것이며, 어떻게 잠재적 절감효과를 측정할 것인가?"하는 질문에 대한 답변을 할 수 있게 된다. 가치사슬상의 재무 정보와 경제적 정보에 대하여 거래 상대처들과 함께 공유하게 되면, 질문에서의 나(I)는 우리(We)가 된다. 원가 투명성은 오랜 동안 바래왔던 관점으로 나타나게 된다. VCA와 ABM을 적용하면 운영 원가는 사업 측면에서의 운영 담당자와 직원간의 이해를 일치시키는 언어로서의 가시성을 제공한다. 예를 들어 제품 처리가 많아질수록 더 많은 원가가 제품의 시장 출시 원가로 반영될 것이다. 통일된 원가계산시스템은 분리된 법적 보고 실체를 마치 하나의 실체인 것처럼 연계하도록 한다.

VCA는 재무적인 정보를 제공하여 공급자와 구매자들이 그들의 고객 및 최종적으로는 고객의 최종 소비자에 대하여 완전히 반영된 시장 원가를 신뢰성 있게 파악할 수 있도록 한다. VCA는 기업이 개선 활동으로부터 최대의 효익을 얻을 수 있도록 하기 위하여 운영부분의 외부를 볼 수 있도록 한다. 모든 가치사슬 참가자들은 그들의 사슬이 그들의 거래 상대처들의 사슬과 강력하게 통합되고 있음을 알게 된다. VCA가 일반적으로 초기에 공급자들의 거래 상대처의 변화영향에 대한 내부분석을 목적으로 사용되지만 VCA는 더 많은 것을 할 수 있다. 또한 VCA는 둘 이상의 거래 상대처들에게 그들의 유통 시스템을 통하여 제품이 이동함으로써 발생하는 서로의 원가를 검증할 수 있는 일반적인 원가계산 방법을 제공한다. 재무 투명성의 결과는 상반관계 분석 및 what-if 시나리오 분석을 통하여 낭비성 활동을 제거하도록 한다.

VCA는 SKU 중심 사후원가 누계치이다

 VCA 툴은 프로세스 중심 관점으로 구성된 가치사슬에 대한 원가를 계산한다. 개별적인 제품별로 VCA를 수행하고, 모든 특정한 제품에 대하여 파악할 수 있다고 생각하면, 비례적인 공유 원가들은 VCA 내에 최종 운송 및 매장내, 판매시점의 구매에 대한 VCA 경로 정보를 파악하도록 누적된다. 요약하면 VCA는 SKU 중심의 직접원가 누계치이다. 이런 직접원가 자료를 사용하면 보다 효율적이고 원가 효과가 높은 물류흐름의 각 단계를 상세히 파악하고 원가를 증감시키면서 유통경로 대비 시장에 대한 여러 가지 시나리오 분석을 수행할 수 있다. 예를 들어 공급자는 최종적으로 다른 창고로부터 고객에게 제품을 제공함으로써 발생하는 이익에 대한 영향력을 파악할 수 있다. 이 정보가 고객과 공유된다면 추가적인 배송일이 요구되지만 2%의 이익 향상이 되는 상황에 대하여 이야기 하게 되고, 그렇게 되면 가능한 것은 고객이 50%의 원가 절감에 대하여 몇일간의 배송 지연을 수락할 것이라는 것이다. 그것이 진정한 사실에 근거한 협업관리인 것이다. VCA 모형은 개별 제품과 원가가 가치 사슬을 통하여 시간의 흐름에 따라 이동하기 때문에 흐름을 관찰할 수 있도록 수평적으로 구성된다. VCA 방법은 소비자 중심의 상품과 소매업종에 보다 더 적합하지만 제품과 제품의 원가를 빠르게 분석할 수 있도록 하는 사전 설정된 투입물, 원가동인, 산출물을 가지고 있으며, 재무적 투명성에 대한 상호 인정가능한 기준을 제공하고 있다. 기업 중심 또는 표준 소비율(예, 팔레트를 창고로 이동하는 시간)을 이용하게 되면, 제품 용량 자료, 공정 처리 시간 및 소요 자원을 조합하여 원가가 도출될 수 있다. 그러므로 VCA는 원가를 포함한 개별 항목 수준에서 시작하여 적재, 누적 또는 합계해서 전체가 되는 것을 의미하는 bottom-up 방식으로 정의된다.

VCA 솔루션은 내부 부서와 외부 거래 상대처들의 의사소통을 촉진하기 위하여 기업 표준 언어를 사용한다. 다수의 사전 정의된 업무 활동(예, 입고, 저장, 출고, 이동), 제품 처리 유형(예, 팔레트, 롤컨테이너, 케이스, 유닛), 그리고 처리 대상(예, 제품, 차량, 시장 투입 경로, 매장 설비 등)이 있다. VCA는 빠른 what-if 모델링이 가능하도록 표준산업용어와 메트릭스를 조합한다.

전통적 원가계산 에서는 회계 담당자들이 원가율의 계산을 전체적인 평균치로 적용하여 사용하기 때문에 결점과 오류가 발생한다. 효과적인 원가계산은 보다 낮은 개별적인 수준의 원가 모형이 필요하다. 이런 방식으로는 진보한 원가계산 모형들은 활동 원가가 요구되는 특유의 채널 내에 있는 브랜드, 범주, 제품, SKU, 서비스 라인 및 구성 요소 유형의 변화와 다양성에 매우 민감하다. 이들은 차례로 업무를 요구하고, 사람이나 장비와 같은 자원을 소비한다. 그림 18.3은 원가 할당 분해도를 나타내고 있다. 이러한 원가계산 기법은 궁극적으로 모든 재무회계상 원장의 비용들을 모든 SKU의 발생건별로 고객 원가에 축적하기 위하여 다대일의 원가 관계를 추적한다.

VCA의 능력은 제조업자-도매업자-물류 창고-소매점에 이르는 기업 실체 전반에 걸친 원가를 가시적으로 나타내는 것이다. 이는 VCA 분석이 거의 전체론적으로 수행되고, 전사적 측면에서 수행되기 때문에 전 범위에서 수행 할 수 있다. VCA를 사용하면 what-if 시나리오들은 영향을 받게 되는 관련 정보들의 증분원가에 의해 제한받게 되며 이는 원가 효과 분석을 제외하고는 동일하다. 분석된 효과는 기업의 내부 사슬 내에 존재하거나 분석에 포함된다. 그러나 이 효과는 보통 서로 다른 두 기업에서의 두 실체를 포함한다. VCA는 조직이 다음을 수행할 수 있도록 한다.

- 신속하게 재무적 개선 기회를 파악하게 한다.
- 사실 중심의 의사결정을 통하여 수익을 향상시키고 원가를 절감한다.
- 확장된 가치사슬을 통하여 제품, 고객, 공급자 및 프로세스의 원가를 빠르고 정확하게 산정하도록 한다.
- 거래 상대처에 대한 상생 및 더 높은 유대관계 유지를 이끌수 있도록 낭비적이고 불필요한 활동, 프로세스 및 정책을 제거한다.

그림 18.3 | 원가분석과 활동동인

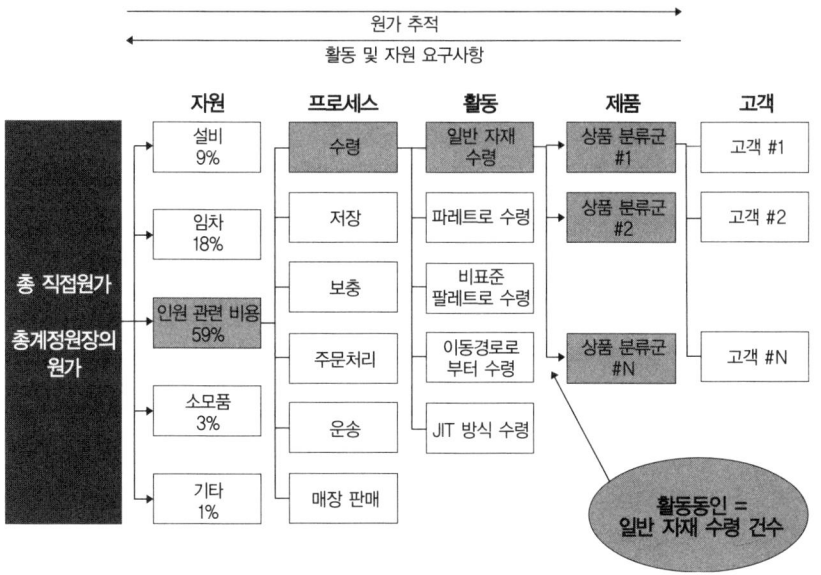

- 실행 전에 변화에 대한 what-if 시나리오 분석을 통한 검증을 한다.

VCA는 일반적으로 인정된 표준 용어가 사용되며, 합의된 업무 비율과 변환 기준이 사용될 수 있기 때문에 신속한 결과를 얻을 수 있다. 합의된 측정 시스템의 부족과 부적절하게 유지되고 있는 자료는 VCA와 같은 툴이 필요하게 되는 중요 이유다.

둘 이상의 거래 상대처들이 모두 ABM 시스템을 통하여 서로의 원가 요구사항에 대한 모니터링을 하고 있는 상황이라면, VCA는 이에 대하여 어떤 원가가 누구에게 귀속되는지를 구별하도록 하는 단일 시각을 제공한다. 이런 경우, VCA는 상반관계 모니터링 및 결합 what-if 분석을 위한 중립적인 쌍방의 의사소통 도구로서의 기능을 수행한다. VCA는 거래 상대처들에 대한 공통된 원가계산 기반을 제공하여 모든 당사자들이 다른 경영 도구들로 얻게 되는 실질적인 효과를 이해할 수 있도록 한다. 거래 협상에서는 더 이상 의심스럽고 부분적인 자료로 논쟁할 필요가 없으며, 총이익 규모 이하에서 발생한 이전의 숨겨진 원가를 포함하여 사실 중심의 재무 정보를 사용할 수 있게 된다.

VCA의 강한 특징은 개선된 결과를 가져올 수 있는, 이전에는 본 적 없는 것들에 대한 가시성을 빠르게 생성할 수 있다는 것이다. VCA는 이미 획득되거나 저장된 정보로부터 효용성을 추출함으로써 기업의 기존 자료처리 시스템과 같이 작동된다. 이는 상호 인정가능한 기본 원가를 파악하기 위하여 사슬 내에서의 원가를 측정하고, 변화결과에 따른 보상의 공유을 통해 협상이 가능해 진다. 합의된 기존 원가가 없으면 변화에 대한 측정은 논쟁의 소지가 된다. 신뢰의 추구는 다시 무너진다.

보다 나은 원가 자료가 보다 나은 의사결정을 이끌어낸다

ABC 자료와 VCA를 함께 사용하면 사실에 의한 의사결정과 논의가 용이해진다.

공급사슬 원가 측정의 역사

1970년대에 유통업자와 소매업자들은 각 제품과 SKU에 대한 개별적인 이익과 원가에 대한 근심이 생기기 시작했다. 그들은 공헌이익을 측정하기 위하여 SKU 가격결정과 관련된 인력투입을 측정하는데 ABM과 비슷한, 직접 제품 수익성(DPP)이라 불리는 간단한 원가계산 방법을 적용했다. 그러나 DPP는 직접 원가만을 포함했고, 간접비 및 공통비는 고려하지 않았다. DPP는 주문을 받거나 시장 조사를 하는 것처럼 SKU로 인하여 발생하지 않은 고객 관련 활동 원가는 무시하였다. (사실 DPP는 VCA의 원류이다)

1980년대에는 구매기능이 총소유원가(total cost of ownership;TCO)를 검증하기 시작했으며, 벤더의 송장의 구매가격 항목이 그 항목을 획득한 총원가의 일부분만을 나타내고 있음을 알게 되었다. 벤더의 성과는 주문, 발송, 수령 및 조사 등의 원가에 영향을 미친다. 벤더들은 나쁜 품질과 정시 배송 실패로 인한 추가적 원가를 유발할 수도 있다. 이러한 벤더 유발 원가들을 간접원가나 일반비용에 묻어버리면 원가 자체가 모호해지게 된다. ABM 자료는 이러한 숨겨진 원가를 밝혀내고, 그 원가들을 각 벤더들에게 할당되도록 하여 TCO의 측정치를 계산해 준다.

그후 ABM은 구매 항목에 그와 같은 원가들을 재할당하게 되고, 구매가격에 그 부분이 포함되어 TCO를 구성하게 된다. TCO는 이전의 DPP 원가계산에서 제외되었던 간접비를 설명하고 있다.

TCO를 기업의 벤더들에게 적용하게 되면 조직은 기업간 관계가 자사의 원가에 어떤 영향을 미치는지를 평가할 수 있다. TCO를 사용하면 기업들은 총취득원가에 근거하여 상향 채널 구성원과의 협상이나 구성원에 대한 선택이 가능해진다. TCO 측정은 구매자의 행위가 벤더의 원가에 어떤 영향을 미치는가에 대한 측면에서 구매자 부분에 영향을 미칠 수도 있다. 이는 공급사슬상에서 거래 상대처간의 협력을 위한 상호관계라 할 수 있다.

궁극적으로는 공급사슬상의 총 시장원가는 가치사슬의 마지막에서 구매 선택을 하게 되는 소비자에게는 중요한 것이 된다. 가치사슬상 생산이후의 원가들이 높다면 소비자에 대한 가격 또한 높아질 것이다. 그 결과는 전체 공급사슬에 문제가 되는 것이다. 직접 생산 수익성과 TCO는 제품의 조달, 구매, 저장 등과 관련된 기업내부의 원가만을 파악하게 된다. 보다 완전한 공급사슬의 원가 시스템이 되려면 고객과 고객이 주문한 제품 및 서비스로 인하여 발생한 하향의 원가를 파악해야만 한다. 이런 부분은 제공원가(costs-to-serve)라고 한다. 그림 18B는 TCO와 DPP 원가가 ABM 원가 할당 구조내에서 산정되고 있는 것을 나타내고 있다.

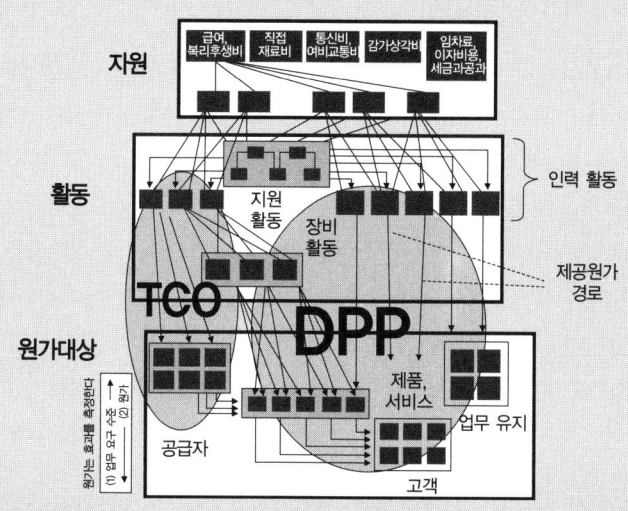

그림 18B | 공급자, 제품 및 고객별 원가

TCO와 DPP 원가계산 방법은 ABM 시스템과 함께 수행된다. 상/하향 양방향에 대한 원가 구조를 파악하고 이해하기 위하여 필요한 원가를 찾지 않으면 공급사슬내에 있는 기업은 기업간 원가 상쇄 효과에 대한 기회를 놓치게 될 것이다. 또한 최종 소비자에게로 진행되는 모든 영역에서 초과 원가를 그대로 처리하면 전체 사슬에 있어서의 제품 수요가 당연히 감소하게 된다.

ABM의 정밀함은 상향 프로세스의 원가, 제품 생산 원가 및 하향 프로세스의 원가 등 모든 원가를 결합하는 데 있다.

많은 관리자들이 사실적 자료가 제공되기 까지는 어떤 행동도 취하지 않을 것이다. 재무적 투명성에 근거한 원가와 이익 정보의 공유는 실질적인 판매자와 구매자간 협업을 촉진하는 데 필요한 촉매제 역할을 하게 된다. 많은 기업들은 그들의 공급자와 고객들에 의하여 발생된 업무의 공통적인 요구사항들이 그들의 원가 구조상 얼마나 많은 부분에 영향을 주는지를 적절히 이해하지 못하고 있다. 원가는 효과를 측정하는 것이다. 기업들이 종업원의 업무과중을 줄이기 위하여 고객과 공급자들에게 다르게 행동하도록 하는 것은 원가절감 가능성 때문에 너무 자주 간과된다.

가치사슬에서의 거래 상대처들은 각자의 내부 프로세스와 정책을 최적화할 때, 거래 상대처에게 더 높은 원가를 유발하게 하여 전체 가치사슬을 부분 최적화하는 등의 몇몇 영향력이 외생적으로 나타날 수 있다는 것을 알게 되고 있다. 원가는 이동되는 것이지 없어지는 것은 아니다. 즉 상거래 관계상 증가된 상호의존성하에서 향상된 서비스 수준과 효율성을 달성하게 되면, 원가절감이라는 사각의 틀 내에서는 공급자 측면과 고객 측면의 시작점에서 협업관리가 진행된다. VCA를 사용하면 기업은 내외부적 측면에서의 효과에 대한 원가분석이 가능해지기 때문에 가치사슬상의 공급과 수요 양 측면을 통합할 수 있다. 그러나 많은 기업들은 그들 자신의 원가 자료를 신뢰하지 않는다. 대다수의 기업들이 그들의 원가회계자료가 "거짓 이지만 우리 모두가 동의하는 것"이라고 인정하며 업무를 수행한다. 진실되고 실제적인 원가를 이해하는 것은 전체적인 해결책이 아니라 가치사슬에 대한 기업간 신뢰를 향상시키고 전체 사슬의 원가와 이익을 보다 잘 관리하기 위한 커다란 부분적 해결책이다.

공급자들은 인터넷 때문에 구매자들에게 넘겨진 힘을 어떻게 회복할 수 있을까?

나는 이를 협업관리의 세 방식으로 나타낸다. 공통의 주제는 정보기술은 공급자들에게 있어서 최대의 결점이라는 것이다. VCA와 ABM은 공급자의 교섭력을 재획득하기 위하여 반드시 필요한 솔루션이다. 공급사슬과 가치사슬 인텔리전스는 BI 기능(유연하게 확장가능한 모든 플랫폼상에서의 데이터 접근 및 관리, 데이터 변환, 모니터링, 리포팅, 진단 및 확장된 가치사슬에서의 원가수행능력 등)을 제공하는 S/W 벤더들이 공급하는 솔루션 중 핵심 경쟁력 중의 핵심이다.

정보기술은 가치사슬 상의 거래 상대방들이 상호 효익을 달성하기 위하여 보다 잘 조정하고 협업할 수 있게 한다. 이제 거래 상대처들이 오늘날 논쟁의 대상이 되고 있는 전통적인 회계시스템 보다 훨씬 뛰어난 VCA와 ABM 같은 관리회계시스템을 도입하게 될 것이 분명하다.

19

6시그마 품질관리와
Lean 사고에 의한 프로세스 인텔리전스

"인생에서도 그렇듯 예술에서도 열에 아홉은 발견되는 것은 아무것도 없다.
다만 실수들만 드러날 뿐이다."

– 헨리 루이스 멩컨, 미국의 저명한 편집자 –

업무 프로세스 재구축(BPR)은 1990년대를 통해 한때 대 유행했던 업무개선 프로그램이었다. 그 의미도 시기에 따라 각각 다르게 쓰였다. 도입 초기의 BPR은 "자동화되지 않는다-제거하라", "즉 고치지 않는다-파괴하라. 그리고 새로 시작하라"라고 하는 급진적 변화에 대해서 환호를 보였다. 초기의 BPR은 새로운 방식으로 업무수행이 가능하도록 IT를 사용하는, 광범위하고 교차기능적(cross-functional) 업무 프로세스들이 고객을 중심으로 병행운영되도록 하는데 중점을 두었다. 이제와서 되돌아보니 초기 BPR에서 인식되었던 것들은 초고속 컴퓨터 기술이 도입되어 전면적인 재설계가 가능한 주문처리 프로세스와 같이 전통적으로 수작업으로 이루어진 업무를 IT로 발전시키는 것이었다.

BPR에 의해 강조된 변화와는 대조적으로 1990년대에 진행되었던 것으로 점진적인 운영 개선에 목적으로 둔 지속적 개선(Continuous Improvement; CI) 프로그램이 있었다. 이와 같은 프로그램들은 대규모의 개선보다는 소규모의 점진적인 생산성 향상을 가져오게 한다. 그러나 최근의 BPR은 이런 프로그램들조차도 포함하기 시작하였다. (19세기 후반기의 산업혁명으로부터 진화해 온 외생적인 CI 프로그램은 품질관리, 시스템 분석과 운영 계획 및 스케쥴링 시스템들을 포함한다.)

어떤 사람들에게는 BPR은 종업원 해고를 위한 핵심 용어가 되기도 했다. 또 다른 사람들에게 있어서 BPR은 프로젝트 수행한계를 빗나가 일시적인 유행으로 끝나리라 의심이 되기도 했다. 초기 BPR의 일차적인 문제는 현장 실무자 보다는 컨설턴트 중심으로 수행(consultant-driven)되어 졌다는 것이다. BPR을 영업하는 컨설턴트와 전문가들은 이러한 부정적인 의미 및 과장된 말로 인하여, 후발 적용 기업들에게는 이러한 용어 사용을 중단하였다. 그러나 근본적인 수준에서 조직은 항상 개선을 수행하기 위하여 상식적인 원칙을 적용하고자 할 것이다. 이 부분이 적당히 사용되면 대부분의 리엔지니어링에 대한 개념은 중대한 장점을 가지게 된다.

여기에는 처음 버전에서는 그리 많이 다루지 않았던 세 분야에서의 리엔지니어링을 다시 다루고 있다.

1. 기업간 프로세스와 관련된 공급사슬관리(SCM). 이는 공급자와 고객간 강력하고 보다 자동화된 연계가 서비스를 향상시키고 비용을 감소시키기 때문이다.
2. 신제품 고안 및 개발. 이는 빠른 시장진입을 위한 시간적 단축이 필요하기 때문이다.
3. 마케팅 자동화. 웹에 추가된 DB와 통계적 예측 툴의 강력한 조합은 특정 영역을 선택하여 마케팅하도록 한다.

BPR이 계속적으로 발전해나가고 있는 것과 동시에 앞서 18장에서 인터넷에 대하여 언급했었던 것 처럼 비교쇼핑을 위한 강력한 검색엔진을 가진 인터넷은 공급자로부터 고객 및 소비자에게로 거꾸로 힘을 이동시키고 있다. 그래서 BPR 기준과 인터넷을 결합하면 업무 프로세스에서 실질적으로 변화가 가속화된다.

그러나 이와 같은 IT 기반의 폭발적 기술 발생의 이전에는 생산성 변화율은 증가하고 프로세스 개선은 더디게 이루어졌다. 품질관리와 개량된 스케줄링 시스템 같이 속도는 더디지만 엄격한 개선 프로그램들은 이 분야의 주제가 되고 있다. 나의 핵심은 BPR과 같은 새로운 아이디어가 진행되면 우리는 작업을 여전히 수행하겠지만 낡은 아이디어에 관해서는 잊어야만 한다는 것이다. BPR은 다른 관리적 아이디어를 대체한다기 보다는 확대하는 것이다. 나는 미세한 조정과 급변하는 상황을 대비하여 변화를 분류하는 것에는 관심이 덜하다. 중요한 것은 그 변화가 분별력이 있는 것인지 그리고 결과에 대한 위험의 추정이 가능한 것인지를 파악하는 것이다.

이와 같은 관리적 개선 프로그램을 단일화 시키는 것을 나타내고 있는 역사적 진화 과정이 그림 19.1에 나타나 있다. 그림에서는 20세기 후반부에 많은 오래된 개선 프로그램들이 단일화되고 있다는 것을 시계열적으로 나타내고 있다.

그림에는 이전의 개선 방법론들에서 이어져 온 세가지 개념이 나타나 있다.

1. 품질 : 6시그마

그림 19.1 | 개선 프로그램의 발전

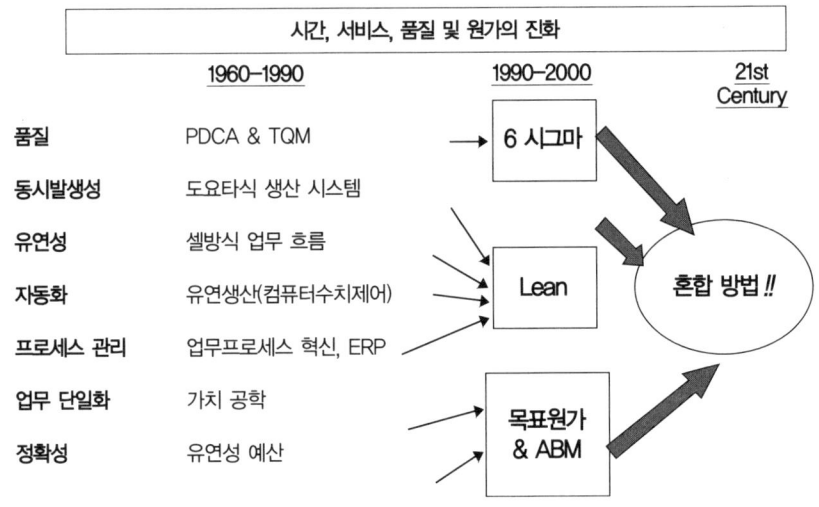

2. 운영 : Lean 관리
3. 관리회계 : ABC/M과 목표원가

 이 세가지 방법론들은 서로 다른 관점을 가지고는 있지만 시너지를 창출한다. 각 방법론이 제시하는 메시지는 간결하고 익숙한 것이다. 6시그마는 품질 개선과 관련하여 "완벽을 추구하라 - 무결점을 위한 프로세스 분석"으로 언급된다. Lean 관리에서는 "빠르고 강해져라 - 모든 종류의 낭비를 제거하고, 사이클 타임을 단축하여 산출을 가속화하라". 그리고 ABM은 "영리해져라 - 더 나은 의사결정을 하라"는 것이다.

 물리학자들이 자연의 근본적인 힘(예, 전자기학, 중력 및 양자력 등)의 결합을 설명하면서 발전하는 것 처럼, 업무 관리자들은 단지 몇 년 전에 명확해진 상호의존성에 대하여 볼 수 있게 되었다. 그림 19.1은 세가지의 방법론들이 강한 상호의존성을 가지고 있다는 것을 보여주고 있다. Michael George는 Lean 관리를 6시그마와 결합하면 Lean 6시그마가 된다고 주장한다. 그리고 두 방법을 함께 했을때의 시너지는 "2년 이내에 기업들이 제조간접비를 20% 절감하고, 50%의 재고관리 비용을 절감하도록 하는 것"이라고 말하고 있다.

이 책의 Part Ⅲ에서는 ABM과 활동기준 자원 계획을 아주 강조하여 관리회계를 설명하고 있다. 신제품 개발 프로세스를 지원하는 관리회계와 목표원가에 대한 정보에 추가하며 여기에 보충 설명이 제공된다. 이번 장은 TQM과 Lean 운영 사고방식에 대한 나머지 두 개념을 설명하게 된다. 많은 기업들은 두 가지 방법론을 동시에 수행하고, 단일의 방법론으로 사용하기 위하여 두 가지 방법론을 결합하고 있다.

TQM(전사품질관리) - 품질이 무엇인가?

몇몇 사람들에게 품질은 제품의 내구성, 귀중함 또는 유익한 경험을 의미한다. 이는 고객의 필요성에 대한 용도의 적정성을 나타내는 것이다. 1980년대에는 이와 같은 현저한 공급자 중심의 시각에서 품질은 구매자의 요구사항이나 명세내역과 많이 일치하는 것으로 정의되며, 보통 최종 제품 시험 단계에서 측정된다. 공급자가 "올바른 것을 만들도록"하기 위한 품질의 정의를 제한하는 위험 중의 하나는 품질이 고객의 실질적인 요구사항과 선호사항을 놓칠 수 있다는 것이다.

최근에는 품질은 고객의 요구사항과 기대수준을 맞추거나 상회하는 고객 만족도의 달성으로 고려되어 왔다. 슬프게도 태도, 문장 및 고품질, 고객만족과 같은 용어의 이러한 변화 전에는 사업이나 운영과 같은 용어가 현저히 표현되지 않았었다. 많은 경우에는 말로서는 표현되었지만 행동이 따르지는 않았다.

고객에 대한 중요성의 인식은 판매 측면에서 구매 측면으로 시각을 이동하게 되었다. 또한 이런 이동은 CI(분석적 CI)와 CRM(운영적 CRM)을 이끌어낸 힘과 일치하는 것이다. 이는 설문, 진단, 통계 분석 등의 결과로 만들어진 고객의 선호도에 대한 중대한 연구가 되어왔다. 예를 들어 "음식"은 고객이 표현한 요구사항이지만 "영양분"이나 "좋은 맛"등이 실질적인 일차적 요구사항이라는 것이다. 고객의 품질에 대한 궁극적인 인식에는 많은 변수가 포함된다. 요약하면 보편적으로 인정된 TQM의 목표는 원가를 낮추고, 수익을 높이며, 고객을 즐겁게 하고 종업원들에게 권한을 부여하는 것이다.

TQM 운동은 일시적 유행이었나?

1980년대에는 국경을 초월한 전세계적인 경쟁이 시작되었다. 북미 기업들에게 품질 수준은 중요한 이슈가 되었다. 북미 소비자들은 점점 고품질로 평가되는 외산제품을 구매하게 되었다. 위기에 직면한 북미 기업들은 대응에 나섰다. 몇몇 기업들의 초기 개선 프로그램이 종업원간에 시작되었지만, 곧 광범위한 철학적 논리, 개념, 방법 및 툴로서의 시각에서 보다 확장된 포용력을 가진 TQM 프로그램으로 진화되었다. TQM은 중대한 사업 매체로 제공되었으며, 지능적으로 호소하였다. 운영적 수준에서 TQM은 낭비를 정의하고, 전술적 이슈에 대한 문제 해결을 가속화하는데 효과적이었다. 그러나 보다 전략적인 수준에서는 TQM은 상위의 경영진들이 항상 찾고 있어야 할 것 같은 마법약이 아니라는 것을 많은 사람들이 느끼게 되었다.

전통적 TQM의 역사적인 진화를 좀 더 깊이 있게 나타내면, 1990년대에 이르러서야 6시그마로 진화하였다.

6시그마의 등장

1990년대 초기에는, TQM에 관하여 TQM이 낡은 것이라는 비판이 시작되었다. 과거 TQM 프로젝트에서 잘못된 결과가 드러나게 되었다. 상위의 관리자들이 바라는 대부분의 업무 개선 프로그램들과 같이 생산성 향상을 해결하기 위한 솔루션이었으나, TQM 운동은 TQM이 달성하고자 진행했던 거대한 성과책들을 설명하는데 실패했다. 일부 문제점들은 몇몇 TQM 신봉자들이 사실 기준의 위치를 취하고, 관리자와 종업원들은 품질을 개선하기 위하여 단순히 전적으로 맡기기만 하면 된다고 강하게 주장한다는 것이다. 이러한 TQM 신봉자들은 TQM을 수행하면 원가와 서비스 수준과 같은 다른 모든 성과 요소들이 자동적으로 자가보정되고 스스로 처리할 수 있게 된다고 가정한다. TQM으로부터 산출되는 결과는 가능한 확장되어 있는 기대치를 낮추게 된다.

TQM의 비판에 대한 역사적 설명에 상관없이 초기 개선 작업이 TQM으로부터 경험된 이후로 경영진들은 충분한 결과가 있는지에 대하여 질문하기 시작했다. 1991년

10월 Business Week지에서는 TQM으로부터 회수하는 "Return on Quality(품질 수익률)"을 표지 기사로 실었다. 여기에서는 TQM을 비용과 투자에 대한 정당성을 방어가능한 최소한의 ROI를 달성하는지를 검증함으로써 재무 분석가들의 세밀함을 보였다. 그러나 요약하면 품질 주도와 최종결과간에는 그다지 좋지 않은 단절이 있다. 점점 더 기업들은 품질관리 프로그램들을 도입하고 있지만 수익성에 좋은 영향을 미치는지에 대하여는 검증하기가 힘들다. 이와 동시에 적시생산관리(JIT)나 BPR과 같은 다른 변화 도구들은 관리 영역에서 집중을 받기 시작했다. TQM은 필요하지만 충분치는 않은 하위 프로그램으로 정착되었다.

시간이 지난 후 세계적인 조직들은 TQM이 다른 변화 프로그램들과 분리되어 운영될 필요가 없고 통합되어 운영되어야 한다는 것을 알게 되었다. 관리팀들은 검증 불가능한 측정방법이라든가 실현되지 않은 원가 절감을 주장한다거나, 너무 국지적이고 전술적이어서 프로젝트의 규모가 작다거나 하는 등의 TQM의 명성을 저해하는 결점이 있었음을 스스로 인정했다. 그러나 이렇게 말했던 동일한 경영진들이 조정을 실현하여 TQM은 보다 영향력있는 업무 개선 프로그램으로 전환할 수 있게 되었다.

TQM에 대한 관심을 새롭게 하고자 하는 보다 앞선 추진력으로 인하여 공급 사슬에 있는 모든 제조업자들은 그들이 서로 의존하고 있으며 거래 상대처의 품질 저하는 다른 상대처에게 급속하게 영향을 미친다는 것을 알게 되었다. 제조업자들은 기준 미달 제품과 같은 결점들이 구성요소들에 대한 결함을 발생하게 하고 비계획적으로 이익을 감소시키는 중단을 가져오기 때문에 그들의 공급자들이 최소한의 문제점에 대하여 기대하고 심지어는 요구하기까지 한다. 또한 계획되지 않은 사건들은 서로 다른 도전에 대한 스케쥴상의 변화를 만들어 낸다. 제조업자들은 그들의 공급자들이 ISO 9000:2000과 같은 국제적으로 공인된 프로그램에 의하여 인정받기를 공식적으로 요구하기 시작했다. 이러한 인증은 잠재적인 공급자의 품질 수준이 제조업자의 프로세스상 공급자의 결함에 의해 발생하는 작업 단절 가능성을 최소화하기 위하여 충분히 신뢰할 수 있다는 것으로 고객의 입장에서는 보험의 성격으로 제공되는 것이다. (자동차 산업과 같은 몇몇 산업에서는 ISO 9000이 그들의 특정한 요구사항에 충분히 미치지 못하며 ISO 9000을 대체하는 것이 아니라 보완하는 보충적 기준이 작성된다는 것을 알고 있다.)

사실 TQM은 일련의 새로운 관리 툴 및 방법론의 필수요소 중 하나로서의 자격을 얻기 위하여 시작되었으나 우리는 이제 TQM을 성과관리(PM)과 PM의 핵심 솔루션으로 보고 있다. TQM을 적용하는 기업의 역할 모델이 정립되었다. GE와 Motorola와 같은 존경받는 다국적 기업들에게 품질 교육에서 "검은 띠"를 받은 6시그마는 성공적인 성과에 대한 핵심으로 알려졌다. 6시그마는 차세대 TQM 프로그램이 되었다.

6시그마의 한 측면에는 변화와 결점에 대한 역효과를 어떻게 측정할 것인가에 대한 종업원의 교육이 포함되어 있다. 이의 목표는 종업원들이 완벽함 및 무결점 측면의 사고를 가지게 하는 것이다. 그러나 6시그마의 다른 측면에서는, 보다 깊은 측면에서 인정된 방법론으로서 6시그마를 바람직하게 유지하기 위해서는 프로젝트 후보로서 고효익을 달성할 기회를 파악하는 것에 집중하고 있다.

확인된 프로젝트들은 그들이 최소한의 재무성과를 낼것이라는 가능성에 따라 우선적으로 선정된다. 이는 일례로 관리자들에게 소형 냉장고를 제공하여 훌륭한 생활의 질은 누리고 있지만 어떻게 더 높은 이익을 달성하는가에 대하여 파악하고자 했던 1990년대의 몇몇 TQM 프로젝트들과는 다소 대조를 보이고 있다. 6시그마가 고효익창출기회가 있는 프로젝트 후보에 집중하는 것을 지지하기 위하여 6시그마는 개선 프로그램을 시작하는 승인된 절차의 일부로서 재무적 책임을 부여한다. 제시된 어떤 6시그마 프로젝트에서든 프로젝트와 관련된 효익이 투입 시간과 비용을 초과함으로써 진실한 원가절감 또는 미래 원가 회피를 정당화하기를 기대한다.

6시그마는 품질 분야에서의 패러다임 이동으로 간주된다. 품질관리의 전문가들은 표준화와 같이 품질만을 위한 품질은 충분하지 않다고 믿는다. 이것은 역설적으로 들린다. 품질은 고객을 유치하고 유지하기 위하여 반드시 필요하며, 업무 그 자체에 적용되어야 한다. 즉 기본적인 투입-산출 과정을 검증할 때, 품질은 전통적으로 원재료 및 기타의 구매내역과 최종 제품과 같은 투입과 산출에 강조를 두었었다. 6시그마는 전환과정 및 서류 중심의 거래처리 과정을 강조한다. 그러나 6시그마는 더 나아가 업무에 대한 재무적 건전성에 대한 고려를 주장하지는 않는다.

전사 품질 대한 조직의 주장을 검증하기 위하여 품질 평가 절차가 개발되었다. 예를 들어 1987년에 설립된 말콤 볼드리지상은 미국에서 권위의 상징으로 여겨지고 있다. 유럽에서는 European Quality Award(EQA)를 통하여 평가가 수행되며 일본은 데밍상으로 품질을 평가한다.

TQM의 재무적 관점에 대한 요구

향상된 품질에 대한 탐색에도 불구하고 세계적, 국지적 경쟁은 경영진들로 하여금 시장에 주도하는 가격과 같은 압박을 받게 하고 있다. 경영진들은 이익 관리는 가시적이고 세밀한 원가관리가 필요하다는 것을 깨닫고 있다. TQM은 원가를 관리하는 데 필수요소이다. 문제점들을 결합해 보면, 리엔지니어링을 수행한 몇몇 기업들은 다운사이징을 통하여 규모는 더 작아 졌지만 잘 맞추어졌다고 하지 못한다. 리엔지니어링은 기업들이 생존하도록 도와줄 지는 모르나, 여전히 명확한 경쟁적 우위 또는 품질적 우위는 보유하지 못한다. 많은 경우 당신들은 업무를 축소하지 않으면 문제의 실체를 제거할 수 없게 되며, 오히려 서비스 수준만 악화시키게 된다.

다른 경영 도구들과 마찬가지로 TQM에 영향을 미치는 장애물 중의 하나는 재무회계적인 단점이었다. 일부 문제는 외부 보고 목적의 회계 부분에 대한 전통적인 강조에 있다. 또 다른 일부 문제는 회계담당자 자체와 재무회계시스템의 결함이다. Part 3에서 말한 것 처럼, 회계담당자의 전통적인 원장은 재무적인 거래 사항들을 계정별 원장에 기록하고 누적시킴으로써 목표하는 바를 달성하기 위한 훌륭한 도구가 된다. 그러나 급여, 소모품 및 감가상각비 등과 같은 형식의 원가자료는 구조적으로 품질원가(cost-of-quality;COQ)의 측정과 같은 의사결정을 하기에는 결함이 있다. 회계단체는 이러한 문제를 이해하고 수락하는 것을 미루고 있지만 기술과 모델링 능력의 발전은 이를 역전시키고 있다.

품질관리자들의 저항은 프로세스의 개선을 위한 방안으로서의 COQ 측정을 지연시켰다. 일부 품질관리자들은 COQ 측정에 관하여 회의적으로 변하고 있다. 그들은 ISO 9000 시리즈와 같은 규제와 표준이 증가하는 것을 보아왔으며, COQ 측정을 정착하는 과정에서는 성과개선을 위한 효익 보다는 등록을 해야할 문서 요구사항을 충족시키기 위한 더 많은 연습이 필요함을 인식하게 되었다. ISO 9000의 단점은 경쟁우위적 행위를 유발하기에는 불충불할 정도의 최소한의 기준만을 나타내고 있다는 것이다. 또한 제조업 중심의 일반적인 용어로 기술되어 있어서 ISO 9000은 서비스 업종의 기업에 있어서는 애매모호함에 대한 해석이 있어야 한다. 어떤이들은 ISO 9000이 관리적 툴로서 적용하기 위한 확장성이 없는 문서화 툴만을 제공한다고 불평한다.

COQ에 대한 저항 역시 오해를 유발시킨다. 일부 품질관리자들은 경쟁적인 투자안 중에서 채택된 것으로 품질과 원가를 인식하고 있다. 이 사고에서는 더 높은 품질을 얻기 위해서는 더 많은 노력이 요구되고, 그러므로 더 많은 원가가 요구된다고 가정하고 있다. 이것이 반드시 진실은 아니다. 그러나 가장 중요한 것은 품질관리 프로그램에서의 ROI이다. 품질관리 프로그램이 적절히 정착된다면 고객의 만족도가 증가될 뿐만 아니라 생산성이 향상될 것이다. 이러한 두가지 개선의 결합은 사실상 매출/시장점유율의 증가 및 고수익/이익을 달성하게 한다.

6시그마: 숨겨진 진실을 주주 몫으로 바꾸다

6시그마는 TQM 프로그램으로서 힘을 유지하고 있음을 보이고자 고군분투하고 있다. 그것이 성공할 것인가 또는 타고난 결점이 있는가? 성공할 것이다라는 경우가 있을 것이며, 그 이유가 있다. 낮은 결품률, 적시 배송 및 최소 원가는 항상 사업 수행에 있어서의 핵심 요소가 되지만 사업에서의 품질은 수익성 관점에서 보여질 수 있고, 그렇게 해야 한다. 그러므로 6시그마는 전통적인 품질에 대한 범위를 고객 만족도 이상으로 확장하여 투자자와 주주에 대한 만족도까지 달성하도록 주장하고 있다. 6시그마는 거래 발생시 양측의 상호 가치평가에 대한 기대가 일치하지 않는다면 실질적인 품질향상은 이루어지지 않게 된다.

6시그마의 정의에 의하면 품질은 가치 부여가 고객과 공급자(예, 직원과 주주)를 위하여 모든 관계 측면에서 실현된 상태라고 표현된다. 이는 주주, 고객, 종업원, 세무당사자 및 환경단체들간의 상반관계에 대한 논쟁이 될 것이라는 예측을 가능하게 한다. COQ 측정 방법은 이러한 논쟁을 동의로 전환하는데 유용하게 사용될 것이다.

이와 같은 새로운 가능성은 결품률을 감소시키기 위하여 의도된 추가 자본 투자가 주주와 채권자들이 그들로부터 고품질의 재무적 이익이 보장된다고 느끼지 못한다면 유지되지 못할 것이라는 것을 파악하고 있다. 6시그마에서는 프로젝트에서 관리자의 주장을 지원할 재무 자료가 반드시 요구된다. 그래서 효용 가치를 요구하는 고객들과 같이 소유주, 투자자 및 채권자들은 이익에 대한 가치와 부의 창출에 대한 올바른 기대를 가지게 된다.

품질에 대한 이와 같은 광범위한 개념은 전통적 TQM을 능가한다. 생산자와 서비스 제공자 측면에서 이는 높은 품질의 제품과 서비스의 수행과 전달을 위해서는 더 이상 충분하지 않다. 사업에서의 품질은 반드시 있어야만 한다. 6시그마의 목적은 품질개선의 유발 동인으로서 경제적 업무에 재집중하는 것이다.

6시그마의 효익을 인식하기 위한 핵심은 조직이 6시그마를 계속적으로 수행함에 따른 영향력이 있을 몇몇 중대한 프로젝트를 정의하는 것이다. 그 프로젝트들이 이익을 창출해야 하는 투자 포트폴리오에 포함되어야 하는 것이다. 특정 원가의 절감 또는 이익 개선은 상위 관리영역에서 지정되어 지며, "검은 띠" 프로젝트가 목적 달성을 위하여 정의된다. 자격을 얻은 종업원들은 검은띠 프로젝트 관리자로서 강하게 훈련 받게 된다. 이런 개인들은 다음에도 몇몇 검은띠 프로젝트의 관리자로 지정된다. 조직은 검은띠 관리자들에게 의존하여 그 프로그램의 결과를 달성하게 된다.

품질원가의 범주화 : 측정과정의 핵심

거의 모든 조직들은 최상의 품질을 달성하는 것이 이제는 선택의 여지가 없다는 것을 깨달았다. 고품질은 단순히 경쟁에 뛰어들 수 있는 기회에 대한 입장권에 지나지 않는다. 고품질을 달성하는 것은 이제 필수적이다. 고품질 이외의 어떤 것도 조직의 최종적인 붕괴로 이끌지는 않는다. 요약하면 고품질은 이제 조직이 계속 존재할 수 있는 필요조건이다. 그 관계는 이전보다 훨씬 강해졌다.

일부 사람들에게 있어서 품질 원가는 매우 가시적이고 명백한 것이다. 반면 다른 사람들에게는 조직의 품질원가는 과소평가되어있으며, 많은 품질관련 원가가 숨겨져있고, 보고되지 않는다고 믿고 있다. 명확한 품질원가와 숨겨진 품질원가를 어떻게 구별할 수 있을까?

- 명확한 품질 관련 원가의 사례는 재작업 원가, 초과된 폐기 재료 원가, 보증 원가 및 수선비 등이다. 이러한 원가들은 전형적으로 과실에 의하여 발생한다. 과실관련 원가들은 쉽게 재무 시스템으로부터 직접 측정된다. 이러한 유형의 비용 소비액은 계정과목을 사용하여 원장에 기록된다. 때로는 품질과 관련된 검사부서에서의 품질관련 원가는 전 부서의 비용을 포함하기도 한다. 그러나 조직들은 평준화하고 종업원들은 더 많은 다중업무를 수행하기 때문에 전부서가 품질을 배타

- 낮은 품질에 대한 숨겨진 원가는 명확하지 않으며, 측정하기에 더 어렵다. 예를 들어 숨겨진 원가는 몇몇 종업원들이 청구 작업 오류로 인하여 서류 분류 작업에 소모한 시간에 대한 원가 같은 것이다. 비록 이러한 종업원들이 조사 및 재작업 등의 품질 중심 업무를 수행하는 품질 부서에서 일하는 것은 아니라 하더라도 오류로 인하여 낭비된 업무 일자의 비율은 명확하게 품질과 관련된 것이다. 이런 원가들은 회계시스템의 계정과목에는 반영되지 않는다. 그것은 그 원가들이 숨겨진 원가로 간주되기 때문이다.

실무에서 COQ에 대한 광범위한 추적이 불가능한 툴이나 방법 및 기술들이 COQ에 대한 보고를 하기 때문에 놀라운 것이다. COQ의 성숙도를 조사하는 연구에서 COQ가 추적되지 않는 주된 이유는 관리적인 관심과 지원의 부족 및 품질 원가가 성과에 대하여 공정한 가치를 충분하게 부여하지 못하는 서류업무라는 사고에서 제시되었다. 요약하면 COQ를 위한 원가 추적은 가치가 없다는 것이다. COQ를 추적하지 않는 다른 주된 이유는 COQ의 원가와 이익에 대한 추적 방법을 모르고, 적절한 회계 및 전산시스템이 없기 때문이다. 오늘날의 자료 수집, DW, 데이터마이닝 및 ABM 시스템 구현 등의 개선이 이루어지면 이런 이유들은 불필요한 변명으로 나타나게 된다. 기술력은 더 이상 과거에 수행되었던 것처럼 COQ 보고에 대한 방해물이 되지 않는다.

명확하든 숨겨졌던 품질관련 원가들 모두에 대한 가시성을 종업원들에게 제공하면 성과 개선에 유용하게 사용될 수 있다. COQ 자료를 사용하면 종업원들은 문제의 원인에 대한 시각을 가질 수 있다. 숨겨진 원가 및 전통적 원가들은 다음과 같이 크게 분류될 수 있다.

- 무오류 원가(Error-free Costs)는 품질에 대한 계획, 통제, 수정 또는 개선과 관련되지 않는다. 이 원가들은 처음부터 올바르게 산정된다.
- 품질원가(COQ)는 모든 프로세스가 오류가 없고, 모든 제품과 서비스에 결함이 없다면 나타나지 않는 원가이다. COQ는 다음과 같은 방식으로 세부적인 분류를 할 수 있다.
  - 적합 원가(Costs of Conformance) : 이 원가들은 요구사항과 부합하는 예방 및

예측적 평가와 관련된다.
- 부적합 원가(Costs of Nonconformance) : (탐색 평가 작업이 포함된) 이 원가는 요구사항을 만족시키기 위한 내부적 또는 외부적 실패와 관련된다. 내부적인 것과 외부적인 것의 구별은 내부적인 실패원가는 고객에게 서비스가 수행 또는 전달되기 이전에 발생하는 것이다. 반대로 외부적 실패원가는 보통 고객에 의하여 발견된다.

품질비용 COQ 측정 : 개요

그림 19A는 조직의 매출, 이익, 구매 재료와 COQ 비용이 조직내에 어떻게 존재하는지를 재무적인 용어로서 묘사하기 위하여 pie 도표를 이용한다. 원칙적으로 COQ 비용은 감소되기 때문에 그 결과는 최소 이익선 위에 나타날 것이다.

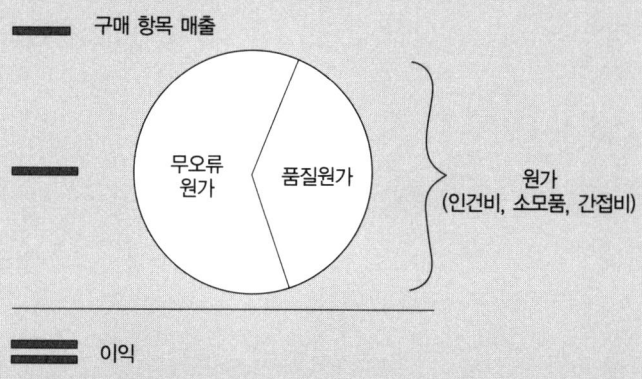

그림 19A | 매출, 원가 및 이익

그림 19B는 품질 프로그램의 사용 전후에 대한 COQ 측정치를 나타낸다. 품질관련 원가들은 부적합 원가에서 적합 원가로 이동될 때 가장 잘 관리되어 질 수 있다.

이상적으로 네가지 COQ 원가 분류 모두는 감소되어져야 하지만 예방 원가는 증가할 필요가 있으며, 부적합으로 인한 원가와 이에 지불되는 벌칙금은 감소할

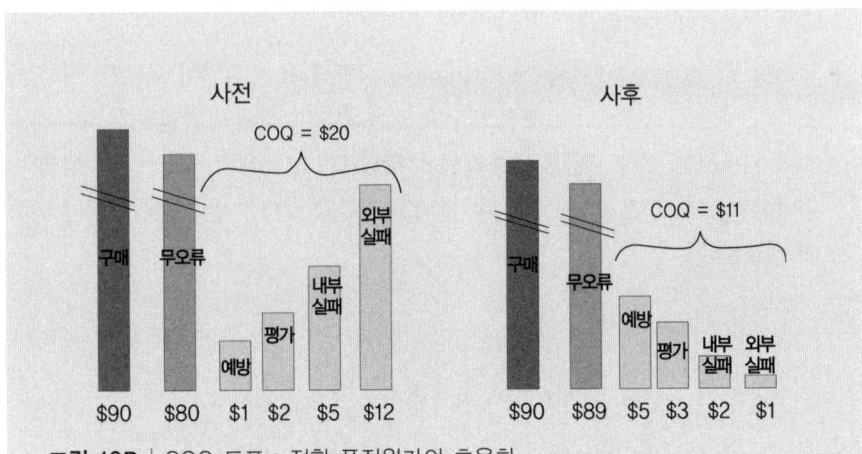

그림 19B | COQ 도표 : 적합 품질원가의 효율화

필요가 있는 것이다. 이는 COQ를 보다 회계적 사상으로 만드는 것으로 재무투자 타당성 판단 툴로서 사용된다.

 활동 수준을 고려한 ABM 시스템을 사용하는 효익은 논쟁이 감소하는 것이다. 전통적인 COQ 측정법을 이용하면, 사람들은 기대하고 있던 제품의 개발과정 동안 발생한 폐기물에 대하여 경계영역을 구성하는 활동이 진정한 COQ 인지에 대하여 끝없이 논쟁하게 될 것이다. 100% 비용 지출액에서 시작하면, 모든 원가는 몇 가지 범주에 포함되고, 항상 확인가능하다. 각각의 원가 유형은 사람들이 자료를 이용하는 방법을 잘 이해할 때서야 최종적으로 재분류될 수 있다.

 COQ에 대하여 과도하게 단순화된 정의는 모든 결함과 오류가 발견된다고 가정할 때 결함과 오류에 대한 회피, 발견, 생성 및 수선과 관련된 원가라는 것이다. COQ는 실제원가와 기준이하의 서비스 수준, 실패 또는 결함이 없을 때 발생하는 감소 원가 간의 차이를 나타낸다.

COQ 범주의 분석

 사실 상당히 정확하게 COQ를 계산하기 위한 기술은 ABM과 ABM의 속성을 적용

그림 19.2 | COQ 구성요소 예시

하는 것이다. 그림 19.2에는 COQ의 4가지 범주를 한단계 수준을 내린 활동의 범주를 보여준다. 이 그림에는 이러한 각각의 하위 범주들이 어떻게 ABM 활동원가로 표기되는지를 나타내고 있다. 이런 종류의 정의는 전통적인 원가회계방식과 같이 요구되는 노력이 없더라도 COQ에 대하여 보다 높고 보다 신뢰성 높은 가시성을 제공한다.

품질 운동은 의견에 의존하기 보다는 측정하는 것을 주장한다. 품질의 재무적 의미를 측정하는 것은 점점 품질관리 영역의 커다란 일부가 되고 있다는 것이 일반적이다.

6시그마와 ABM

ABM 방법론을 토대로 속성을 사용하는 COQ 측정치들은 6시그마 툴에 포함되어야 한다는 것이 강력한 입장이다. 그러나 전통적 품질관리 프로그램들과 조직의 재무적 측정치와 성과간의 단절은 모닝콜처럼 제공된다. 이 단절은 품질에 대한 사고의 전환이 필요하다는 것을 의미한다. ABC/M과 같은 방법론은 품질 관리자와 6시그마 프로그램 관리자들이 그들의 제안을 지원하거나, 보다 강력한 업무 상황을 만든다거나 그들의 기대치에 대한 완성도를 측정하기 위하여 관리회계시스템을 사용할 수 있도록 한다.

어떤 기업들은 COQ를 사용하여 성공했지만 어떤 기업들은 성공하지 못했다. 그 차이는 성공한 기업들은 "해결책을 위하여 선택된 문제"로서 정의된 프로젝트를 정의하고 우선시하기 위한 관리 도구로서 COQ를 사용하는 반면 성공하지 못한 기업들은 COQ를 주로 성과표로 사용했었기 때문이다. 관리도구로서 COQ를 보다 효과적으로 사용하기 위해서는 특정 문제나 원인별로, 부서나 COQ 원가 범주별로 원가를 추적해야 한다.

품질관리 실행자들의 경험은 근본적으로 기존 자료로 작업하고 합리적인 추정을 함으로써 중대한 가치를 얻을 수 있게 된다. 과거에 기업들은 복잡한 자료 시스템에 있는 것을 보기 위하여 아무 것도 할 수 없는 위험이 있었다. 그러나 이미 언급했던 것 처럼 오늘날의 성과관리 시스템을 사용하게 되면 보다 완벽한 자료를 얻는 것이 가능해지고 실질적으로 된다.

품질 관리 운동의 명성은 몇차례의 시류를 경험했다. 몇 년간은 거의 종교처럼 떠받들어져 졌으나 이후에는 멸시를 받았다. 희망적이게도 추가적인 원가 자료의 타당성이 품질관리 운동을 보다 합리적으로 만들었다. 품질 단체들이 인정한 핵심적인 최근 출간물인 American Society for Quality(ASQ)에는 핵심적인 정의가 담겨져 있다. ANSI/ISO/ASQ의 Q9004-2000에서는 계획된 목적이 제대로 달성되었는지에 대하여 결정하기 위한 조직의 성과를 평가하는 적절한 방법으로서 재무적 측정을 주장한다. 이에 따라 품질, 관리회계 및 운영 시스템간의 공동 작업이 증가하게 될 것이다.

Lean 경영 운동

6시그마 운동이 발전되어 온것과 동시에 운영관리인원들은 오늘날에 있어서 계획적인 상태를 달성하도록 진화되어왔고, Lean 경영이라 불리는 일련의 개선 프로그램의 수행을 시작했다. "Lean"이라는 별명이 어떻게 나타났을까?

2차 세계대전 이후, 자본의 부족으로 인하여 일본은 저재고 생산 방식을 채택하게 되었다. 이러한 JIT(적시재고) 생산 방식은 다른 대륙들에서 수행되던 생산방식과는 대조적이었다. 1990년대 동안 다른 모든 나라의 생산 계획 및 스케쥴링 담당 팀들은 일본의 JIT 방식이 수행되는 방법을 배웠다. 동시 발생하는 수요 집중적인 재료 흐름

관리 시스템의 매력 중 하나는 거래처리에 대한 서류 작업이나 수기 기록 작업이 거의 요구되지 않는다는 것이다. 서류작업과 기타의 업무 부하에 대한 결과적 절감은 업무의 복잡성을 해결한 결과이며, Lean 경영이라는 단어에 의하여 처리되는 실무 과정에서 창출된다.

Lean 경영 실무를 채택하는 것은 관리자들의 체중을 줄이는 것을 의미하는 것이 아니다. 이는 기업이 비부가가치 업무를 최소한으로 수행하도록 하는 것이다. Lean 은 살찐(Fat)과 반대의 개념으로 정의될 수 있다. 예를 들어 고객 수요가 단기간에 너무 변덕스럽고 예측불가능하게 되었다면, Fat 생산자는 보다 유연하고 민첩한 경쟁자를 따라 잡을 수 없을 것이다. 이는 아주 곤란한 상황을 유발하게 된다.

Lean 경영 사고를 채택할 시기는 정보기술의 발전으로 모델링과 시뮬레이션이 컴퓨터를 통하여 가능해져서 새로운 비결에 대한 성과를 파악할 수 있기 때문에 지금 도입하는 것이 좋다.

Lean 경영은 흐름을 조정하는 것이지 용량을 조정하는 것은 아니다

프로세스와 가치 흐름에 대한 관점은 Lean 사고에서는 기본이다. 즉 Lean 경영 기법은 보다 많은 프로세스 흐름에 대한 환경을 창출한다. 강조 영역이 가치 흐름에 대한 흐름의 관리로 이동한다. 통제는 Lean 방법을 사용하면 더 쉬워진다. 실제적인 고객의 수요는 공장 단위 활동으로서 발생한다. 약속가능한 생산계획 논리는 주문생산(Make-To-Order; MTO) 로 바뀌었다. JIT의 목표 중 하나는 업무 흐름의 변화를 감소하게 하는 방법에 작업자와 제품 및 장비를 배열하는 것이다. 공급자들은 종종 배송업체를 믿지 못하고, 고객들은 종종 예측불가능하다. 전통적인 절차는 원재료와 완성품 재고의 추가적인 이동이 발생하게 된다. 반대로 Lean 사고방식은 불확실성과 불규칙성에 대한 보험적 측면으로 시간적 여분을 재고 여분으로 변경하게 하도록 하여 안정성을 위하여 노력한다.

언급한 것처럼 Lean 실무는 Fat 실무와는 반대이다. Fat 실무에서는 부분적이고 반복적인 업무만을 수행하기 위하여 너무 많은 사람들이 교육 받기 때문에 종종 다음 제품군을 생산하기 위해 아주 긴 교체 시간이 필요하게 될 것이다. Fat 실무에서는 과거에 발생한 주문을 부분적으로 대기영역에서 이루어져 쓸데없는 재고를 만들게 된다. 가장 기초적인 Lean 경영의 실무는 고객의 주문량에 근접하여 가능한한 시간을 맞추게 하기 위하여 상대적으로 작은 규모의 완성품 규모를 계획한다. 부속품 여유 재고는 프로세스의 뒷부분에서 유지된다.

Lean 계획은 Fat 계획에 대한 반대 개념으로 기계를 빠르게 운영하도록 하여 기계를 완전히 사용하도록 하는 것을 선호한다. Lean 계획은 고객 수요로 인한 투입률에 따라 산출비율을 조정하게 된다. 모든 부분에서 빠르게 진행되는 것은 그다지 중요하지 않다. 중요한 것은 유연성(flexibility)이다. Lean 사고에서의 중요한 원칙은 모든 부분에서 인력과 장비 용량이 필요한 만큼만 여분을 가지는 것이라기 보다는 흐름상의 적재량에 대한 균형을 이루는 것이다. 이렇게 하면 어떠한 품질 문제라도 더 많은 결품 발생 업무들이 축적되기 전에 빠르게 확인된다.

Lean 계획을 위한 핵심 수단은 종업원을 다중으로 교육시킴으로써 종업원들을 고정시켜 두고 종업원들이 자신의 특별한 기술을 사용할 수요가 발생할 때 까지 대기시키는 것이 아니라 수요가 있는 곳으로 이동하여 작업할 수 있는 유연성을 증가시키는 것이다. 그러므로 근로자들의 기술 능력이 확대되면 작업 중인 제품 재고가 나타날 때 작업자들이 업무 부하를 줄이기 위하여 이전 단계로 이동하여 작업하거나 산출량을 가속화시킬 수 있게 된다. 또한 Lean 경영은 시각적인 표시 시스템을 사용함으로써 복잡한 보고와 계획 방법을 제거하게 되고, 단순하게 처리가능한 것을 자랑으로 여긴다.

물리적인 운영 배치를 재구성하면 Lean 실무상 작업속도가 빨라진다. U자형 또는 원형의 작업장을 구성하여 작업장의 배치를 바꾸면 작업자들은 서로 다른 작업을 수행하기 위하여 등을 맞대고 앉거나 서서 작업할 수도 있고, 빙둘러서서 작업을 할 수도 있다. 반면 Fat 실무에는 긴 조립 라인과 반복적 업무 수행을 위하여 옆으로 서서 작업을 수행한다. Lean 영역에서는 장비에 보다 근접하여 있으므로 여기 저기 제품의 이동에 따른 원재료 취급자들만 배제하면 된다. 즉, 셀(cell) 모양의 배치는 수요 요구율에 따른 셀의 산출율을 유연하게 할 수 있으며, 셀에 할당된 인건비에 집중하여 유연성을 부여하면 된다. Fat 배치는 전형적으로 기능 중심으로 그룹화 되는 반면 Lean 방식에서의 셀 모양 배치는 제품군 중심으로 작업장을 구성한다.

작업 현장의 조정은 또한 Lean을 진행하는 작업속도를 빠르게 한다. 예를 들어 Lean 작업장에서는 작업간 재공품에 대한 내부 대기 작업이 없다. 반대로 Fat 방식의 구매단계에서는 가격 할인을 위한 대량 구매를 강조하고, Lean 방식의 구매는 공급자의 배송에 대한 신뢰, 리드타임 및 관리 단순화 등을 포함한 총 가치 획득 관점을 선호한다. Lean 방식의 저장 또한 총가치 관점을 선호한다. 여기에서의 목표는 이중 처리나 불필요한 저장공간을 차지하지 않는 원재료를 먼저 가지거나 공급자들에 의해 생산 라인에 직접 전달되도록 하는 것이다. 물론 Lean 경영 방식에서는 검사자가 전통적인 역할을 할 필요는 없다. 규칙에 의하여 내부에서 자가 검사를 수행하는 작업사들은 결품이 다음 단계로 이송되지 않도록 해야 한다. 결함이나 오류는 고 원가 절차 없이도 즉시 해결 할 수 있다.

Lean 방식 회계 대비 Lean 방식 담당자의 회계

Lean 방식 경영의 몇몇 옹호자들은 재료 흐름에 대한 관리 이상으로 원가회계 수준까지 그들의 사고를 확장해가고 있다. 그들은 모든 원가회계 기록과 효익을 초과한 거래처리 내역들을 수집하고 관리하기 위한 관리적인 노력을 주장하고 있다. JIT 기법을 도입하기 위하여 필요한 급진적 절차와 유사하게 급진적인 사고와 변화가 원가회계 및 성과측정도구로서 필요하다는 것을 강력하게 주장하고 있다.

Lean 방식 관리 조직은 회계 담당자들이 회계정책적 측면보다는 변화의 대리인으로서의 역할을 선호한다. 이러한 Lean 방식 신봉자들은 원가회계시스템이 상세한 보고서 작성과 거래처리 자료 수집을 잘 수행하지 못한다고 생각한다. 그들은 발생한 몇몇 중대한 사건만의 측정을 선호한다. 거래처리는 Lean 생산방식에 따른 재고를 lean 방식 회계로 기록하는 것이다. 거래처리는 낭비로 보여지며, 시스템적으로 제거되어야 한다고 여겨진다. 그들은 회계 담당자들이 개선과 혁신을 위한 분석과정을 지원하기 위하여 상세한 자료의 수집과 보고서 작성에 대한 부가가치 없는 업무를 수행하여 최소한의 시간으로 경리업무를 수행하는 역할로만 비하해서 보고 있다.

Lean 경영 수행 단체가 회계 담당자들처럼 수행하는 일부 업무와 변화는 다음의 내용을 포함하고 있다.

- 차이분석 보고서 제거
- 원가 중심점 개수 감소
- 상세 노무 내역 보고서 제거

- 거래 상대처와의 전자상거래를 통한 채권/채무 거래 횟수 감소
- 회계부서 내에서의 교차 교육

그러나 일부 기업들은 Lean 방식 회계와 Lean 담당자의 회계에 대하여 혼동하고 있다. 회계 담당자들이 많은 거래 중심의 업무에 Lean 방식을 적용하면 아주 의미있게 된다. 그러나 회계담당자들이 의사결정 지원을 위하여 관리적 정보를 계산하는 방식을 재구성하는 것은 또 다른 관점에서 보아야 한다. 제안된 솔루션이 목표를 제대로 못찾게되면 새로운 위험이 발생하게 된다. 치유는 질병보다는 나아야 하는 것이다. 예를 들어 제품과 서비스의 원가를 계산하기 위한 Lean 방식이 있지만, 그 방식은 인과관계 분석과 같은 이미 오래되고 낡은 방식으로부터 지난 20년간 관리회계 영역의 개선을 수행해 온 원가계산 원칙을 따를 수 있는 것이다. 분명히 나는 솔루션은 ABM이라 생각한다.

업무 성과측정에서 전사적 업무 행태를 부분최적화로 유도할 수 있는 국지적 효율성이나 효용 측정을 강조하지 않아야 한다는 것에 대하여는 논쟁의 여지가 거의 없다. 그러나 전부원가나 ABM과 관련된 Lean 사고방식에 따라 주장된 변화는 논리적 기반이 약하다. Lean 사고방식에 따라 관리회계를 재구성하는 것이 너무 급진적이라고 한다면, 조직은 조직 자체가 건전한 수익을 얻기 위한 투자가 아니라 비부가치적으로 소비한 일부 비용을 감소해야 한다는 것을 발견하게 된다.

Lean 경영 관리 단체의 급진적인 주장 중의 하나는 노무 내역 자료의 수립과 보고 시스템을 모두 없애는 것이다. 이 주제에서의 변수는 제품 원가에 간접비 및 공통비를 배부하고자 하는 것이 아니다. 다시 말해서 그러한 비용 유형들은 배부하지 않고 그대로 남겨둔다는 것이다. 이는 제품원가에 대하여 고유한 원가로서 직접재료비만을 인식하기 때문에 원재료 중심 원가로 간주되는 최근의 방법이다. 잔여의 모든 원가들은 제품별로 구별할 수 없는 운영상의 원가로 취급된다. 즉 모든 간접재료비들은 제품 원가가 아니라 업무 수행 원가로 가정된다. 문제점들은 다음과 같다 : 극단적인 재료비 중심의 원가계산 방법과 공장전체에 대하여 단일의 직접비율 및 간접비율을 적용하게 되면, 설비 또는 제품의 이질성으로 인하여 제품의 진실한 자원 소비량과 관련된 제품 원가를 과대 또는 과소 계상하는 결과를 나타내게 된다는 것이다.

당신이 재료비 중심의 원가계산이 의미있다고 생각하는 것에 상관없이 논쟁의 원천은 Lean 경영 관리자들은 회계시스템이 Lean 방식의 환경에서 요구되는 단순함

과 낭비 제거 노력을 반영해 주기를 기대한다는 것이다.

Lean 방식 회계의 주된 주장은 프로세스와 가치의 흐름이 보다 단순화 된다면 재무회계, 통제 및 측정시스템의 필요성이 덜 하다는 것이다. 그러나 이 개념을 너무 좁게 받아들이면 의사결정을 위하여 재무 분석을 수행할 필요가 없다는 것처럼 잘못 해석될 수 있다. 사실은 그 반대라는 것이다. 오류에 대한 한계는 점점 줄어들고 종업원들은 재무 자료를 숙달되게 사용할 필요성이 더 증가하고 있다.

Lean 방식의 원가 시스템의 과도한 단순함으로 인하여 의도하지 않게 나타난 더 나쁜 결과는 숨겨진 낭비를 파악하는 시각을 잃게 된 것이다. 오늘날의 전통적인 원가시스템은 이미 표준원가에 묻혀서 부가가치가 낮은 활동원가를 파악하지 않아 낭비를 숨기고 있다. 요약하면 모든 지원원가들은 간접비로 묶어 버린 것이다. ABM은 지원활동원가를 가시화하기 위하여 이를 다시 분해하게 된다.

결국 "그 경관을 보기 위하여 등반할 가치가 있는가?"하는 질문으로 다시 돌아왔다. 원가할당 모형의 구조 고안과 구성 양식은 업무수행을 위한 추가적인 노력 수준에 비하여 추가적인 발생이익이 감소하는 상황은 효익 측면에서 가치가 없다는 관점에서 향상 되어져야 할 필요가 있다.

Lean 방식 회계는 단순히 ABM과 유사한 원칙을 사용한 전부원가일 뿐이다. Lean 방식 회계는 원가계산은 모델링이며, 모든 원가 모형은 그들이 제공하고자 하는 의사결정목적에 따라 구성된 것이다라는 이해와 같은 몇가지 단순한 상식만을 적용한다.

시간, 원가 및 품질

과거에는 기업들은 이와 같은 세가지 성과 관점간에 상쇄관계가 있다고 믿었다. "비용을 개선하기 위하여 당신은 어떤 두가지를 원하는가?"하는 2차원적 분석의 시대는 지났다. 오늘날의 기업들은 세가지 모두가 동시에 개선될 수 있다는 것을 깨닫고 있다.

20

주주 인텔리전스

누구의 투자에 대한 수익인가?

"고객만족, 종업원 사기(employee morale)와 현금흐름은
기업운영시 반드시 고려해야 하는 3가지 중요한 지표이다.
만일 고객만족이 증대되고 있다면 세계시장 점유율은 반드시 증가할 것이다.
종업원이 만족하면 생산성, 품질, 자부심과 창조성이 생겨날 것이다.
현금흐름은 생동하는 기업의 맥박과 같다."

— 잭 웰치, GE 전 CEO —

우리는 모순의 세계에 살고 있다. 경영진은 장기적인 가치증진과 성장을 요구받고 있는 한편으로 항상 단기적인 수익창출의 압박에 놓여있다. 그러면 단기적인 수익이 장기적인 잠재성장의 타당한 예측지표인가? 자본시장은 어떻게 조직의 성과에 대해 가치를 부여하는가? 이러한 질문은 "잉여현금흐름 극대화"를 지지하고 있는 전문컨설턴트들 조차도 명확한 답변을 하지 못하고 있다. 소위 경제적 가치정보를 어떻게 관리자들이나 하위조직들이 이해하고 행동할 수 있는 형태로 변환시킬 수 있을 것인가?

보편적으로 상장회사의 가치를 평가하는 가장 일반적인 방법은 주식시장에서 거래되는 주당 주식가치에 의한 것이다. 이러한 가치평가방법은 "특정시점의 주식가격은 기업의 미래가치를 측정할 수 있는 가장 훌륭하고 정확한 지표이다"라는 효율적인 시장가설에 원천을 두고 있다. 또한 "주식가격은 공개적으로 알려진 모든 기업정보를 빠르게 반영한다"라고 가정한다. 효율적 시장가설 지지자들은 주식가격이 일시적으로 과대 또는 과소평가될 수 있지만 이는 단지 환상일 뿐이다라고 옹호한다. 요약하면 시장은 추측컨데 항상 모든 상황을 알고 있다라는 것이다.

이론적으로 특정시점의 주식가격은 필요현금, 수익, 현금흐름 변동성과 같은 몇가지 요인들에 의해 영향을 받는다. 대부분의 증권애널리스트들은 감사받은 재무제표의 제약사항에 대해 조정하거나 현금흐름 기준 지표로 전환한다. 증권애널리스트들은 "수익은 단지 참고사항일뿐 중요한 것은 현금이다"라는 믿음을 가지고 있다. 저명한 투자자인 워렌 버핏Warren Buffet은 "기업의 미래 현금흐름을 추측해서 현재가치로 환산하고 그것이 현재 주식가치보다 큰 기업에 투자하라"라고 한다.

기업의 현금흐름에 영향을 미치는 손익계산서와 대차대조표의 질적 변화는 투자

의사결정의 영향도와 투자항목의 선택과 관련이 있다. 이러한 변화들은 각기 상이한 정도의 측정가능한 위험들을 예상할 수 있다. 따라서 가치의 결정요인들을 암묵적인 위험수준에서 측정가능하다면 위허과 위험간의 관계를 파악함으로써 이해관계자 가치를 증대시키기 위한 결정요인의 방향을 결정할 수 있다.

본장에서는 가치창조와 조직내 각각의 기능 또는 부문의 활동이 조직의 가치에 어떠한 영향을 미치며 어떻게 이해할 수 있는지에 대해 알아보고자 한다.

경제적 현금지출이 경제적 가치를 좌우한다

다른 가격과 마찬가지로 주식가격은 그렇게 모호한 것이 아니다. 주식가격은 두개의 집단이 서로 사고 팔고자 시장에서 거래하는 통화가치를 나타낸다. 주식가격은 주주들이 주식 한주를 사고 팔기 위해서 지불하고자 하는 가격이다. 모든 상거래에서와 같이 이러한 가치는 구매자들과 판매자들의 특정 요구사항들에 따라 달라진다. 예를들어, 특이한 재무적 상황들은 무엇인가? 그리고 미래관점에서 매매의 효익은 무엇인가?

전자상거래의 거품이 꺼지기 전인 1990년대에 우리는 주식시장을 투자수단이라고 믿었던 베이비붐세대들과 안정한 장기투자처라고 믿었던 은퇴자들의 영향력을 명백히 지켜보았다.

오늘날 기업의 주식가격은 변동성이 심하여 신문기사나 뉴스에 반사작용 하듯이 폭등하는 경향이 있다. 상장기업 주식가격 및 시장가치 산정이 보다 적절한 대안이 없는 상황에서 기본적인 가치평가방법인지 여부 및 주식가격이 기업의 적절한 내재가치를 신속하게 반영하는가에 대해서는 논쟁의 여지가 있다. 주식가격이 하나의 방법이긴 하나 대규모 연금펀드들은 기업을 분석할 때 그것만을 사용하지 않는다. 캘리포니아공무원연금(CalPERs)은 주가, 지배구조 및 경제적가치 등 세가지 기준을 사용한다. 경제적가치를 사용할 때 캘리포니아공무원연금은 (1) 기업이 창출하는 경제적가치의 규모와 (2) 기업경영에 경제적가치를 활용하기 위한 프로세스의 구현여부 등 두가지 측면을 고려한다.

아마도 기업의 내재가치를 대변하는 것이 부분적으로 기업의 지출 및 투자행태에 있기 때문일 것이다. 기업의 전략이 중요한 표지일지라도 전략달성을 위해서는 전략의 실행(즉, 투자)이 필요하다. 가장 훌륭한 현금지출은 회수금액이 지출금액의 자본비용을 포함한 현금지출을 초과하는 투자이다.

주가관리 또는 가치관리?

기업의 재무제표는 기투하자산의 성과나 미래의 자본적지출의 가치를 효과적으로 반영하고 있지 않다. 회계적이익은 경제적이익과는 다르다. Peter Drucker가 언급한 것처럼 "자본비용 이상의 수익을 창출할 때 까지 기업은 경제적손실 상태로 운영된다" 그리고 회계적이익이 자본비용을 초과하지 않으면 기업은 부를 창출하지 못하고 파괴할 뿐이다.

자연은 진공을 싫어해서 지속적으로 공기를 채운다라는 물리학 이론이 있다. 이와 유사하게 경제학이론에서는 투자자들은 개인의 이익극대화를 원하기 때문에 가장 많은 이익을 창출하는 투자기회로 자본은 흘러간다. 그러면 자본의 성장을 현실화하고 확보하기 위한 가장 좋은 투자 및 지출 기회들을 찾기 위한 책임은 기업의 관리팀에 있다.

기업은 포드 자동차나 GE와 같은 거대 기업들과 직접적으로 경쟁하지 않지만 모든 기업들은(비상장 기업들 조차도) 자본시장에서 서로 경쟁한다. 투자자 및 채권자들에게 적절한 수익을 창출하는 기업들은 생존하고 성장한다. 반면 그렇지 못한 기업들은 재투자를 기다리거나 신규자금 조달시 프리미엄을 지불해야 할 것이다. 이러한 기업들은 상대적으로 불리한 상황에 놓이게 된다.

요약하면, 적절한 회계적 이익을 창출하는 것으로는 충분하지 않다. 위험을 감수한 투자자 및 채권자들에게 MMF와 같은 무위험 투자안이 제공하는 이익보다 충분히 많은 이익을 제공해야 한다. 즉, 채권자들은 대출이자를 청구할 수 있지만 지분 투자자들은 다른 곳에 투자해서 얻을 수 있었던 기회비용을 안고 있다. 회계사들은 재무제표에 부채에 대한 이자비용을 계상하지만 주주의 기회비용은 계상하지 않는다.

주당순이익(EPS)는 채권자의 이자비용을 계산에 넣고 있어서 기업의 궁극적인 회계적 이익을 측정할 때 일반적으로 인식되고 있다. 이러한 회계처리는 일반적으로 인정된 회계원칙(GAAP)에 따라 처리된다. 하지만 1920년대 Chicago대학의 Frank Knight교수를 포함한 경제학자들은 회계적 이익과 경제적 이익은 같지 않다라고 인정해왔다. 어떤 의미에서 창출 또는 유보이익의 사용이 자유롭기 때문에 EPS가 경영층이 만족스러운 수익률에 맞게 재투자되지 않고 주주자본의 과다 유보나 낭비를 유인한다는 것을 암시한다.

Sarbanes-Oxley법: 개혁인가 아니면 또 다른 감사인가?

최근 자본시장에 대한 정부정책의 방향에서 보면 단순히 주당순이익(EPS)를 측정하는 것은 회계사들을 다소 쉽게 모면해주는 측면이 있다. 미국내에서 재무적 부정행위에 대처하기 위한 Sarbanes-Oxley와 같은 개혁입법들은 재무제표의 감사에 초점을 두고 있다. 실제 이슈는 감사의 정확성보다는 적정성에 있다. 전통적인 감사와 전혀 다른 재무제표 공시관련 규정을 중요시하고 있다.[1]

자본시장의 목적은 희소한 자본을 최상의 용도에 사용되도록 하는 것이다. 최상의 용도는 회계적이익이 아닌 경제적이익에 따라 결정된다. 그러나 Sarbanes-Oxley법은 명백히 EPS와 일반적으로 인정된 회계원칙(GAAP)에 기준을 두고 있어서 적절한 재무의사결정시 경제적이익정보를 적용하는 것을 지연시키는 역할을 할 수 있다. 재무지표 대안제시의 선구자인 G. Bennett Stewart III의 관점에서 보면 GAAP에 따라 측정한 이익인 EPS 등은 기업성과나 시가총액과 관련해서는 신뢰할 수 없는 지표들이다.[2] 추측컨데 CEO와 CFO는 내부의사결정시 경제적 정보를 충분히 활용할 만큼 현명하다라는 것을 누구나 알 수 있을 것이다.

감사받은 재무제표에 현금흐름표가 포함되어 있다고 하더라도 비전문가들이 현금흐름 예측을 할 수 있을 만큼 자세하지 않다. 여하튼 모든 재무제표는 미래 발생가능성이 있는 다양한 상황이나 사건에 대한 경영층의 견해를 반영한 결과물이다. 최근 몇 년 동안 증권애널리스트들은 이러한 사실 뿐만 아니라 회계적이익과 경제적이익의 차이에 대해서도 깨닫고 있다. 그들은 CFO의 발생주의회계를 되돌리기 위해 대량의 수치계산 소프트웨어를 사용하거나 현금흐름 관점에서 기업 재무성과를 재산출하기 위해 조정을 하고 있다. 현금흐름 지표에 대해서는 본장의 후반에서 논의할 것이다.

---

[1] Peter J. Willison, "Give Us Disclosure, Not Audits," Wall Street Journal, June 2, 2003, A16
[2] G. Bennet Stewart, "Why Smart Managers Do Dump Things," Wall Street Journal, June 2, 2003, A16

경제적가치 관리: 회계적 이익을 넘어서

금융애널리스트들이 압박을 가한 회계분식 사건들을 고려할 때 주가관리는 준최적(suboptimal)의 단기 의사 결정 방향이 될 것을 예측할 수 있으며, 경제적 가치관리(EVM)로 이끌 수 있다. 그렇다면 경제적가치관리란 무엇인가?

재무회계 제약사항에 대한 우려를 불식시키기 위해 경영진들은 가치를 향상시킬 수 있는 경영개선프로그램에 관심을 가진다. 하지만 경영진이나 관리자들이 가치향상 프로그램들을 상세히 파악함에 따라 많은 모호성이 있다(누구의 가치인가? 가치란 무엇인가? 누가 정한 가치인가? 고객을 위한 가치인가? 또는 주주를 위한 가치인가?)라는 사실을 신속하게 깨닫게 된다. 주주 입장에서 상장회사의 가치평가시 시장은 합리적인가 또는 비이성적인가? 고객들에게 추가적인 노력과 비용을 들여 추가서비스를 제공하지만 추가비용을 회수할 정도의 점진적인 가격인상이 없을 경우 어떠한 위험이 존재하는가? 요약하면 투자의사 결정시 주주들은 아이러니컬하게도 기업과 주주 부의 창조가 아닌 파괴하는 투자안에 투자 할 것인가?

주주가치와 부를 증대시키기 위한 목적은 기업의 연차보고서와 신문지상에 일상적으로 표현된다. 궁극적으로 경제적 측면에서 고객을 만족시키는 전략을 정의하고 이행하는 것이 주주 부를 증대시키기 위한 주요 수단으로서 보편적으로 받아들여진다. 그러나 이는 종업원들을 동기부여하고 보다 나은 의사결정을 유도하여 수익성이 높은 결과를 산출할 수 있도록 적합한 자원(사람과 자산)을 지속적으로 투자하고 재활용함으로써 가능해 진다. 어떻게 이것을 가능하게 할 것인가? 그것을 본서에서 다룰 것이다. 하지만 먼저 전통적인 재무보고서의 몇가지 추가적인 단점들을 이해하자.

재무제표는 기업의 내재가치 또는 기업내 경제적가치가 창조되었거나 미래에 창조될 위치에 대해서는 나타내지 않는다. 부분적으로 과거에 발생한 결과를 반영하지만 미래에 무엇이 일어날지는 반영하지 못한다. 기본적으로 회계사들이 강요한 인수 또는 합병으로 발생한 금액인 영업권의 산정은 많은 이견이 있을 수 있다. AOL Time Warner의 주주자본평가시 산정한 영업권금액이 AOL이 Time Warner를 합병하여 두회사의 통합을 위한 영업권 기표가 발생한 불과 몇 달 사이에 수십억달러까지 하향 조정된 사례를 통해 영업권을 얼마나 신뢰할 수 없는가를 알 수 있다. 최초의 영업권 금액은 명백히 과대평가 되었었다. 그러한 가치평가는 얼마나 많은 가정들에 의해서 수행된다는 말인가! 기업의 성과와 가치평가지표들의 보다 적절한 정렬이 필요하다.

기업의 대차대조표는 총 내재가치에 대해 오해를 불러일으킬 수 있다. 1장에서 무형자산에 대해 언급했듯이 대부분의 기업들은 시가 총액이 전통적인 산업화 시대의 지표인 상부가액으로부터 점차 벗어나고 있다는 것을 알고 있다. 최근에 Wall Street는 보고이익을 과대평가하여 경제적 실질이 결여된 회계처리를 일삼는 기업들의 부정행위를 폭로하고 있다.

기업가치평가 방법

기업가치 평가 원칙은 복잡할 수 있다. 기업이 다른 기업을 매수하고자 할 때 가치를 판단하기 위해서는 다음과 같은 방법들이 있다:
- 주식가격.(앞에서 논의함)
- 시장가격 산정법. 상장회사가 아니라 비상장기업이나 극히 일부의 상장된 공기업들 대상.
- 비교기준 평가법. 수요와 공급이 활발한 주거용 부동산에 대한 비교분석과는 다르게 공정 가격을 획득하기에는 충분한 거래가 없는 경우에 적용.
- 자산부채 평가법. 영업권, 유보 이익의 대차 대조표 장부가액기준 측정 뿐만 아니라 무형자산의 누락이 본 방법을 신뢰할 수 없게 만드는 이유에 대해서 앞서 설명함.
- 순현금흐름법. 현금흐름할인법(DCF)은 미래 일정기간 동안에 발생한 지출 및 투자의 기대수익과 함께 화폐의 시간가치를 인정한다. 이 방법은 완벽한 가치평가 방법이나 그 정확성은 추정치가 얼마나 합리적이냐에 따라 달라진다.

가치평가방법들에 대해 지속적인 논란이 있을 수 있지만 보다 많은 기업들이 경제적가치관리의 창시자인 Eleanor Bloxham이 정의한 경제적 가치관리를 통한 최선의 효익을 인식하기만을 바랄뿐이다. 최선의 효익에 대한 우수성을 논의하기 전에 DCF, 과거의 경제적 이익과 경제적가치방법론을 살펴 보고자 한다. (경제적 이익과

회계사들이 어디에서 잘못하고 있는가?

재무제표의 제약은 부분적으로는 태생적인 원인이 있다. 손익계산서는 사업의 완료단계에 단일 사업으로부터 얼마만큼의 손익을 얻었는지에 대해서 투자자, 소유주 및 채권자들에게 보고하기 위해 만들어 졌다. 18세기에 대서양을 항해하여 화물의 수출과 수입을 마치고 되돌아 오는 대형 범선사업에 대한 투자자들을 예로 들 수 있다. 왜냐하면, 해당 사업은 항해가 끝나는 시점에 청산된 후 투자자들에게 수익을 돌려주기 위해서는 해당 사업으로부터 창출된 이익과 부의 증가분을 반영한 손익계산서와 대차대조표를 정확하게 산출해야 하기 때문이다.

그러나 요즘 같은 현대사회에서는(브로드웨이 예술작품 투자자들을 제외하곤) 그와 같이 시작과 끝이 명확한 투자안은 거의 찾아보기 힘들다. 현대기업들은 매년 정확한 손익과 부를 측정하기 위해서 기업을 청산하지 않는다. 그들은 영속적 기업이다. 대차대조표가 유보 이익과 같이 기업의 지속적인 부의 축적정도를 나타내고 있다고 하더라도 청산가치를 예측하기에는 부족하다.

경제적가치 용어는 대다수의 전문가들이 표준으로 채택하고 있듯이 같은 의미로 사용하고자 한다.)

현금흐름 할인과 경제적 이익의 발단

30여년 전에 경제학자, 투자자 및 증권애널리스트들은 기업의 주식가격 평가시 추론과정을 단순화하기 위해 전통적인 재무제표 이상의 것에 관심을 보이기 시작했다. 애널리스트들은 아이들의 레모네이드 가게를 평가하는 것 만큼 간단하게 기업가치를 결정할 수 있는 방법을 고민하기 시작했다. 모든 발생주의 회계를 무시하고 레모네이드 가게의 현금등록기에 현금이 증가 또는 감소하고 있는지에 따라 판단했다. 발생주의 회계에 기반하여 CFO가 정한 잔액이 아닌 현금흐름에 중점을 두었다.

1961년에 노벨 경제학상 수상자인 Merton Miller와 Franco Modigliani는 지금까지 비즈니스 스쿨의 기본서로 읽히고 있는 논문을 발표하였다. 그들은 외부 재무보고를 위해 회계사들이 적용하는 모든 발생주의 회계와 조정은 근본적으로 안개속과 같다고 주장했다. 주주가치는 두가지 순현금흐름(재무제표에 반영된 현재 자산으로부터의 현금흐름과 재무제표에 미반영된 미래 투자로부터의 현금흐름)에 의해 결정된다라고 발표하고 발전시켰다.

1970년대와 80년대에 비즈니스 스쿨들은 DCF의 원리에 대한 이해와 나아가 확장된 적용을 할 수 있는 많은 MBA와 CPA들을 배출 하였다.

18세기 범선의 경우와 같이 단일 투자안이라면 손익계산서에는 모든 자원에 대한 비용을 포함하지 않아도 된다. 하지만 현대기업들은 영속기업을 가정하여 투자한다. 주주자본의 기회비용이 손익 계산서상에 포함되지 않기 때문에 부분적으로 "회계적 이익은 증가하지만 주주 부는 감소"하는 역설이 발생하기도 한다. 그리하여 재무제표는 기업이 손익창출에 필요한 자본을 얼마나 효율적으로 사용하고 있는지를 반영하지 못한다.

이는 사소한 문제가 아니다. 투자자의 자본비용 측정은 투자자들이 대체투자안을 저위험의 미국 국채로 보느냐 또는 고위험의 하이테크 성장기업으로 보느냐에 따라 폭넓게 달라질 수 있다. 투자자의 자본비용을 초과한 이익창출만이 기업에게 부를 창출해 줄 수 있다. 자본비용은 중요한 절사율이어서 성과가 우수한지 그렇지 못한지를 구분짓는 보이지 않는 완전한 잣대이다.

자본비용의 누락문제를 해결하기 위해서 초기 경제적이익 접근방식에서는 순이익에 세후 이자비용을 더하고 자본의 사용대가인 부채와 자본의 자본비용을 차감한다. 이러한 성과측정은 주주와 기업관리자들을 우선시하고 은행가들을 차선시하고 있다. 그 결과 재무제표의 관심을 채권자에서 주주와 투자자 지향으로 변경되고 채권자정보는 부수적인 것으로 분류되고 있다.

보다 복잡한 모형에서는 GAAP에 따른 회계 처리시 이슈별로 순이익을 조정한다. 경제적 이익을 사용할 경우 매기간의 추정 경제적이익(EP)을 DCF방법을 적용하여 기업가치를 평가한다.

기업가치 = 경제적가치
= 현재가치(PV)의 합계 [$EP_{(p)} + EP_{(p+1)} + \cdots + EP_{(p+n)}$]

p = 기간

EP = 경제적이익(순이익에서 자본비용을 차감함), 계산식은 다음과 같음:

경제적이익(EP) = [조정후 순이익 - (평균투하자본 X WACC)]
또는   경제적이익(EP) = [(조정후 순이익/평균투하자본) - WACC]×평균투하자본

WACC = 채권자와 주주의 가중평균자본비용

특정기간의 경제적 이익 규모는 큰 손실이 발생하지 않는 범위에서 증가 분을 고려하면 크게 문제되지 않고 미래기간의 경제적 이익 흐름 측면에서 대규모의 증가를 바랄 수 있다. 경제적가치는 미래의 모든 경제적 이익을 단일금액으로 환산한 것이다. 따라서 산식에서 보듯이 가치창출의 열쇠는 경제적이익을 발생시키는 요소들을 이해하는 것이다. 대다수의 기업들은 다음과 같은 요소들의 조합이 가치창출과 관련이 있을 것이다.

- 매출액성장률
- 영업이익
- 자산회전율
- 고정자산증가율
- 운전자본증가율
- 세율
- 부채 vs 자본, 레버리지
- 가중평균자본비용
- 현금흐름

기업들이 경제적 가치창조를 극대화하기 위한 계획을 세우기 위해서는 이러한 요소들이 어떻게 상호작용하고 나아가 운영 의사 결정시 어떠한 연관관계를 가지고 있는지를 알아야 할 것이다. 이론에서 실제로 발전시키는 것이 중요하다. 그리고 중요한 질문은 "종업원, 현재 지출 및 미래 자원투자 노력들이 어떻게 영속적으로 주주가치를 증가시킬 것인가?"이다.

자본효율성과 현금회전율 향상을 통한 가치창조

경제적이익 또는 경제적가치 그리고 부의 창출에 영향을 미치는 3가지 주요 요인은 지속적인 수익 증가, 높은 이익률(산업에 따라 상대적) 및 양호한 자본 효율성이라고 믿고 있다. 자본효율성은 자신의 함내에서 가장 많은 것을 얻는 항공모함에 비유할 수 있다. 대다수의 사람들이 처음 두 가지 요인은 쉽게 이해하지만 자본효율성은 잘 이해하지 못한다.

여기서 전 산식의 결과값을 변경하지 않고 경제적이익 산식의 변형을 제시하고자 하는데 산식의 요소에 대해서 너무 깊게 생각하지 않아도 된다:

경제적이익(EP) = [(이익*/평균투하자본) − WACC] × 평균투하자본
      = [ROAIC − WACC] × 평균투하자본

WACC = 채권자와 주주의 가중평균자본비용
ROAIC = 평균투하자본이익률(Return on Average Investments in Capital)
   = 이익률 [이익*/수익] × 회전율 [수익/평균투하자본]
   = 이익*/평균투하자본

산식을 검토해보면 기업이 경제적가치 또는 경제적이익에 영향을 미치는 ROAIC 비율의 매년 성과를 측정하기 위해서는 이익률과 함께 투하자본(회전율)으로부터의 수익을 증대 시키기 위한 역량을 평가해야 한다는 것을 알 수 있다.

경제적 이익, 자본 효율성 및 분해트리

경제적 이익을 대체할 수 있는 지표는 현금화주기 효율성(cash conversion cycle efficiency)이라 불리는 지표이다. CCC지표는 구매에서부터 판매 및 대금회수까지 얼마나 효율적으로 현금이 전환되느냐를 측정한다. CCC는 또한 기업의 "현금 차이(Cash gap)"라고도 불리며 산식은 다음과 같다:

그림 20.1 | 현금차이분석

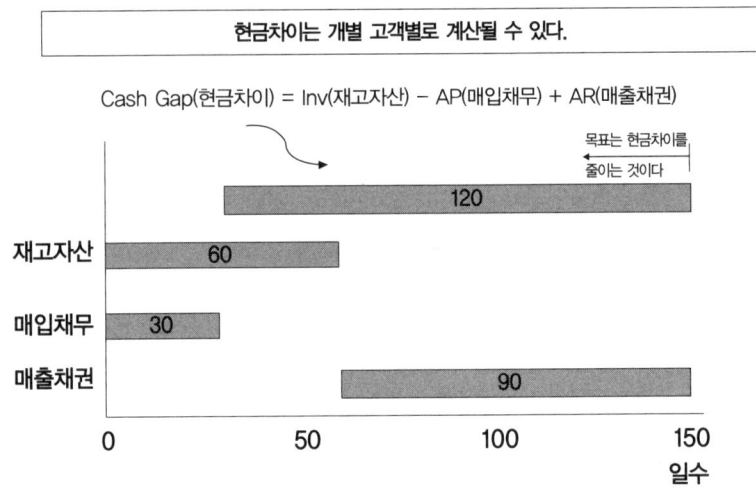

CCC = 현금 차이 = 재고보유일수 + 매출채권보유일수 − 매입채무보유일수

그림 20.1은 기업의 운영주기 상에서 구매자원이 이익으로 전환되기까지 120일 동안 현금이 묶여있는 현금차이를 나타내고 있다.

그렇다면 그로 인한 결과가 직간접적으로 어떠한 영향을 미치는지 알지 못한다면 과연 좋은 지표일까? 경제적 이익을 증가시키기 위해 필요한 동인을 이해하는 효과적인 방법은 고전적인 듀퐁Dupont산식과 유사한 분해트리를 활용하는 것이다. 그림 20.2는 기업의 평균투하자본이익률(ROAIC)을 계산하기 위해 사용되는 분해트리를 나타내고 있다.

기업의 매기간 말의 경제적 이익은 그림의 오른쪽 음영상자 안에 제시된 것처럼 계산될 수도 있다. 앞서 언급했듯이 산식은 기간별 ROAIC에서 채권자와 주주의 가중평균자본비용을 차감하고 평균투하자본(AIC)을 곱한다:

경제적이익 = (ROAIC − WACC) × 평균투하자본

분해트리는 재무적 성과를 향상시키기 위해 필요한 재무정보를 운영정보로 전환

그림 20.2 | EVM 분해트리

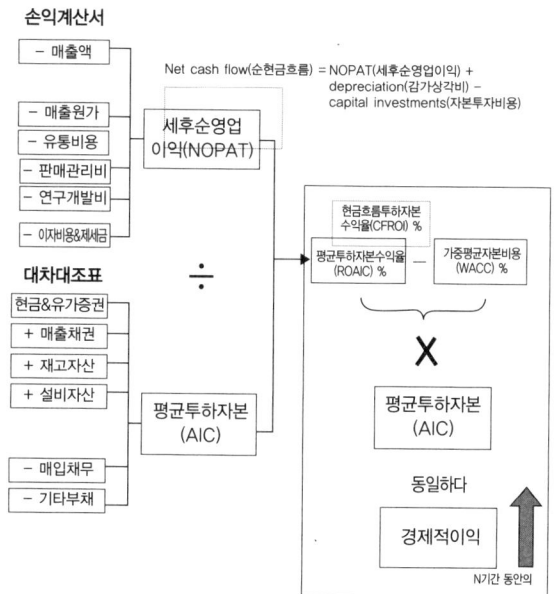

시키는데 도움을 줄 수 있는 의미 있는 분석을 수행할 수 있다.

그림 20.3 재무제표, 궁극적으로는 기간별 경제적이익 및 경제적가치와 관련성이 있는 것처럼 혁신 프로그램과 프로젝트의 일부 관계를 시각적으로 보여주고 있다. 이러한 유형의 재무 모델링은 경영진이 강조하는 경제적이익 지표와 종업원들과 관련성이 있는 하위레벨의 프로젝트들을 연계시킨다.

단순 수치계산에 따른 경제적가치관리(EVM)의 위험성

단순 수치로 보고된 EVM 지표는 의사결정 목적으로는 곧바로 사용될 수 없다. 조직이 그와 같은 수치데이터를 가지고 종업원이나 관리자들의 행동에 영향을 미칠 수 있도록 어떻게 의사소통 할 것인가? 종업원들과 관리자들이 그들의 어떠한 행위가 경제적 가치 향상과 주주가치 극대화에 공헌할 것인가를 어떻게 알게 할 것인가? 제

그림 20.3 | EVM 분해트리: 관련 프로젝트

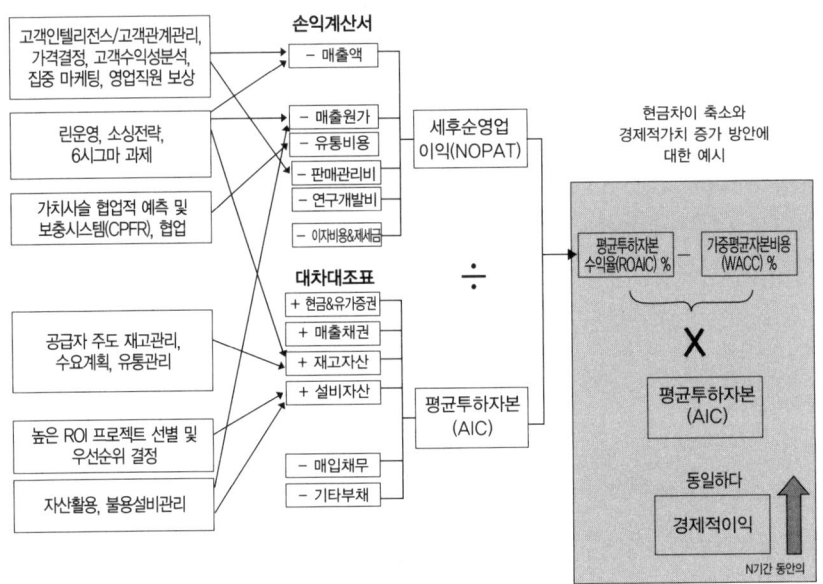

조와 같은 특정 영역의 투자는 상대적으로 보다 나은 수익율을 제공할 수 있는 유통과 같은 다른 영역의 가치를 떨어뜨릴 수 있다. 자본은 다른 목적으로 사용될 수 있는 한 차선의 투자안에서 얻을 수 있는 기회비용이 발생한다. 사업영역별로 경제적가치 지표와 기능간의 연계가 필요하다. 사실상 경영층은 기업운영상 하부에 있는 종업원들이 매일 활용하고 있는 운영상의 신호등과 같은 성과 측정정보와 경제적 가치지표 사이에 존재하는 모호성에 대해 고민해왔다.

결국 기업 경영자에게 보고된 경제적 가치의 단순 측정치 또는 성과 보상시스템(보너스 등)은 어떠한 구성 요소들이 가치향상에 공헌하였는지에 대한 분석 정보를 제공해야 한다. 이렇게 해야 종업원들이 이해하고 대응할 수 있는 자료로 활용할 수 있다. 또한 손익과 같이 무엇을 향상시켜야 하는지 뿐만 아니라 그러한 향상을 가능하게 만든 특정 고객, 제품 및 프로세스의 비용이 어떠한지도 제시하는 툴이 좋다.

조직은 끝임없이 일련의 프로젝트들을 수행한다

기업은 어떻게 지속적으로 경제적가치를 증가시키는가? 우선 기업은 브랜드 제품과 단골고객의 명성에만 의존할 수 없다. 기업은 속도를 줄이지 않고서는 쉽게 내려갈 수 없다. Eleanor Bloxham은 그의 책에서 기업 활동의 시작은 자본투자라고 언급하였다.[a] 기업은 지속적으로 일련의 프로젝트들에 자본을 투자한다. 제품 판촉 및 판매 캠페인이 한 예이다. 몇몇 프로젝트를 제외하곤 규모가 작은 것들이 대부분이다. 반복적인 현금순환주기의 구성요소인 고객주문 접수, 처리 및 완료 같은 활동들도 동일한 주문이 겹치지 않는 소규모의 프로젝트라고 생각할 수 있다.

주문 제작기업과 같이 프로젝트별로 업무를 수행하는 사업모델을 생각해보면 해당 기업이 어떻게 자원을 사용하는가를 주의깊게 살펴볼 수 있다. 해당 기업이 매일 저녁 모든 종업원을 해고시키고 다음날 그들을 재고용한다고 가정해 보자. 재무수익율 편차가 매우 큰 소규모 프로젝트들의 전체적인 영향도를 고려했을 때, 불행히도 몇몇 종업원들은 관련 프로젝트에 대한 노력에 비해 적은 성과로 인해 다음날 그들이 채용되는 것을 장담하지 못할 수도 있다.

모든 종업원들을 일용직으로 생각하는 접근방식은 자본비용 이상의 재무수익율을 보장할 것이다. 그러나 대부분의 기업들이 종업원들을 유지하고 그들을 지속적으로 학습시키는 경우가 많기 때문에 어떠한 프로젝트가 주주 부를 창출 또는 파괴하는지는 거의 알지 못한다. 단지 관련된 전체 프로젝트의 순효과는 기업의 순이익으로 보고된다. 종업원들의 업무가 반복적인 일련의 소규모 프로젝트로는 거의 고려되지 않는다. 시간이 지남에 따라 기업의 모든 프로젝트들이 혁신적인 성과를 내지 못한다면 고객영향력을 상실하거나 비효율적이되어서 기업의 총체적인 경제적이익 또한 반드시 나빠질 것이다.

재무제표는 개별프로젝트의 경제성과 수익율을 조명하지 않는다. 기업의 현재 진행중인 모든 프로젝트들의 중요한 변화들은 시간이 흐름에 따라 궁극적으로 재무제표에 반영된다. 그 결과 기업이 성장하고 있는지 뒤쳐지고 있는지 알 수 있다. 자본비용은 다음의 3가지 경우에 중요하다:

1. 자본비용을 초과하는 재무 수익율을 창출 할 수 있는 프로젝트 선택 시
2. 진행중인 프로젝트의 재무 수익율을 모니터링하여 가능할 경우 경제적손익을 최소화하기 위해 중도에 조정하고자 할 때

3. 완료된 프로젝트의 흑자 또는 적자수익율의 영향요인을 파악하여 보고하고자 할 때

요약하면 자본비용은 자원에 대한 의사결정시 매우 중요하고, 결과적으로 주주와 소유주에게 영향을 미친다.[b]

---

[a] Bloxham, 경제적가치관리, 296-298
[b] 가치와 자본비용 계산을 하기 위한 자세한 사항은 Bloxham의 경제적가치관리 118-121 페이지에 나타나 있음.

활동기준관리(ABM)가 분해트리를 용이하게 한다

Eleanor Bloxham이 그의 저서에서 강조한 것처럼 오늘날 대부분의 의사결정자들이 이용가능한 것보다 더 의미있고 정확한 정보를 제공하는데 ABM과 ABM에서 제공하는 강력한 원가추적기능이 많은 기회를 제공한다. 특히 ABM에서 다른 자원비용 배부시 사용하는 원리와 같이 자본비용을 배부함으로써 자본비용을 프로세스, 제품 및 고객별로 추적할 수 있다.

이런 구조하에서 자본비용도 여타의 비용이 배부되는 방식과 유사하게 사용 원천에 따라 논리적으로 배부되어야 하는 자원비용에 불과하다. ABM원가추적의 경우와 다른점은 총계정원장에서 자본에 대한 청구권을 별도로 구분하지 않는다는 것이다. 자본비용은 대차대조표 계정과 사전에 정해진 추정자본비용을 가지고 추측해야 한다. 기업이 이러한 자료를 수집하여 자본비용을 계산하고 추적하는데 어떤 어려움이 있어서도 안된다. 추정을 통해 자본비용을 산출하더라도 수익성 분석시 제외하지 않는 것이 좋다. 그리고 때로는 자본비용은 단순할수록 좋다.

자본비용 산출 시 반드시 정확할 필요는 없다

특정 자본비용율의 결정시 위험수준과 밀접한 관련이 있는 가중평균자본비용(WACC) 산식의 정교성과 관련해서 이론가, 학자 및 컨설턴트들 사이에서 논쟁거리가 되어왔다. ABM은 이런 논쟁과는 무관하다. 기본적으로 ABM은 자본비용율 또는 자본비용에 관계없이 그 결과를 수용하는 계산엔진이다. ABM은 주로 암묵적 이자율로 간주되는 자본 비용율을 적용하고 제품, 서비스 및 고객별로 자본비용을 추적하여 가치있는 정보를 산출한다.

기업들은 이론적인 논쟁이나 소수점 단위의 정확성에 시간을 낭비하기 보다 일반적으로 사용되는 비율계산방식을 선택하여 기업운영시 적용하고 결과값을 지켜보기를 원할 수도 있다. 관리자나 하위조직들이 새로운 자료를 사용하는 방법을 학습한 이후에 비율의 민감도를 경험하고 의사결정 유형에 따라 어떤 비율이 적합한지도 논의할 수 있다.

의사결정

경제적 가치관리는 분석과 의사결정 과정 두 가지를 포함하고 있다:

1. **의사결정분석은** 통찰력을 끌어내기 위한 추적 자본비용과 재무 평가지표를 포함한 과거 비용을 사용한다.
2. **의사결정은** 재무적 이익기반의 ROI를 적용하여 투자안의 지속 또는 중단, 투자금액의 증액 또는 감액여부를 결정한다.

"분석지표로 사용하는 [의사결정분석]은 다양한 측면에서 조직의 성과 창출정도를 평가한다. 분석적이라 함은 미래에 대한 기대가 아닌 과거에 이루어졌거나 달성되었던 것을 측정하는 것이다. 소위 재무 분석지표들은 과거 지향적이고 고객 만족과 같은 비재무분석지표들은 미래지향적이라고 여겨진다. 현재 또는 과거의 고객만족이 미래 재무적 결과를 결정할 수 있는 요인이 될 수 있는데 이는 재무적 지표를 포함한 모든 유형의 지표에 적용가능하다. 오늘의 순이익 또는 한달 동안의 현금흐름이 향후 사업을 어떻게 운영하고, 어떠한 투자가 일어나며 미래의 자본비용이 어떠할지에 영향을 미칠 것이다. 그런 의미에서 재무지표를 포함한 모든 지표들은 미래에 영향을 미친다. 그렇다면 비재무지표라는 용어가 혼란스러울 수 있다. 고객만족이 미래지향적이라는 이유는 미래 재무성과를 결정할 요인이기 때문일 것이다. 그런 의미에서 고객만족은 명백하게 회계적인 지표는 아닐지라도 재무적인 지표라고 볼 수 있다.

"소위 과거지향적(분석적) 지표들은 종종 무시되는 경향이 있지만 가치지향적인 분석지표들은 매우 유용한 통찰력을 제공할 수 있다. 왜냐하면 미래는 숨겨진 과거에 의해 종종 달라지기 때문이다."

3장에서 언급했듯이 ABM은 어떠한 제품이 이익 또는 손실을 창출하는가에 대한 통찰력을 제공하기 위한 다양하고 풍부한 정보를 제공한다. 하지만 이러한 정보는 과거에 발생한 것이어서 설명력이 떨어진다. 반면에 자금의 지출처와 자금지출의 결과 및 성과에 대한 정보도 제공한다. 지출비용내역이 제공된다면 ABM정보는 교정조치를 취하거나 조정을 할 때 매우 유용하다.

의사결정은 투자자 및 채권자의 값 비싼 자본을 포함하여 미래 투자기회에 대한 투자여부 결정을 위한 사전 검증절차와 같다. ABM정보를 what-if시나리오와 결합되듯이 "미래가치를 증가시키기 위한 결정시 처음에는 분석지표를 사용하고 추후 예측지표를 추가한다" 이는 전통적인 투자 타당성 검토 및 자본예산 분석과 관련성이 있다. MBA졸업생들이 배운 기법인 현금흐름할인(DCF)과 ROI분석을 적용한다. 이러한 미래지향적 접근방식은 현재 또는 미래에 지출될 모든 투자(특정 프로젝트, 제품, 서비스라인 및 고객에게 투입되었거나 투입될)가 회계적이익이 아닌 경제적이익을 창출할 것인가를 검증하기 위함이다.

"가치지표가 분석지표와 예측지표 사이에서 명백한 연결고리가 되어 DCF/NPV 과정을 향상시킨다. 불행히도 DCF/NPV가 정답을 제공한다 해도 전형적인 분석지표와 연계하는 것은 쉬운일이 아니다. 사실상 이런 이슈는 가치기반이 아닌 시스템상에서 전형적인 성과지표와 의사결정 기준사이에서 단절을 만든다! 이는 한가지 기준으로 의사결정하지만 예측의 실제 실현여부를 평가할때는 그러한 지표들을 결코 사용하지 않는 조직에서 흔히 발생한다.

DCF관련 문헌을 폭넓게 확보하여 조직에서 의사결정 이후 결정사항을 분석하기 위해 가치지표를 사용하고자 하는 방법에 대해서 간략히 논의해 보자.

승자와 패자를 구분하는 의사 결정 분석

의사결정 분석은 보완 및 변경대상을 예측하기 위한 피드백 정보에 영향을 미친다. ABM정보는 소요된 활동을 통해 제품, 서비스라인, 채널 및 고객에게 소요된 자원을 추적할 수 있기 때문에 중요한 역할을 수행한다. 추적은 강제적인 물량기반의 원가배부가 아니라 인과관계에 기반을 두고 있다. 모든 제품들이 동등하게 수익성이 있지 않으며 이는 고객 또한 마찬가지다. 이는 3장에서 언급하였듯이 ABM은 전통적 회계보다 정확하고 가시성이 있는 제품과 고객수익성 정보를 제공한다. 요약하면 ABM은 개별 또는 모든 고객이 사용한 자원을 추적한다. 또한 자본비용을 자원소비 대상에 배부하는 것뿐만 아니라 가치창조 목적을 보완하고 관리자 및 종업원들에게 전략과 투자에 대한 평가 및 대응방안을 결정하는데 보다 완전한 정보를 제공한다.

예를들어 양조장 관리자가 스카치 위스키가 보드카보다 수익성이 있다라고 믿고 있었지만 이에 대한 확신은 없었다고 하자. 관리자는 자본비용을 포함하여 양주 브랜드를 분석하여 숙성기간이 짧은 양주에 비해 상대적으로 긴 숙성시간, 저장과 처리를 요하는 스카치위스키의 재무적 영향도에 대해 보다 많이 이해하기 시작했다. 사용자산에 투자된 자본비용과 양주 재고량을 모두 고려할 때 ABM은 회사가 생각했던 것과는 다르게 숙성된 스카치 위스키가 보드카보다 많은 수익을 창출하지 못한다라는 사실을 증명할 수 있었다. 이는 그들의 믿음과는 상반된 결과였다. 보드카는 증류된지 몇 주 내에 팔릴 수 있었다. 결과적으로 회사는 보다 수익성이 높은 보드카 판매를 위한 생산과 판촉을 증대하였다.

Part Ⅲ에서는 ABM 원가배부 구조가 어떻게 고객별 수익성계산서 산출을 가능하게 하는지 논의했다. 그림 20.4는 대차 대조표로부터 계산된 암묵적 자본비용을 포함한 확장된 ABM 원가배부 구조를 나타내고 있다. 활동동인의 역할과 유사하게 자본동인은 자본비용을 사용처인 특정자산, 제품 및 고객을 인과관계에 따라 추적

그림 20.4 | ABM원가할당구조: 대차대조표 포함

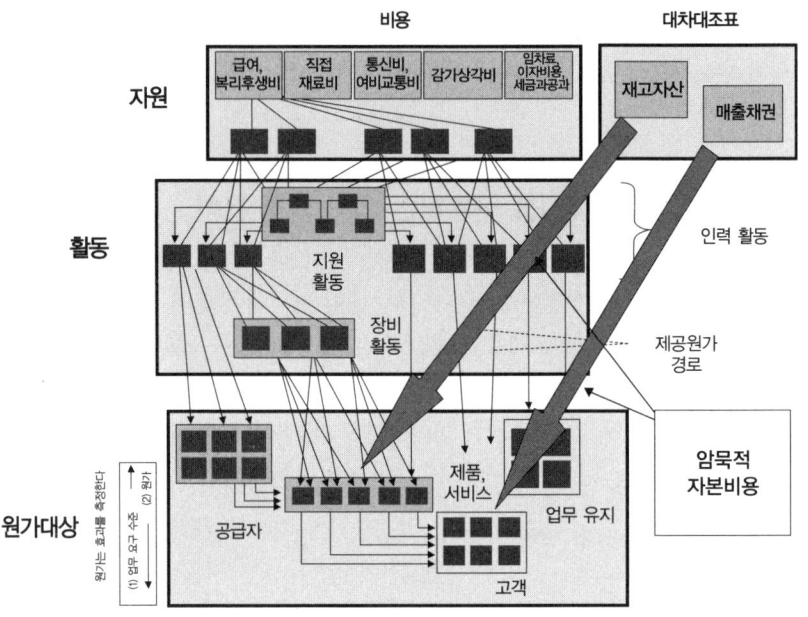

한다.

  Part Ⅲ에서 언급했듯이 ABM은 고객별 가격과 물량(매출액 등)에서 고객별 비용을 상계하고난 후의 총 손익규모, 고객별 손익규모에 대해서 알려준다. 이익이 소유주와 주주로 이전되기 때문에 ABM은 고객요구와 고객선호도 등 궁극적인 사업동인들을 알 수 있는 중요한 교차점을 만들어 낸다.

  Part Ⅲ의 표13.5는 고객별 손익계산서를 보여주고 있다. 해당 손익계산서에서 마지막 라인에 자본비용을 고려한 추가손익이 있다라고 상상해보라. 자본비용은 대차대조표에서부터 NOPAT(세후영업이익) 바로 아래의 자본을 소비하고 이익을 감소시킨 내역까지 효과적으로 추적된다. 실무에서 자본비용은 단 한줄로 통합되지 않고 특정활동, 제품 및 고객별로 자본동인에 따라 배부될 것이다.

  자본동인을 통해 자본비용을 추적하는 것은 전통적 손익계산서에 경제적 관점을 추가하는 것이다. 예를들어 많은 회계적이익을 창출하는 제품은 또한 다수의 재고자산이나 값 비싼 설비를 필요로 할 수 있다. 만일 이러한 자본 투자비용을 고려했을 때

자본비용의 핵심 원천

자본비용은 대차대조표의 순자산과 부채에 대한 자본비용의 원천이 되는 몇 가지 요소들로 이루어져 있다. 아래는 활동, 제품, 서비스 및 고객별로 각각 추적될 수 있는 자본비용의 원천이 되는 대차대조표상의 일부 계정들이다.

- 재고자산. 총 재고잔액의 자본비용은 제품별로 추적될 수 있다. 적절한 측정치는 해당기간 동안의 재고항목별 평균잔액을 기준으로 계산될 수 있다. 이는 현금차이 분석시의 재고 회전일수와 관련이 있다. 실질 재고잔액과 비용이 높은 제품군을 구매한 고객이 재고수준과 재공품 및 완제품의 비용이 상대적으로 낮은 제품군을 구매한 고객보다 낮은 수익을 나타낼 것이다.
- 매출채권. 총 매출채권잔액의 자본비용은 직접적으로 고객별로 추적될 수 있다. 측정치는 개별 고객별 평균잔액 기준으로 계산될 수있다. 이는 현금차이분석시의 판매미결제액(DSO)과 같다. 이러한 관점에서 ABM은 개별 고객의 대출에 대한 청구시스템 역할을 한다.
- 매입채무. 구매자로부터 가능한 긴 지불기간을 가져가기 위해 외상으로 제품을 매입하는 경우가 많아 재고자산과 상반된 성격의 계정이다.(또는 구매자 우위의 상황에서는 신속한 지불요구에 의해 불리한 상황에 처할 수도 있다.)
- 고정자산. 구매설비 비용은 이미 다년도에 걸친 감가상각을 통해 설비관련 활동으로 배부된다. 그렇다 하더라도 순자산가치는 여전히 투하 자본을 구성한다. 따라서 자본비용 또한 현재의 감가상각비용과 유사하게 설비관련 활동으로 배부될 수 있다.

제품원가의 상승으로 경제적 이익관점에서는 손실이 발생할 수도 있다. 자본비용을 추가함으로써 전통적인 회계적이익만을 고려했을때의 불완전한 믿음에 비해 실질적으로 다른 시사점을 얻을 수 있다.

경제적 가치관리 : 발전모습

Eleanor Bloxham의 저서에서 정의된 것처럼 경제적 가치관리는 보다 발전된 모습을 제시하고 있다. ABM과 성과표를 통해 조직내부로 적용할 수 있다. 현장에서 관리자와 종업원들은 아래의 절차를 통하여 주주 부를 증가시킬 수 있다:

- 수익성 높은 고객, 채널 및 제품에 집중하라.
- 가치파괴형 고객, 채널, 제품 및 프로세스를 규명하라.
- 수익창출 활동을 늘리는 반면 투자자금을 상시적으로 보유하라.
- 자산은 줄이고 수익창출 활동은 상시적으로 수행하라.
- 추정수익이 기업의 자본비용보다 높은 자산과 프로젝트에 투자하라.

ABM은 고객, 제품 및 프로세스별로 자본비용을 배부할 수 있고 이를 통해 추측 또는 진부하고 강제적인 원가배부보다는 보다 경제적인 관점에서 이들에 대한 조정 의사결정이 이루어 질 수 있도록 한다. 자본비용을 추적함으로써 자본은 궁극적인 구매주체인 고객에게 공평하게 청구된다. 이러한 보다 완전한 정보를 통해 종업원과 관리자들은 어떤 고객이 가치있고 주주가치를 충족시키는지를 보다 정확하게 파악할 수 있다. 성과표는 종업원들이 중요한 일을 어떻게 진행하고 있고 어떤 측면을 향상시켜야 하는지에 대한 점수화된 차이정보를 제공하여 이익관리에 도움을 준다. 성과관리는 2장에서 4장에 걸쳐서 논의한 방법론과 관련이 있으며 여기에서는 자본비용을 추가적으로 고려하였다.

경제적 가치관리는 기업들이 자원의 배부대상과 방법를 결정하는데 도움을 준다. ABM은 자본비용과 경제적 손익계산서의 연결고리를 제공한다. 이를 통해 종업원들과 관리자들은 자본사용의 중요성에 대한 인식을 제고할 수 있다. 나아가서 그들의 노력을 어디에 집중해야 하고 어떠한 방향으로 변화하고 조정해야 하는지에 대한 보다 나은 방식을 제공한다.

21

종업원 인텔리전스

인적자원관리(HCM)

"준비하지 않는 것은 실패를 준비하는 것과 같다"

- Vince Lombardi, 미국풋볼리그 Green Bay Packers의 유명감독 -

본장에서는 인적자원관리(HCM)시스템의 두가지 중요한 요소들(종업원 유지관리와 인력계획)에 대해 논의하고자 한다. 성과관리의 넓은 맥락에서 HCM의 목적은 전략맵과 BSC의 학습 및 성장관점에서 조직의 전략적 목적 달성을 돕기 위함이다. 전략맵상에서 조직의 학습 및 성장관점의 전략적 목적은 다른 모든 전략적목적들에 직간접적으로 영향을 미친다. 조직은 사람을 통해 성장한다.

다음은 1장에서 종업원 관련해서 언급된 내용이다:

"가치창조의 원천은 수행하는 사람의 노하우와 열정에 있다. 보다 나은 제품과 광고카피를 만들기 위해 제품개발 엔지니어나 광고편집자를 감독하지 않는다. 그 보다는 그들이 잘 수행할 수 있도록 올바른 환경을 제공한다. 성과관리는 사회적체계를 연료삼아 조직을 경제엔진처럼 움직인다. 이는 조직의 미션이 중요하지 않다는 뜻이 아니다. 단지 성과는 협력, 팀웍 그리고 전체의 효익을 위해 노력하는 인력을 필요로 한다는 것을 의미한다. 가치창조는 조직의 목표에 있어서 핵심이다…

일부 상장기업들은 투자자들로부터 기대수익을 충족시키기 위한 비용감소 압력을 받아 종종 종업원들을 해고하기도 한다. 하지만 단순한 인력수나 비용기준의 의사결정은 조직의 핵심역량을 빼앗아 갈 수 있다. 인적자원 관리시스템은 종업원들을 독특한 기술과 경험을 가치있는 무형자산으로 인식하도록 요구하고 있다."

저자는 인력의 필요와 가치 인식의 중요성이 얼마나 과소평가되고 있는가에 대해 강하게 느끼고 있다. 본서에서는 성과관리가 지표와 모델 기반으로 조직을 안내하고 유도하는 일종의 자동항법장치라는 인상을 주고 있지만 현실적으로 성과관리는 궁극적으로 사람을 통해 이루어 진다.

인적자원 : 무형자산

1장에서 저자는 유형자산과 무형자산 자별화의 중요성을 언급하였다. 종업원과 관련해서 저자는 다음과 같이 정의하였다. 유형자산은 건물, 기계 및 재고자산이다. 장기적인 유형자산에 대한 간단한 정의는 구매한 이후 여러 기간에 걸쳐 감각상각하여 기간비용화 하는 것들이다. 하지만 종업원들은 매일저녁 귀가하고 다음날 아침에 되돌아 오는 인적자원이다. 사람은 가치를 생산하는 무형자산이다. 유형자산과 다르게 무형자산은 시간이 흐름에 따라 가치가 상승하는 잠재력을 가지고 있는 자원이다.

인적자원 관리시스템은 1980년대 인사와 급여시스템의 성숙단계를 거쳐서 고도화 되었다고 할 수 있다. 이는 관리자들이 고민하는 아래와 같은 유형의 의문들에 대한 보다 나은 해법을 제공한다:

- 일부 핵심인력들이 갑자기 그만둘 경우 어떻게 긴 공백기간 없이 적합한 인력을 채용할 것인가?
- 시장과 경영의 전략적 방향성이 밤새 변경되어 즉각적인 견인차가 필요할 때 누가 무엇을 변경할 것인가? 우리는 난관을 예견할 수 있다. 현재 인력들이 노쇠화 되고 현재방식에 머물러있을 경우 경영진은 이를 임박한 문제로 볼 것인가? 그리고 경영진이 우리에게 난관극복에 필요한 자원을 제공할 것인가?
- 승계계획은 우리에겐 아직 낯설다. 종업원들이 이직하는 이유에는 여러가지 유형이 있고 이를 통해 현재 종업원들 중 이직 가능성이 높은 인력들을 예측하는데 활용할 수 있다. 하지만 어떻게 시작할 수 있을까?

HCM 문제의 핵심은 훌륭한 종업원들을 유지하고 향후 업무수행에 필요한 인원수, 다양한 유형의 기능들과 비용을 예측하기 위한 효과적인 인력계획에 있다. 우선 종업원 유지와 인력계획을 심도있게 살펴보고 어떻게 종업원 관계관리(ERM)가 HCM의 하위항목인지 설명한 후 본장을 마무리 하고자 한다.

종업원 유지: 이직 전에 이직을 예측한다

조직이 과거에 이직했던 종업원들의 요인들을 분석하여 현재 종업원들 중에 이직할 가능성이 큰 인력들에 대해 보다 잘 파악할 수 있다라고 하자. 조직이 과거에 사람들이 이직한 이유를 이해하고 이를 통해 현재 종업원들에게 적용하기 시작한다면 훌륭한 종업원들을 위한 효과적인 유지정책을 실행할 수 있다.

좀더 구체적으로 여러분이 다음과 같은 보고서를 받았다라고 하자:

- 몇 년내 이직가능성이 높은 종업원 집단.
- 과거에 종업원들이 이직한 다양한 유형별 원인들.
- 이직이 확인된 집단에서 실제 이직여부에 대한 사전 노출정보.
- 직무유형별 이직인원.
- 자발적 이직 가능성이 높은 집단에 소속된 인원들의 (이름, 사번별) 개별 점수1.
- 이직가능성이 있는 종업원들의 이직가능성(높음, 중간, 낮음)과 이직원인별 상세 유형
- 이직가능성이 높은 집단의 현재 고 성과자들, 과거 비슷한 직위와 성과자들의 이직 원인들과 비중.

가치가 높은 종업원이 이직할 때 소실되는 지식은 복원하는데 많은 대가와 시간이 소요된다. 가치가 높은 종업원들을 잃는 것 보다는 유지하는 것이 훨씬 이상적이다. 이것은 상식이다. 다음과 같은 의사결정 사항들은 종업원들의 이직에 영향을 미친다:

- 승계계획 – 조직의 차기 리더 지정.
- 리더쉽개발 – 종업원들이 조직의 수익증대와 주주가치 향상을 위해 리더쉽을 발휘할 수 있도록 하는 것.
- 제품화기간 – 경험있는 종업원들을 활용하는 경우와 항시 새로운 종업원들을 채용하고 훈련시키는 경우 제품을 시장에 출시하는데까지 걸리는 시간의 차이.

오늘날의 HCM시스템은 조직이 종업원의 채용, 육성 및 유지와 관련된 비용과 영향도를 이해하는데 도움을 준다. HCM시스템을 통해 이직 가능성이 높은 종업원들

을 파악할 수 있다. 물론 모기업내의 개별지역별로 이직원인은 상이할 것이다. 개별지역의 특성이 있기 때문에 지역, 기업, 시장요인들에 따라 HCM시스템의 속성들을 다르게 설정할 수 있다.

종업원 유지모델링과 승계계획은 다음과 같은 질문들에 통계적으로 타당한 시사점을 제공한다:

- 어느 그룹의 종업원들이 자발적 이직 또는 비자발적 해고의 가능성이 높거나 낮은가?
- 어떤 기능들(판매, 제품개발 등)이 전략적 목적 달성을 가장 저해할 만한 단점들을 보유하고 있는가? 어떠한 이유로 과거에 종원들이 이직하였는가?

과거에 이직한 종업원들의 특성이 현재 종업원들에게 적용된다면 현재 어떤 종업원들이 이직할 가능성이 있는가? 이직가능성(높음/중간/낮음)이 높은 이들의 이름과 이들이 조직에 미칠 수 있는 영향도를 설명할 수 있다. 이과 같은 특성에 포함 할 수 있는 위험요인의 예는 "재직기간(x년)", "평균 임금인상율(x%) 미달" 및 "채용시 연령" 등이다.

예를들어 약 5년 재직시점에 이직을 한다면 그들은 아마도 상당한 수준의 경험과 조직운영에 대해 이해하고 있는 시점에 있다고 할 수 있다. 그 정도의 재직시점에 종업원과 함께 사라지는 지식은 만회하는데 많은 비용이 든다.

종업원들이 이직할 가능성이 있는 또 다른 예가 채용시 연령이다. 전세계적으로 35세에서 44세에 해당하는 인력들이 부족하다. 이 연령대는 나이든 은퇴인력들을 대신해 경영층에 오르려고 노력하는 경험이 풍부한 인력들을 포함하는 경우가 많다. 이 연령대의 많은 인력들은 이미 중간 관리자들이다. 능력있는 은퇴자들의 증가와 많은 수의 젊은 인력과 함께 중년의 인력계층은 많은 기업들의 성공을 위해 매우 중요하다고 할 수 있다.

HCM모델을 통해 종업원들의 모든 이직 사유들을 분석한 후에 경영진은 자발적 또는 비자발적 이직 가능성이 있는 고위험 집단에 속한 종업원들에게 집중할 수 있다.

종업원유지 모델링으로부터 얻을 수 있는 부수적인 효익들이 있다. 인력소요 추정과 현재의 위험조건 이해목적과는 별개로 기업은 과거 또는 최근에 종업원 이직을 야기한 문제들을 치유할 수 있다.

경영진과 정책들이 과거 이직의 주요 원인이 되었을 가능성이 있다. 새로운 대응방안과 정책조정이 이러한 문제들을 치유할 수 있다. 자발적 이직위험이 높은 종업원들을 파악하는 것은 조직이 종업원들의 성과를 평가하고 그들의 성공과 리더쉽 역량을 키우는데 도움이 되는 교육훈련프로그램들을 이행하도록 유도한다.

종업원 유지를 위한 방안과 정책들은 다음과 같다:

- 급여수준 인상
- 초기 급여 인상
- MBO프로그램 공식화(BSC 등)
- 보다 효과적인 교육훈련
- 경력관리 지원

특정 종업원들에 대해 급여인상과 같은 변화가 일어남에 따라 종업원들의 이직가능성이 얼마나 줄어들지를 이해하기 위해 종업원들을 재평가 할 수 있다.

분명한 것은 결정적인 기능을 보유한 높은 성과자들을 잃는 (특히 경쟁자들에게) 모험은 하지 마라!

인력계획 : 미래 계획에 따라 인원수를 변화시킨다

3장에서 기술적인 활동기준원가정보가 어떻게 미래 설비규모 예측(원가추정 및 예산)을 위한 근거를 제공하는 역할을 하는지 알아보았다. 마찬가지로 같은 예측기법을 인력계획시 적용한다. ABC는 전통적인 예산 수립과정에 비해 우월하다. 예산의 목적은 일반적으로 기업전체 지출비용을 단기관점에서 배부하는 것이다. 예산은 종종 인원수, 전년도말의 지출내역을 기반으로 출발하여 점차 그 수준을 조정한다. 반대로 활동기준계획(ABP)은 미래의 업무량 예측을 시작으로 미래기간의 인력과 지출소요액을 계산한다.

효과적인 인력계획은 다음을 필요로 한다:

- 1년 이후 필요 기능에 대한 계획
- 현재 역량, 미래 필요 역량과 채워져야 하는 역량에 대한 정보
- 교육훈련, 보상 및 다양성관리를 위한 정책 및 프로그램

요약하면 인력계획시 인력수준과 필요 기능요건을 충족하고 적시에 직무공백을 채우기 위해서는 전통적방식의 예산보다는 보다 체계적인 접근방식을 필요로 한다.

인력계획을 위한 4단계

인력계획을 위한 4단계 프로그램은 간단하지만 제대로 이행하기는 쉽지 않다. 모든 역량계획에서와 같이 자원계획은 우선 현재수준의 측정과 향후 필요사항을 결정하고 현재와 미래의 차이를 측정한 후 최종적으로 차이를 메우기 위해 추가, 변환 또는 제거가 필요한 자원의 종류를 파악한다.

공급과 수요산식은 아래와 같다:

신규종업원수 = 현재 종업원수 +/- 신규 업무량 충족을 위해 필요한 종업원의 증감 + 자발적 또는 비자발적 이직 종업원수

산식의 세번째 요소는 복합적인 요소를 추가적으로 고려해야 하고 본장의 후반부에서 논의할 것이다.

인력계획을 위한 4단계는 다음과 같다:

1. 업무수행을 위해 필요한 현재 보유역량을 파악하라. 인력계획은 현재 모든 종업원들의 기능목록과 특성의 취합부터 시작한다.
2. 미래 소요량을 추정하라. 소비와 원가율을 토대로 역량을 결정하기 위하여 간단하게 미래 매출액, 주문량을 예측하는 편협한 역량소요계획으로 시작해서는 않된다. 본 단계에서는 2장에서 논의한 전략맵과 성과표상에 나타난 프로젝트나 프로그램의 계획내역(추가적인 신규인력을 필요로 할 수 있는)을 고려할 수도 있다.
3. 과부족 차이를 결정하라. 추정한 기능과 역량의 부족은 부족한 공급욕구를

> 충족시키기 위해 필요할 것이다. 이를 보충하지 않을 경우 서비스수준이 하락하거나 프로젝트가 예정대로 완료되지 못할 것이다. 또한 지나치게 많아서 불필요하거나 진부한 기능을 보유한 경우도 있을 것이다. 이렇게 부족과 초과가 동시에 존재하는 상황을 해결하기 위해서는 현재 인적자원에게 적극적으로 다양한 분야의 교육훈련을 시킴으로서 한걸음 먼저 앞서갈 수 있다. 교육훈련은 강제해고와 동시에 신규채용을 해야하는 난처한 상황을 최소화할 수 있다. 교육훈련에 대한 투자는 전체적인 장기비용을 줄일 수 있다.
> 4. 채용, 이동 그리고 단념하라. 곧바로 시행하라. 3단계에서 결정된 차이를 매워라. 하지만 사실을 바탕으로 시행하라!

인력계획에 영향을 미치는 다른 요인들

활동기준계획(ABP)은 전통적인 예산수립에 비해 고도화된 방식이지만 인력계획을 위해 완벽한 솔루션을 제공하기 위해서는 몇가지 조정을 필요로 한다. 수요기반의 자원계산에 더해서 기업의 경영자는 다음과 같은 내외부 요인들을 예측하고 고려해야 한다:

- 미션과 전략의 변화
- 경제상황
- 대규모 프로젝트
- 시장경쟁상황
- 노조규칙
- 정부규제

이러한 모든 요소들은 특정시점별로 역할이 다르다. HCM소프트웨어는 다양한 변수들을 포함하여 이와 같은 다양한 요인들간의 상호관계를 체계적으로 평가할 수 있도록 what-if시나리오 계획수립을 지원한다.

게다가 시간당 인원수와 상근환산 인원수(FTEs) 계획은 활동기준 계획만을 사용하는 것보다 훨씬 복잡해질 수 있다. 왜일까? ABP는 자원소요량을 예측하기 위한 표준 산업화시대 방법과 다르지 않아 자원획득을 위한 거래비용이 거의 발생하지 않는다는 것을 가정한다. ABP는 또한 신입직원과 직무를 변화한 현재직원에 대한 최소한의 학습곡선과 요구수준 도달시간을 가정한다. 거래비용은 채용비, 광고비와 선행 교육비용이다. 또한 학습기간 동안 발생하는 일시적인 비효율(기회비용)도 존재한다. (어떤식으로든 통상적으로 인사부서의 채용노력에 따른 암묵적인 비용은 ABP모델에서 비용에 포함된다.)

　여기에서 핵심은 종업원이직을 고려할 경우 해당 내용을 반영해야 하기 때문에 ABP가 계산하는 것보다 신속하게 신규직원을 채용해야 한다는 것이다.

종업원관계관리(ERM)시스템: HCM의 하위항목

　종업원관계관리(ERM)시스템은 전형적으로 1990년대 시스템으로 생각할 수 있다. 그림 21.1은 ERM시스템을 관리자와 종업원 사용에 적합한 형태로 나타내고 있다.

그림 21.1 | 인적자원관리, 종업원관계관리와 성과관리시스템과의 통합

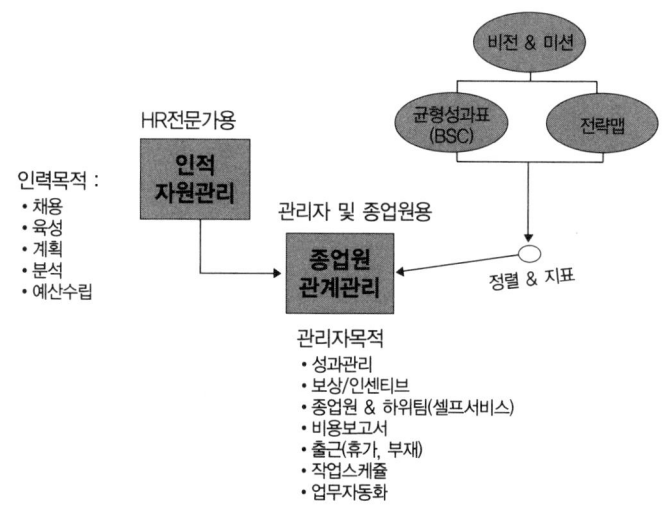

최근의 ERM시스템의 변화는 셀프서비스의 기능을 제공한다는 것이다. 오늘날 종업원들은 개인적으로 비용보고서, 시간 또는 프로젝트보고서를 제출하고 출결상황을 관리한다. 관리자들은 종업원 상황을 검토하고 보상이나 직무변화를 처리한다. 이러한 모든 정보는 중앙 DB로 취합된다. 종업원들을 실질적으로 신뢰하고 있다.

HCM시스템은 인적자원관리자들을 위해 설계된다. 본서에서 언급한 역할수행을 위한 기능은 HCM시스템내에 존재한다. HCM관리자들은 HCM시스템내에서 인력계획, 채용과 경력관리를 수행한다.

전략맵과 균형성과관리표는 ERM시스템과 통합된다는 사실을 주지하라. 이는 기업의 전략을 종업원들과 의사소통하고 핵심성과지표에 대한 피드백을 제공한다.

반응하지 말고 선행하라

본서의 반복적인 주제는 기술이 더 이상 생각하고 있는 것을 방해하지 않는다는 것이다. 이는 HCM에도 마찬가지로 통한다. 적절한 분석도구로 무장할 경우 인력관리부서는 개연성있게 앞일을 예측할 수 있다. 지속적으로 조직의 인적자원을 미션과 전략적목표에 연계시켜라.

PART V
성과관리, BI, 그리고 정보기술

"Field Name 필드에 field 명을 Name으로 입력하시오"

– 최악으로 선정된 소프트웨어 매뉴얼 사용설명서 –

이번 Part에서는, 성과관리의 효익을 극대화하기 위하여 데이터 마이닝과 분석 소프트웨어와 결부된 데이터 관리와 데이터 웨어하우징 기술이 왜 BI를 달성하는데 필요한지 논의하고자 한다. 이 책의 처음에 설명한 것처럼, 조직들은 경영진이나 관리자로부터가 아닌 종업원들의 실현성 있는 의사결정들과 결합된, 빠르고 사실 중심이며 보다 상세한 정보를 요구하고 있다. 나의 결론인 "최종 생각(Final Thought)" (23장)는 이 책에서 논의되었던 모든 요소들이 어떻게 연결되는지를 논리적 다이어그램으로 설명한다.

22

성과관리를 통한 데이터 관리와 데이터마이닝

조직 데이터의 중요성과 가치를 충분히 잘 알고 있는 조직들도 실제로 그 가치를 실현하는 데는 어려움을 겪고 있다. 그들의 데이터는 흔히 앞뒤가 맞지 않고, 일치하지 않거나, 접근할 수 없다. 매일 수집되는 다량의 거래 자료 속에는 가치는 있으나 이용되지 않은 미 가공 데이터들이 숨어 있다. 부서와 기능간의 정보공유는 어렵다. 최근까지 대량의 자료 속에서 정보를 효과적으로 추출해내기는 상대적으로 어려운 일이었다.

이러한 조직들은 통합되지 않은 개별 솔루션들로써 IT 시스템을 구축하고 있다. (예를 들면, 그들은 다른 도구들을 결합하여 다른 플랫폼들에 세워진 다른 영역의 데이터 웨어하우스들을 가지고 있지만 어떤 도구는 표준에 맞지 않고, 어떤 것은 유지보수 계약이 만료되었고, 벤더가 폐업한 경우도 있다.) 단기에 완성되는 솔루션으로 구현된 것은 소프트웨어 유지보수에 문제가 발생될 수 있다. 신중한 조사 후에 구입된 소프트웨어 조차도 시스템 상호간의 의사소통을 방해하고, 의도되지 않은 장애들로 인하여 중복된 도구들, 데이터 불일치, 이중 노력, 그리고 궁극적으로 높은 IT 운영 비용을 초래할 수 있다. 모든 조직들은 컴퓨터들이 다른 컴퓨터와 교신하는 것이 중요하다는 결론을 내리고 있다.

데이터 저장 기술의 혁신은 컴퓨터 정보처리능력 측면에서 두드러지게 발전되고 있고, 디지털 데이터의 거대한 풀(pool)들을 생성하는 솔루션이 선호되는 새로운 시대의 도래를 예고하고 있다1. 결과적으로, 탁월한 도구를 가진 일부 소프트웨어 벤더들은, 조직들이 보유하고 있는 정보를 활용할 수 있게 하고 상상 이상으로 효과적인 성과관리를 할 수 있게 하는, 완벽한 분석적 애플리케이션과 데이터 모델들을 제공한다. 그 도구들은 기업과 기업집단의 데이터에 쉽게 접근할 수 있도록 하고, 또한 그 데이터를 전 조직에 걸쳐 일치, 유용, 활용할 수 있는 정보로 전환하여 준다.

이러한 소프트웨어 선도업체들의 제안은 일반 기업과 공공부문에 존재하는 오늘날의 문제들을 적기에 해결한다. 시장은 단순히 BI 도구들을 원하던 것으로부터 완벽한 솔루션들을 원하는 것으로 발전해왔다. 이것은 커스터마이징하여 모든 시장에 적용할 수 있는 수평적 솔루션들(horizontal solutions) (예를 들면, 인적 자본 관리와 성과표) 뿐만 아니라 소매업, 은행업, 의료업, 또는 제조업과 같이 특정 산업 중심의 솔루션들을 포함한다. 이들을 수직적 솔루션(vertical solutions)이라 부른다. 그림 22.1은 정보시스템 내 ABM과 성과시스템들에서 사용되는 보다 일반적인 데이터 산출물의 위치를 예시하고 있다. 또한 그림에서는 분리되어 있는 원천시스템으로부터 자료를 어떻게 추출해내며, 분석을 위하여 추출된 자료를 어떻게 저장하는지를 나타내고 있다.

수평적 균형성과표(balanced scorecard) 애플리케이션의 한 예를 들면, 성과표의 일반적인 4가지 관점에서의 데이터 필요조건들은 Oracle Financials, Siebel CRM 콜 센터, SAP 자재관리(MM), 그리고 PeopleSoft 인적관리(HR) 모듈로부터 입력되었을 것이다. 기본적인 데이터 구조의 가정이 각각 다르게 만들어지기 때문에 이러

그림 22.1 | ABC/M과 성과표 연계를 위한 정보기술 다이어그램

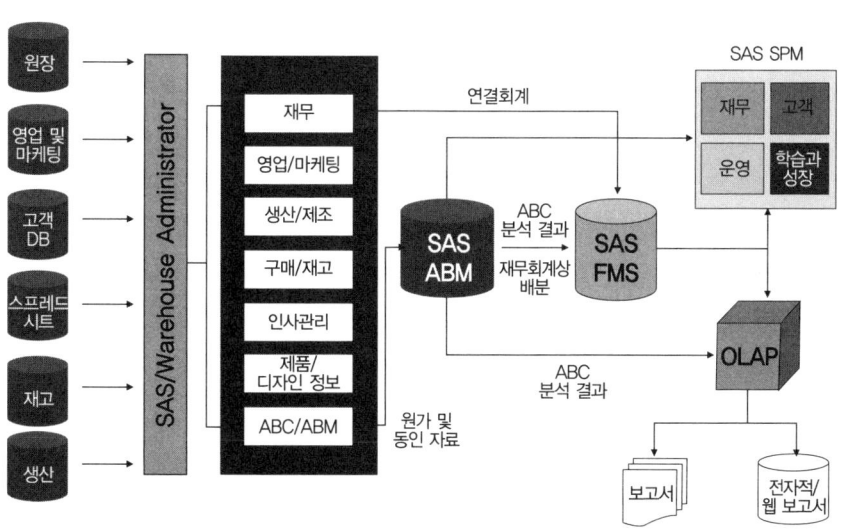

한 데이터들을 함께 모으는 것은 힘들 수 있다. 소스 데이터에 직접 접근하는 것은 연관된 수많은 테이블들 때문에 어렵다. SAS와 같은 벤더가 제공하는 데이터관리 도구들은 그 테이블들을 통합하고 내부의 논리적인 데이터 모델과 메타데이터 관리를 통해 단순화된다. 메타데이터는 데이터의 원천, 처리, 그리고 사용과 같이 데이터에 대한 정보로 정의될 수 있다.

확장 데이터 마이닝과 BI, 분석 인텔리전스

분석적 소프트웨어 애플리케이션들은 의사결정을 지원하기 위해 이러한 기술 들을 업무정보들에 패키지화해서, 데이터웨어하우징과 데이터마이닝 도구들의 범위를 보다 넓은 사용자 토대까지 확대하고 있다. 정보 가치 사슬(information value chain)은 다음의 연속적인 요소들로 구성되어 있지만 마지막 구성요소는 대부분 포함하지 않는다.

- IT 아키텍처 계획(IT Architecture Planning)- 이 구성요소는, IT 관련 도구들을 무작위로 구입하기 때문에 잘 고려되지 않기도 하지만, 지도 없이 여행을 하는 것보다는 미래를 고려하여 수행하는 것이 좋다. Y2K 공포가 있었던 1990년대 후반에는 많은 조직들이 이 단계를 건너 뛰었다.
- 추출, 전환, 적재(Extraction, Transform, and Load(ETL))- 이런 도구들은 기 구축된 고도의 성과 측정 능력들을 데이터가 저장되기 전에 데이터 조작, 통합, 그리고 품질 검증하는데 제공한다.
- 지능 데이터 저장소(Intelligent Data Storage)-이 구성요소는 측정가능하고 탄력적인 데이터 저장 능력들을 제공한다. 이런 능력들은 원칙적으로 관리하기 쉬워야 하고 상용 소프트웨어 벤더가 제공하는 제3의 소프트웨어라도 자유롭게 접근하여 이용할 수 있어야 한다.
- 비즈니스 인텔리전스(BI)- 전형적으로 정보가치사슬의 마지막이라고 오해 받는 이 구성요소는 이미 저장되어 있는 역사적 데이터를 이용한다. 범용 애플리케이션은 OLAP을 통한 ad hoc report 생성이나, 정보 조회를 하기 위하여 다차원 관점의 데이터 조합 혹은 리스트들을 보여준다.

- 분석 인텔리전스(analytical intelligence) - 정보가치사슬의 마지막인 이 구성요소는 우수한 성과 성취자들과 열등한 성취자들을 구별할 것이다. 바로 앞의 비즈니스 인텔리전스 구성요소는 관리자들과 종업원들에게 새로운 시각을 제공하지만 항상 답변해야 할 새로운 질문은 회피한다. 정보가치사슬의 가장 중요한 부분인 분석 인텔리전스는 선택과 의사결정 수행을 위하여 질문하고, 분석하고, 답변할 수 있게 된다.

마지막 구성요소인 분석 인텔리전스는 사용자들의 정규 업무와 통합되어 사용하기 쉬운 형식으로 이용 가능하다. 이 구성요소는 이 사슬의 선행 도구들에게 영향을 주며 도구들의 집합이라기 보다는 솔루션들의 집합이라고 생각되는 것이 알맞다. 분석의 피드백은 오류를 바로잡는 작업을 수행하여 업무운영에 명확하게 영향을 미치게 된다. 피드백은 의사결정을 하게 하고 실제 행동을 이끌어 기업 성과를 향상시킨다. 분석 인텔리전스 소프트웨어는 단순히 데이터를 리포팅하기 보다는 의사결정 지원을 위한 예측과 모델링, 그리고 성능 최적화를 제공한다.

당신이 어디 있는지 모른다면 지도는 소용이 없을 것이다; 당신이 어디로 가고 있는지 모른다면 길이 있더라도 소용이 없을 것이다. 소프트웨어 선도업체들은 그들의 분석 인텔리전스 애플리케이션과 솔루션들의 깊이와 넓이를 통해서 지도와 길을 모두 제공하고 있다. 많은 CIO들은 신중하며, 그들의 IT 전략의 목표는 고객판매주문관리 또는 생산시스템들처럼 표준화된 프로세스의 자동화 기술을 계속 실행하는 것이라고 믿는다. 여기에서 잘못된 것은 업무를 능률화하면서 개선이 발생한다고 믿는 것이다. 그렇지만 실제로 뛰어난 성과 관리는 관리자들과 종업원들이 그들이 일하는 기업과 환경을 더 잘 이해함으로써 생성되는 것이다. 더 잘 이해하는 것은 분석 인텔리전스 소프트웨어에 영향을 미쳐 더 깊이 분석하고, 지각할 수 없는 추세들을 찾아내고, 가정을 검증하고, 그리고 민감도 분석과 결합한 what-if 시나리오의 결과들을 분석함으로써 가능하다.

분석은 사람들이 일하는 방법을 바꾸는 것이 아니라 일하는 방식의 질을 높이는 것이다. 분석 인텔리전스 소프트웨어 애플리케이션들은 기업의 모든 수준에 걸쳐 전개되어야 하고, 원칙적으로 개별 고객정보(예를 들면, 계정잔액)가 실시간으로 보여야 할 뿐만 아니라, 무엇을 왜 해야 하는지 알려주어야 하는 고객 콜 센터와 같이, 특정 목적에 즉시 적용될 수 있어야 한다. 분석은 중요척도와 정확히 특정 목적에 맞춘 정보를 일반 사용자들과 의사 결정자에게 직접적으로 제공한다. 기업들이 점점 더 BI 도구들을 요구하게 되면, 이러한 성능들을 분석 인텔리전스 애플리케이션으로 보완하는 것은 실질적으로 그들의 전반적인 기업정보 가치를 증가시키고 기능 영역 전반에 걸쳐 상당히 높은 생산성 향상과 이윤극대화를 동시에 가져온다.

분석 애플리케이션들의 기본 목표는 분석과 관리기능들을 결합하여 분석정보를 관리자 및 종업원들의 업무 수행을 위한 필수조건으로 활용하는 것이다. 따라서, 분석 도구들의 성공적인 이행을 위해서는 무엇보다도 특정 비즈니스 니즈에 집중하는 것이 필요하다.(공급망관리(supply chain management), 가입자 이탈의 발견 및 감소 등)

IDC의 연구에 따르면, 분석 애플리케이션들을 성공적으로 구현하고 이용하는 조직들은 평균적으로 112%의 ROI와 17~2,000% 이상의 이익을 얻었다. "연구에서는 기업들이 그들의 절박한 비즈니스 문제에 계속하여 집중할 때 분석으로부터 중요한 ROI를 끌어낼 수 있다고 설명했다. 분석은 전 산업들과 프로세스들에 걸쳐 지식노동자들의 생산성에 긍정적으로 영향을 미친다. 중요한 것은 비즈니스 프로세스를 개선하는 수정 활동들에 지속적으로 분석 결과를 적용하는 것이다."

데이터 관리 용이성

데이터웨어하우스들은 고객 거래정보와 같은 거래를 바탕으로 한 데이터, 소스 레코드, 계정잔액과 기간합계와 같은 요약정보를 저장한다. 데이터관리 기술은 그 데이터를 추출하고, 의사결정 지원을 위해 데이터를 전환하고, 분석 도구들에 적재한다. 또한 데이터 관리는 대량의 정보들과 보고서 생성과 관련된 정보 프로세스들을 정기적으로 처리하기 위한 인프라 기술(예를 들면, 보안, 백업/복구)을 포함한다.

대부분의 조직들은 식품점에서 장바구니에 개별 식품들을 담듯이 수년에 걸쳐 소프트웨어 시스템들을 구매해왔다. 문제는 그 시스템들이 모두 통합되었었다면 더 잘 작동되었을 것이지만, 이미 개별적으로 구입되어 구현되었기 때문에 통합이 불가능하다는 것이다. 하나의 IT 솔루션은 다수의 애플리케이션들이 데이터를 공유할 수 있는 하나의 데이터웨어하우스 또는 운영 데이터 저장소에, 분리되어 있는 모든 시스템들로부터의 데이터를 저장하려고 시도해왔다. 데이터베이스에 대한 일반적인 표준들이 곧 발전될 것이라고 확신했었지만 그 속도는 느렸다.

　IT 기능의 다음 솔루션은 조직이 경쟁적 우위를 차지할 수 있도록 대량의 데이터 소스들로부터 기초적인 지식을 추출하고 통합하는 데이터마이닝 솔루션들을 이용하는 것이었다. 불행히도 많은 데이터 관리 도구들은 다양한 데이터 소스들을 잘 통합하지 못하고, 측정하기 불충분하거나, 문제점을 해결할 수 있는 범위가 제한적이다. 이는 전형적으로 고객관리나 공급망관리(SCM)와 같은 특정 비즈니스 프로세스 중심의 업무에만 최적화되어 있고, 필요 정보가 시스템 내에 모두 갖추어져 있는 것도 아니다. 더군다나, 거래처리 업무 수행을 위해 수많은 테이블이 연계되어 최적화된 데이터 모델들은 여러 주제들, 메타데이터, 그리고 미리 계산된 요약정보에 의한 빠른 응답을 수행하는 최적화된 분석적 데이터 모델들과는 다르다.

　결과적으로, 조직들은 그들의 요구사항에 부합되고, 보다 안정적인 솔루션으로서 더욱 강력한 다목적 데이터마이닝과 분석 도구들을 요구하고 있다. 일치하지 않는 다양한 정보들(multiple versions of the truth)이 의사결정자들 서로를 논쟁하게 하고 그들의 데이터 소스들과 그 결과로 나온 결정들의 품질을 의심하게 하는 반면, 이것은 모든 종업원들에게는 하나의 통일된 정보(one consistent version of the truth)를 제공한다.

　폐쇄적인 개별 시스템에 특화된 소프트웨어들과는 대조적으로, 공개된 표준 아키텍쳐를 지원하는 도구들은 소프트웨어 애플리케이션 개발 환경들이 산업 표준들의 모든 형식들과 호환될 수 있음을 보증한다. 우수한 도구 벤더들은 각 시스템들에만 사용되도록 고안된 형식으로 광범위한 소스 시스템에서 직접적으로 데이터에 접근할 수 있고, 그 목표 환경이 퍼스널 컴퓨터이거나 메인프레임 또는 어떠한 운영시스템이든 상관없이 플랫폼에서 플랫폼으로 이동할 수 있는 독립성을 제공한다. 이런 우수한 도구들은 개별 솔루션들로부터의 정보를 연결하기 쉽고, 기존 시스템들이 전체론적인 관점에서 신뢰성 있는 정보를 산출하도록 하며, 의사결정자들이 그 관점에 따라 자신 있게 행동할 수 있도록 한다.

　요약하면, 일반 대중을 위한 비즈니스 인텔리전스 시대가 도래했다. 지금 종업원들은 다음과 같은 많은 비즈니스 문제들을 해결하기 위해 분석 인텔리전스 도구들을 통해 그들의 업무지식을 쉽게 변환할 수 있다.

- DM(Direct Mail), 전화, 이메일, 그리고 인터넷을 통한 마케팅 캠페인으로부터 반응률을 높여라.

- 가장 도움이 되는 고객들과 그 고객들의 충성도에 대한 근본적 원인을 확인하라. 또한 잠재적 가능성 측면에서의 미래 고객들을 규정하라.
- 전자상거래 전략을 개선하기 위해 웹사이트 방문 데이터를 분석하라.
- 제품 설계 결함에 대한 영향을 최소화하기 위해 보증서에 기재된 문제들을 빠르게 찾아내라.
- 돈세탁 범죄행위들을 적발해라.
- 보다 정확한 고객 재무신용평가를 통해 고객 수익성을 향상시키고 위험노출을 감소시켜라.
- 어떤 제품과 서비스 라인 조합들을 고객들이 구매하고자 하는지, 언제 구매하는지를 결정하라.
- 실험 약품들에 대한 임상실험 결과를 분석하라.
- 보다 수익성 있는 보험요율을 설정하라.
- 사전 유지보수를 통한 설비 중단시간을 감소시켜라.
- 가입자 이전 및 감소에 대한 분석을 통해 고객들이 경쟁사로 이동하거나 경쟁사를 이탈하여 당신의 고객이 되는 이유를 파악하라.
- 신용카드나 전화카드를 도난 당했을 때 도용(usage spikes)을 저지하는 것처럼, 사기행위를 발견하고 방지하라.
- 유망한 새로운 분자 약품 혼합물을 확인하라.

목록은 끝이 없다. 이 모든 예들의 공통점은 단순히 리포팅 하는 데서 멈추는 것이 아니라 보고된 데이터에 숨어 있는 결과를 파악할 수 있는 능력을 가지는 것이다.

데이터 마이닝과 분석의 용이성

데이터마이닝 및 분석 도구들은 보이지 않는 연관성, 패턴, 추세, 조합을 발견하거나 컴퓨터에 의한 의사결정을 위해 방대한 양의 데이터를 분석할 수 있도록 설계되었다. 이는 비즈니스나 조직에서 발생할 수 있는 사건이 왜 발생하는 지 분석할 수 있는 기능을 제공한다. 또한, 의미 있고 정확한 예측에 유용하게 활용될 수 있다. 우수한 데이터마이닝 및 분석 도구을 활용하면 데이터 준비와 분석 과정을 효과적으로 진행할 수 있다. 이 도구의 장점은 조직들이 이미 보유하고 있는 원천 데이터를 유용하게 활용할 수 있다는 것이다.

통합 데이터마이닝 및 분석 알고리즘 (예를 들면, 전통적인 통계치, 이상치 발견, 신경 회로망, 의사결정 트리, 회귀분석, 군집분석, 텍스트 마이닝)을 유용하게 활용하면 과거에 통계 전공자들만이 할 수 있었던 일을 비 전공자들도 수행할 수 있게 된다. 일반적인 분석자들은 통계 및 시각화 기법을 활용하여, 방대한 양의 데이터로부터 근원적인 비즈니스 지식을 도출하고, 유용한 결과를 도출, 최적화하며 고객 분류 모델과 같은 결과로 보여줄 수 있도록 예측 데이터를 발굴할 수 있다.

데이터마이닝 도구는 어느 정도 통계적 역량을 보유한 사람이 데이터마이닝 및 분석 과정을 진행할 수 있는 GUI(graphical user interface)를 제공하며, 전문가는 임의로 일부 설정을 변경하여 활용할 수도 있다. 예를 들어 비전공 사용자들은 손쉽게 많은 양의 데이터를 다차원 히스토그램으로 분석하여 대안 시나리오들과 가정으로부터 도출된 결과를 그래픽적으로 비교할 수 있다.

또한, 데이터 엑세스에서 실행까지 소요되는 시간을 최소화할 수 있다는 것이 큰 장점이다. 그리고 이 결과는 인터넷을 통해 공유할 수 있다. 이 모든 작업은 단일 컴퓨팅 환경에서 가능하다. 조직들은 운영 소프트웨어 시스템과 같은 인프라에 대규모 투자를 해 왔으며, 이를 BI로 전환하여 유형 자산의 가치에 영향을 줄 수 있다. 학습의 양보다는 학습의 속도가 선진화된 조직으로 차별화 할 수 있는 주 요소가 될 것이다.

가공 데이터 활용

일부 산업에서 정보는 주력으로 제공하는 제품이나 서비스 못지않은 경쟁 우위 요소이다.

조직들은 최적의 의사결정을 위해 명쾌한 접근 방식을 갖기를 원한다. 그러나, 모든 것을 최적화할 수는 없다. 왜냐하면, 일부 문제에 대해서는 최적화가 불가능하거나, 최적화 시스템을 설계하고 운영하는 비용이 활용으로부터 얻는 효과에 비해 과다 또는 과소하게 발생할 수 있기 때문이다. 그럼에도 불구하고 비즈니스 실무와 그 결과를 최적화할 수 있는 가능성은 무궁무진하다. 이미 비즈니스 프로세스를 최적화

그림 22.2 | 정보가치의 진화 (당신의 회사는 어느 단계인가?)

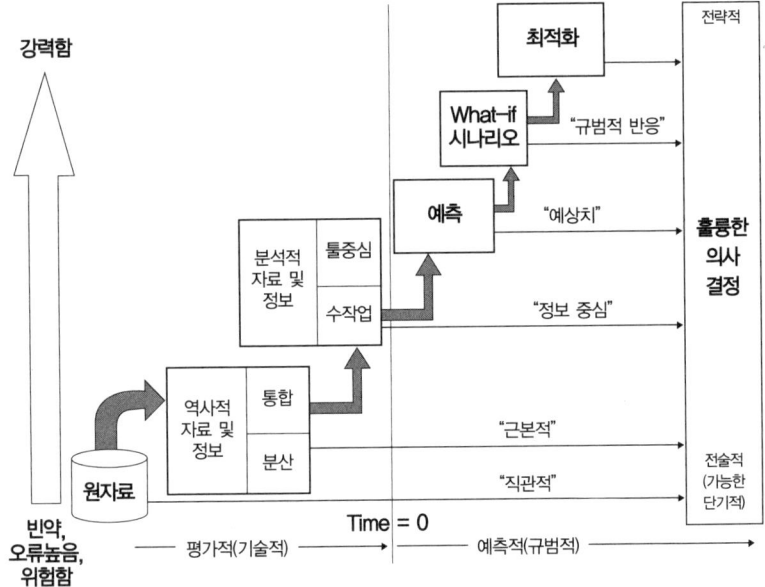

하고 있는 많은 사례가 나타나고 있다.

정교한 데이터마이닝은 일부 단점이 있음에도 불구하고, 최적화를 요하는 문제 뿐만 아니라 직감에 의한 과거의 규칙에 비해 분석 도구를 활용한 사실에 근거한 결정을 수행하는 데 유용한 솔루션으로 활용되고 있다.

그림 22.2는 정보가 가치 측면에서 얼마나 유용한 지를 단계별로 보여주고 있으며, 조직들이 도달할 수 있는 성숙도의 단계를 보여주고 있다. 이는 다음과 같다.

- 데이터 획득(Capturing data). 전 업무 시스템으로부터 데이터를 획득하고 정보로 가공하여 저장하는 것은 데이터를 필요로 하는 사용자의 요구사항에 상관없이 매우 경제적이다.
- 데이터 접근(Accessing data). 사용자가 데이터에 접근하기 어렵다면 저장해 둔 데이터는 필요 없게 된다.
- 정보 활용(Using Information). 지식, 지혜, 정보는 경쟁 우위의 원천이다.

조직이 단계를 올라갈 때, 충분히 활용되지 못한 데이터는 관리정보로 처리될 때 활용될 수 있다.

그림 22.2는, 왼쪽에서 오른쪽으로, 원천 거래자료와 운영자료가 정보Information 〉 지식knowledge 〉 지능적 정보Intelligence로 전환되는 과정을 설명하고 있다. 맨 오른쪽 박스의 "훌륭한 의사결정"은 원천 자료를 변환할 궁극적인 목적과 목적지다.

관리와 리더십의 구분 : 위험선호주의

리더십과 의사소통은 어떤 조직에서든 매우 중요한 것들이고 둘 다 인간적인 것들이다. 성과관리시스템들은 전략과 가치창출 또는 미션 달성을 위하여 리더십과 의사소통 모두를 이용하여, 성공적인 조직 인프라와 잘 융합됨으로써 조직 목표를 달성하는데 매우 유용한 제 1의 성과 관리 도구이 된다.

인터넷의 영향력은 수십 년 동안은 지속될 것이다. 기업 성과관리시스템들과 같은 web활용 도구들은 효율성과 자산활용에 있어 도움을 줄 뿐만 아니라, 빠르게 방향전환을 할 수 있도록 하여 조직이 자산과 인재를 활용하여 극대화된 성과를 거둘 수 있도록 한다.

조직이 단계별로 성장할 때, 조직의 의사결정 능력도 차츰 증대한다. 다시 말하면, 후속단계는 선행단계를 포괄하면서 발전한다. 조직들이 성숙단계로 올라가는 비율의 중요 결정요소들 중 하나는 최고 경영진의 리더십이다. 경영하는 것과 통솔하는 것에는 뚜렷한 차이가 있다. 리더십은 모험을 하는 반면 경영은 위험들을 회피하는 것이 특징이다. 지도자들은 결단성이 있어야 한다. 개선된 리더십은 위험을 제거하거나 적어도 예측된 만큼의 위험을 최소화하는 데서 올 수 있다.

위험은 심지어 누적된 데이터가 이용 가능한 정보로 변환되었을 때도 계속 존재한다. 반대로, 계산된 위험은 누적된 과거 자료들과 예측적분석(predictive analysis)에 사용될 수 있는 업무 지향적 모형에 기초한 계산결과들을 근거로 한다. 예측적 모형은 고객신용판매, 우수제품이나 시장의 선택, 우수사원 퇴사 가능성 예측, 벤더 통합 등에 내포된 위험을 분석한다.

과거에는, 위험은 기업 재무 정보만 연관이 있었다. 오늘날의 경쟁적인 비즈니스 환경은 위험을 재무와 비재무적인 관점 모두를 포함하는 것으로 재정의한다. Sarbanes-Oxley 법의 입법화로, 이제는 관리적 위험에 개인적 위험, 법적인 책임, 그리고 개인의 명성까지도 포함하게 되었다. 결과적으로, 기업과 경영진들은 재무정보 및 인력과 프로세스상의 위험까지도 위험분석에 포함시킴으로써 언제라도 기업의 위험노출 상황을 알 수 있어야만 한다.

신뢰성 있는 예측 정보들은 조직의 위험에 대한 훨씬 더 정확한 그림을 제공한다. 불확실성과 친해져라. 당신은 위험을 완전히 제거할 수는 없지만 줄일 수는 있다. 비즈니스 인텔리전스의 정상에 위치한 분석 인텔리전스는 과감한 리더십을 위한 길을 열어준다.

정보 시스템들의 성숙단계

그림 22.2로 돌아가보자. 왼쪽에서 오른쪽으로 갈수록 더욱 중요한 질문과 답을 하고 있다:

- 무슨 일이 발생했는가?
- 왜 발생했는가?
- 대안을 바꿔서 행동한다면 무슨 일이 벌어질까?
- 발생할 수 있는 최고의 것은 무엇인가? (어떤 대안을 선택해야 하는가?)

그림 22.2에서 중심에 위치한 수직 분리선은 미래(오른쪽)와 과거(왼쪽)를 구분한다.

역사

그림 22.2의 왼쪽 편은 기술적, 평가적 정보를 나타낸다. 단지 과거 데이터만 사용하는 것은 다음 단계들을 포함하고 각 두 가지 구성요소들을 가진다.

1. **과거 데이터와 정보(Historical data and information).** 원천 자료는 추세, 상관관계, 이상치(anomalies), 관련성, 패턴분석을 위한 의미 있는 정보로 전환된다:
   - 이산적(Fragmented and disparate). 좋은 의도에도 불구하고, IT라는 도구만 가지고는 미래를 충분히 볼 수 없다. 데이터는 있지만 불행히도 쉽게 접근할 수 있는 곳에 존재하는 것은 아니다. 데이터 관리 도구들은 데이터를 모아서 공통 형식으로 저장한다. 이 데이터는 중심에 저장, 관리되고, 더 중요하게는, 최종목표에 맞추어 설정된다.
   - 단일화 (Unified). 데이터는 전형적으로 다른 원천들로부터 수집되며 표준화와 규격화를 요구한다. 데이터를 표준화 한다는 것은 하나의 통일된 정보를 제공한다는 것이다. 최신식 분석회사들은 추출, 전환, 그리고 적재(ETL) 기능들을 기초로 한 데이터 관리와 데이터 웨어하우스들에 의존한다. ETL 기능들은 모든 데이터를 투명하고 통합하기 쉽게 만들어주며 데이터 소스 또는 플랫폼으로부터 독립시켜준다. 데이터를 정제하고, 표준화, 규격화, 재조직화하는 것은 여기서 일어난다. 정확하고 접근 가능한 데이터는 성숙단계로 올라가기 쉽게 한다.

2. **분석적 정보(Analytical information).** 이는 역사적 자료를 투입하여 분석적인 시각을 가질 수 있도록 예측 정보들을 단계적으로 파악하거나, 정보 계획을 수립하거나 분석 논리를 최적화 하는 등의 분석적 능력을 말한다.
   - 수기분석(Human analysis). 이것들은 Excel, 계산기, 대학 101 수준(역자 주 : 기초 수준)의 방정식, 그리고 통계 강좌 들을 포함한다. 일부 종업원들은 이런 방법들을 잘 사용한다. 일부 조직들은 훌륭한 지도자들, 급진적 혁신가, 또는 행운에게 감사해왔다.
   - 도구 중심 분석(Tool-based analysis). 수많은 고객, 부품 번호, 제품, 소매점, 판매경로와 공급업자들, 기타 등등에 걸친 수십 개의 변수들을 포함하는 세분화 분석(segmentation analysis) 결과를 계산해 본 적이 있는가? 소프트웨어 벤더인 SAS가 제공하는 도구들처럼, 통계분석 도구들은 사용이 쉬운 분석방법을 제공하여 가설검증, 의사결정 및 실행에 필요한 결과를 제시한다.

미래예측기법

그림 22.2의 오른쪽 편은 미래에 대한 추정치와 과거의 기술적 정보를 결합하여 의사결정을 위한 처방적이며 예측적인 정보(prescriptive and predictive information)를 나타내고 있다. 이것은 불확실성과 위험이 교차하는 곳이다. 예측 도구들을 사용하면, 불확실성의 정도에 따라 예측이 수행될 수 있다. 다시 말하지만, 불확실성과 친해져라. 당신은 위험을 완전히 제거할 수 없지만 줄일 수는 있다. 여기 3가지 가치를 증대시키는 단계들이 있다:

1. 예측(Forecasting). 일부 사람들은 산포도상의 과거 자료에 의한 산포도법으로 추정을 한다. 더 향상된 예측자들은 미래의 잠재 판매량과 제품믹스에 대한 수요 정보를 제공하기 위하여, 인터넷을 기반으로 한 원천 자료와 알고리즘 도구들을 사용한다. 예측자들의 신뢰성은 매년 향상되고 있다.
2. 시나리오 분석(What-if scenarios). 개별적인 추정상황에 대한 신뢰성 있는 예측정보는 최선의 의사결정을 하도록 지원하지만, 어떤 경우에는 상호의존성이 너무 커서 시뮬레이션, 민감도 및 시스템 다이내믹스 분석 도구들의 강력한 소프트웨어가 필요할 수도 있다.
3. 최적화(Optimization). 모든 것이 최적화될 수는 없지만 많은 것들이 가능하다. 최적화 솔루션에는 항상 제약과 상충관계가 존재하며, 그러한 전체적인 문제점들을 상쇄시키는 것을 포괄적으로 고려하고 있다. 최적화가 가능한 응용프로그램과 프로세스로 인하여 시장의 리더와 그 경쟁자들을 구별할 수 있을 것이다.

당신의 조직은 어느 단계에 있는가?

조직들은 그들을 다음 단계로 올려줄 수 있는 기술력 없이도 위에서 설명했던 많은 업무들을 수행해왔다. 직감, 수작업, 그리고 스프레드시트가 여기까지는 가능하게 했다.

당신의 조직은 어느 단계에 있는가? 때로, 조직은 조직 자체가 어떤 단계에 있는지

쉽게 분류할 수 없다. 그 이유는 일반적으로 여러 단계들에 걸쳐있기 때문이다. 대부분 조직들은 그림 22.2에서 보는 바와 같이 사람과 도구에 기초하여 분석하는 분석 단계에 위치한다. 모든 조직에 있어서, 종업원들은 역사적인 추세나, 미래 수요에 대한 상관관계 능에 대하여 검토하고자 할 것이며, 할 수 있는 최선의 판단과 결정을 하려고 할 것이다. 이 방법은 만족스러울 수 있다. 결국, 선사시대 사람은 생존하기 위해 먹는 방법을 알아냈고, 기차와 비행기는 출발지점 A에서 목적지점 B로의 이동을 위한 수단이 되었다.

핵심은 의사결정을 지원하는데 과거 데이터를 사용할 수 있다는 것이다. 당신에게는 미래를 추론할 수 있는 역사적인 패턴, 추세 및 조합 정보들이 있기 때문이다. 예를 들면, 한 제품이 여러 해 동안 수익성이 없었고 그 상황이 다른 전략적 목적에도 도움을 줄 수 없다면, 그 제품의 마진율을 높이는 의사결정을 내려야 한다. 흔히, 과거에 뿌려진 씨로부터 미래가 자란다. 다른 예를 들면, 새로운 주문에 대한 견적을 내거나 예정 완성일자를 추정할 때 과거 성과 수준에서 파악된 작업 시간과 원가율 정보는 이익 달성여부를 검증하기 위한 기초를 제공한다.

우수한 소프트웨어 벤더들은 조직들이 역행하기 보다는 순행적으로 단계를 올라가도록 도와줄 수 있다. 보다 합리적인 의사결정들이 더 좋은 조직을 만든다.

다음 장, "최종 생각"에서는 성과관리 통합 방법론과 도구들을 이용해 단일 시스템처럼 조직을 운영할 수 있는 방법을 설명한다.

23
고객과 주주를 연결하는 최종 생각

"어떠한 복잡한 사실들도 그들이 가진 본래의 요소들보다 더 적은 것들로 설명될 수는 없다. 대단히 복잡한 방법들이 좋은 결과들을 산출하지 못하고 있다는 것은 부인할 수 없다. 전체 구조의 가치를 잃지 않고 단순화하는 데는 더 이상 줄일 수 없는 최저한도가 있다는 것을 인식하여야 한다.
'단순 방식(simple system)'의 함정은……일반적으로
인식되는 것 보다……비효율에 대한 책임이 있다."

– Alexander H. Church, 19101 –

항상 회의론자들이 있다. 그들이 비현실적인 비전을 가진 열성적인 사람들에 대한 좋은 견제와 균형이 되는가? 그럴 것이다. 그러나 나는 관리 방식의 큰 변화에서 오는 다음 4가지 중요 위험들과 연관된 테스트들을 성과관리가 성공적으로 통과할 수 있기 때문에 효과가 있을 것이라고 믿는다:

1. **기술적 위험(Technical risk)**. 작동하는가? 작동될 것인가? 진부화 문제는 없는가?
   답 : PM(performance management)의 각 요소들은 독립적으로 작동하고 있고, 시스템 통합은 이미 증명된 성숙된 원칙(discipline)이다. PM은 운용될 것이고, 연결되지 않고 개별적으로 운영되는 것보다 결합된 부분들의 합은 훨씬 잘 운영될 것이다.
2. **운영적 위험(Operational risk)**. 작동된다면, 내 조직에서도 가능한가?
   답 : 주로 PM은 특정 사례에 한정된 규칙들이기 보다는 보편적으로 적용할 수 있는 원칙들에 대한 것이다. 원칙들은 어떤 산업, 어떤 조직에도 적용된다.
3. **경제적 위험(Economic risk)**. 당신이 지불할 만큼 가치가 있는가?
   답 : 당신이 근면하고, 영리하며, 세심하게 그리고 절약하여 시스템 구축을 함으로써 관리 노력이 덜 들어간다면 원가 대비 효익 측면에서 구축이 가능할 것이다.
4. **정치적 위험(Political risk)**. 사람들이 궁극적으로 완벽한 시스템에 만족할 것인가?
   답 : 신뢰성 있는 방법으로 문제들을 해결하도록 도와준다면 일반적으로 만족하고

고마워한다.

종이 한 장에 모두 넣기

일부 사람들은 조직에서 가장 제 기능을 발휘하지 못하는 시스템이 성과측정 시스템(performance measurement system)이라고 말한다. 그 가정은 성과측정들이 더 타당하고, 전략과 일치되며 개인 및 팀 별로 최적화된다면, 조직은 훨씬 나은 수준의 성과를 달성할 수 있다는 것이다. 성과측정 시스템을 확립하는 것은 모든 개선프로그램들을 통합하고 조화로운 방향으로 작동하도록 하게 할 것이다. 그것이 2장 전략맵 및 성과표(strategy maps and scorecards)를 이 책의 마지막보다는 시작에 둔 이유이다.

다른 사람들은 주주가치창조(shareholder value creation) 측정을 성배로 비유한다. 그들은 정보 시스템들이 주주의 부를 증가시키는데 필요한 행위들과 잘 연결되어 있다면, 조직이 궁극적인 목표를 달성하는데 더 효과적일 것이라고 믿는다. 나는 이것을 20장에서 경제적 가치 관리(economic value management)라고 칭했다.

나의 믿음은, 주주의 부를 증가시키는 것은 상위의 전략을 이해함으로써 고객을 만족시키고 기쁘게 하는 것과 관계가 있다는 것이다. 더 나아가 이 모든 것은 고객, 전략, 그리고 경제적 부의 창출 (또는 파괴) 사이의 연계들을 보여주는 ABM 데이터를 사용하여 훨씬 더 잘 이해될 수 있다고 믿는다. 그것은 이 책에서 기술된 성과관리(PM)툴들의 미션인 전략적 계획을 수익성 있는 결과로 전환하게 하는 것이다. PM은 전략을 관리하는 프로세스이다.

조직 모델 : 원가 소비 관점

재무정보는 조직이 의사소통하는 수단으로서 중앙 신경계와 같다. 모든 사람들이 원가(costs), 이익(profits), 예산(budgets), 급여(paychecks), 청구서(bills)와 같은 용어들을 이해하는 것처럼 보인다. 재무 데이터는 단순히 현금과 돈의 표현이다. 현금과 돈은 비즈니스와 상거래의 일반 용어이다. 영리법인, 비영리단체, 정부 모두 화폐액으로 나타낸다.

　세계는 수많은 기업과 조직들로 구성되어 있지만, 그들 모두에게 일반화된 기본 원칙들은 별로 없다. 그 중 하나가 조직의 수입보다 지출이 지속적으로 많으면 그 조직은 결국 사라지게 된다는 것이다. 돈은 순환시스템처럼 조직들 사이를 흘러 다닌다. 순 수입이 지출액보다 적다면 그 조직은 괴롭다.

　비즈니스 교과서들과 잡지 기사들은 다양한 비즈니스 모델들을 다룬다. 그들 모두는 조직이 운영되는 방식을 알려주고 있다. 그림 23.1은 전문가조직인 CAM-I가 개발한 ABM 모형을 확장한 것이다 CAM-I 모형에 추가된 것은 원문에서 누락된 두 가지 중요 요소로서 조직의 전략과 성과 측정치이다. 그림에는 조직이 종합적인 시스템으로 운영되는 방법에 대하여 설명하고 있다. 이는 자금의 흐름에 따른 순환 시스템이라 할 수 있다.

　어느 정도 까지는, 그 모델은 고객과 같이 시작하고 끝나지만, 결국 어떻게 부와 경제적 가치의 창조 및 파괴가 조직의 투입 노력에 대한 직접적 결과인지를 설명하고 있다. 모델의 중앙에는 Part Ⅲ에서 기술된 바와 같이 원가관리를 이해하기 위한 표준인 ABM 원가 할당 구조를 나타내고 있다. 이 모델의 최종단계는 조직이 계속적으로 주주들의 부를 증가시키는 것이다. 학습이 빠른 조직은 게임에서 이길 수 있지만,

그림 23.1 │ 전략적관리시스템

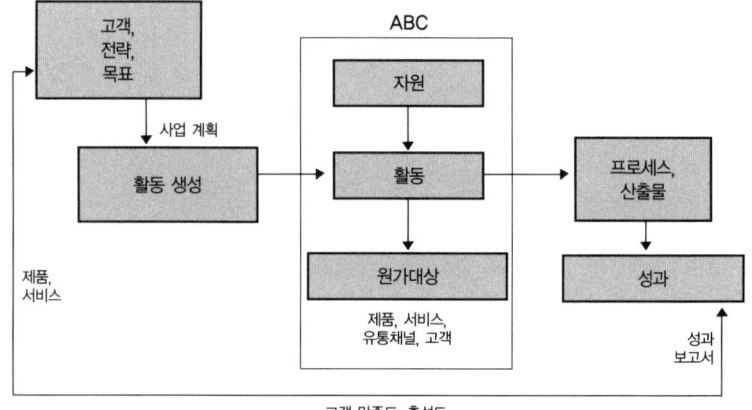

결승선이란 없다.

지도 탐색

그림 23.2는 그림 23.1을 더 상세하게 본 것이다. 돈 흐름의 속성들은 그대로이다. 지도의 주요 구역 또는 지역들을 각각 탐색해보자:

- 전략(strategy)과 고객들
- 이익(profits)과 자원 소비(resource consumption)
- 공급사슬(supply chain), 원가동인(cost drivers), 생산성(productivity), 가치(value)

이것들은 우리가 벌써 이 책에서 지도에 있는 길들을 횡단하는 여행을 했었기 때문에 익숙한 영역일 것이다. 이 지도는 단지 돈의 흐름 관점에서 본, 전체 성과관리 메

그림 23.2 | 성과관리

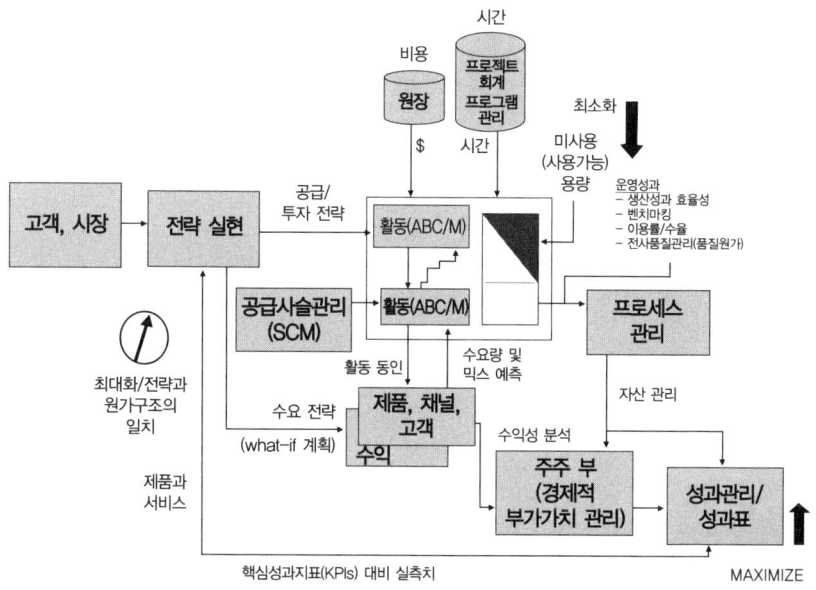

커니즘의 조감도이다.

전략과 고객

그림 23.2의 왼쪽 상단 지역을 보자. 조직의 성공 열쇠는 종업원들이 전략을 효익으로 실현될 수 있도록 전략적 목표를 가진 건전한 전략을 가지는 것이다. 고객은 분명히 필수적이다. 전략은 고객들의 가치, 선호도 및 요구사항을 고려한다. 이것들은 고객이 만족하는 제품과 서비스에 대한 아이디어들을 제공하고, 고객 만족, 고객 충성 및 고객 유지(retention)를 달성할 뿐만 아니라 새로운 고객들을 유인한다. 17장에서는 분석적 고객 인텔리전스와 운영적 CRM으로 논의되었다.

조직의 전략을 정의하고 결정하는데 사용된 전략 방법론들은 진화를 거듭해 왔으며, 결국은, 강한 리더십이 전략의 실행에 대한 필수요소가 되었다. 초기에는 위험에 대한 태도에 따라서 관리자와 리더를 구분했었다.

일단 전략이 정의되었으면(그리고 계속적으로 재정의 됨으로), 그 전략의 산출물(outputs)들은 비즈니스 모델의 다른 요소들에게 입력정보(inputs)를 제공한다:

- **수요전략과 투자전략(Demand strategy and investment strategy)**. 전략은 두 가지 구성요소들을 가진다. 고객의 관심을 불러 일으켜 주문을 하게 하는 방법과 그 수요를 충족하기 위해 필요한 자원과 자본을 제공하는 방법이다. 대체로 수요 전략이 먼저 수행되고, 공급 전략이 수행된다. 이를 통하여 초과 자본비용으로 이해관계자의 부의 창출에 손상을 미칠 수 있는 미사용 자본량을 최소화하게 된다.
- **목표측정(Target measures)**. 이 부분은 Part two의 균형성과표에 따른 KPI로 구성된 매트릭스로서 전략과의 의사소통과 조직이 기대하는 결과의 달성 여부에 대하여 검증하는데 사용된다. 이와 같은 피드백을 통하여 조직은 수행 활동을 조정할 수 있게 된다.
- **시나리오 분석(What-if scenarios)**. 이 시나리오들은 전략과 실행계획들에서 발생 가능한 결과에 대하여 나타내고 있다. 시나리오들은 what-if 시뮬레이션을 하는데 사용된다. 3장 마지막에서 기술한 것처럼, 시나리오들은 원가 대비 효익을 평가하고, 단기 목표측정치, 소비계획, 예정 원가 들을 정량화하는데 사용

되는 매트릭스들을 제공한다.

수요 전략이 성공적이고 자원의 적절한 유형 및 수준에 부합된다면, 정확한 제품과 서비스들은 고객과 시장으로 다시 흘러간다. 고객과 장기적이고 건전한 관계를 유지한다면, 고객 만족은 고객 충성과 고객 유지로 전환된다. 공급조직의 이상적인 목표는 평생 고객을 유지하는 것이다.

이윤과 자원사용 대 소비지출

모형의 중간 영역은 ABM 원가 할당 구조를 확장시켜 나가고 있다. 그림 23.2에서, 활동은 지도의 중앙에 위치한다 – 업무와 프로세스들은 조직이 실행하고 결과를 창출하는 핵심이다. 원가대상은 활동원가를, 그리고 활동원가는 자원을 소비한다. 제품 및 고객과 같은 다양한 원가 대상들이 활동을 부담하는 방법에는 대단한 변화가 있다. 그림 23.2는 다양성에서 발생하는 차별적인 원가들이 나타난다. ABM을 위한 계산엔진인 ABC는 이런 원가들을 정확하게 측정하기에 알맞은 도구로 받아들여져 왔다.

자원은 인력, 소모품, 설비, 건물, 기타 항목들에 대한 경제적 비용들이다. 자원은 활동으로 비용을 제공하고 이를 통하여 원가대상은 활동을 소비하게 된다. 활동이 이용 가능한 자원을 모두 소비하지 않으면, 미사용 용량(unused capacity)이 남게 된다. (미사용 용량의 동의어는 유휴용량(idle capacity)과 초과용량(excess capacity)이다.) 바꾸어 말하면, 자원을 소비한 비용은 발생하지만 자원을 실제 사용한 원가는 전체 비용 금액보다는 적다. 자원과 활동 영역에 인접하여 일부분이 칠해진 영역이 미사용 용량 영역이다. 미사용 용량이 커지면, 원가와 이익의 크기가 바뀔 수 있다. 이익은 원가대상 별 수익에서 원가를 차감하여 계산되기 때문이다.

그림 23.2의 중앙 하단부분은 이익 결정요소들을 나타내고 있다. 수익은 가격과 수량에 의하여 결정되며, 수량은 제품 및 서비스에 대한 고객의 인식, 관심과 구매 능력에 의하여 결정된다. 또한, 경쟁자들에게로 판매량과 고객의 돈을 뺏길 수도 있다. 이는 B2C(Business-to-Consumer) 산업이 고객의 지갑에 있는 돈을 나눠 갖는 경기와 같기 때문이다. 원가대상의 원가는 제품에 대한 제조원가, 서비스 제공원가 및

고객별 판매원가가 결합된 것이다. 이익 수준은 균형성과표와 같은 성과측정을 위한 투입정보가 된다. 그리고 이익에 대한 성과는 일반적으로 KPI 목표치와 과거 성과에 비교된다.

결국, 조직의 최종 목표는 주주의 부를 증가시키기 위해 현금 유입액과 경제적 이익을 최대화하는 반면, 미사용 용량을 최소화하는 것이다. 이것은 20장의 경제적 가치 관리에서 논의되었다. 관리와 부의 창출은 그림 23.2의 화살표상에 "최소화"와 "최대화"로 구분하였다. 이 시스템은 경영진을 위한 닌텐도Nintendo나 게임보이 같은 게임시스템이라 생각한다.

원가동인, 프로세스, 생산성, 그리고 가치

지도의 가운데와 오른쪽 끝에 걸친 영역은 공급자 관계를 포함하는 비즈니스 프로세스들이 위치한 곳이다. 공급사슬과 프로세스 관리는 18장과 19장에서 설명되었다. 비즈니스 프로세스는 공통 목적을 가진, 둘 이상의 논리적으로 연관된 활동들로 정의될 수 있다. (ABC/M이라는 용어는 ABC가 적용된 후에 만들어 졌다. 본서에서 ABM으로 요약하여 부르는 ABC/M은 보다 나은 의사결정을 통하여 조직을 관리하도록 하는 ABC 자료의 중요성을 강조하고 있다.) 원가동인은 활동에 대한 투입정보이다. 고객 주문 건수와 같은 원가 동인은 활동의 필요성과 활동의 유형 및 양을 결정하는데 영향을 미치는 요소이다.

20장에서 경제적 가치 관리(EVM)는 현금 유입액과 경제적 이윤 극대화로서 나타내었다. 그러나, 그림 23.2에서 EVM은 또한 비즈니스 프로세스와 그 결과에도 연관된 것으로 보여진다. 벤치마킹과 같은 EVM의 투입 정보들은 ABM, 6시그마, Lean 사고방식에서 논의된 실행 및 운영적 성과와 관련된 툴이다.

고객부터 주주까지

조직이 이해관계자들의 부를 창출하기 위하여 전략을 결정하고 고객의 요구사항을 만족시키는 방법에 대한 전사적 비즈니스 모형을 도식화하는 방법에는 여러 가지가 있다. 그림 23.2는 단순히 시스템으로서의 성과관리를 표시한 다이어그램이다. 하지만 화폐액으로 표현한 이 그림은 미사용용량에 대한 원가 최소화와 이해관계자 부의 최대화 사이의 중요한 연계고리가 되고, 전략과 고객을 예정 자원수준과 연계하는 고리가 된다. EVM과 같은 방법을 사용하여 주주의 부를 극대화하는 것은 끝나가고 있지만, ABM은 논리적으로 중요한 수단 중 하나다.

나에게 무엇이 가장 중요한가?

본서는 광범위한 영역을 다루고 있다. 그러나, 전산화된 정보시스템으로 모두가 연결된다. 이와 같은 시스템에 있어서 성과관리의 구성요소들은 비즈니스 모형을 표현하게 된다. 물론 이러한 비즈니스 모델의 검증은 조직의 행동을 얼마나 잘 설명하는지와 예측적 목적으로 사용가능한지를 파악하는 것이라 할 수 있다.

성과관리정보의 일차적인 유용성은 모형 구조상 반복적이고 신뢰성 있는 보고체계이며, 이차적인 유용성은 예측력에 있다. 예측과 추정으로 통제 기일을 앞당기는 것은 으레 시간이 걸릴 것이다. 그러나, 훌륭한 성과결과는 정확하고, 실제 정보를 기준으로, KPI에 대한 전략적 목표의 결과와 연계된 고객 중심 전략을 구성하고, 채택함으로써 가능해진다. 내부 프로세스 통제와 인적자원관리, 고객 및 공급자 관계관리는 모두 성과표(scorecard), ABM, 예산시스템으로 효익을 얻을 수 있다. 왜냐하면 행동이 성과를 유발하기 때문이다. 행동의 불일치는 자원의 오사용 및 수익 기회 상실 측면에서 비용이 들게 된다. 이 부분이 이 책에서 기술된 강력한 성과관리 프레임워크를 요약하는 것이다.

그러나, 본서의 어떤 관점에 가장 흥미를 느꼈는지 물어본다면, 나는 다음 3 가지로 나눌 것이다: (1) 상충되는 의사결정 속의 예측된 위험—특히 주주의 경제적 가치 창출과 고객 가치의 균형을 맞추는 방법; (2) 용량 관리; (3)예측.

경제적 가치의 균형을 이루기 위한 상충 의사결정

종업원들이 전략을 이해하고, 그들이 하는 일이 전략 목표의 달성에 어떻게 영향을 주는지 이해할 때, 종업원들의 행동이 그 조직 내부적으로 동기화 된다. 이렇게 하는 것이 종업원들에게 기업가 정신을 조장하고 전략을 모두의 업무로 만들 수 있다.

그러나, 균형을 맞추기 위해서는 항상 갈등이 있으며, 이러한 갈등은 고객 또는 프로세스, 종업원들의 서로 다른 목표로 인하여 발생한다. 또한 갈등은 조직이 성장하고 더 복잡해질 때 증대한다. 관리자와 종업원들은 끊임없이 상충되는 목표들에 직면하고 있고 그것들을 해결할 수 있는 방법은 없다. 활동은 통합하기 더욱 어려워지고 예산 배정은 관리자들의 필요분만큼 이루어지지 않는다. 성과관리 구성요소를 통합함에 따라서, 기업은 포괄적으로 고객 서비스 요구사항과 예산 제약을 고려한 전략적 목표와 같은 전체적인 목표들을 고려하여 균형적으로 운영할 수 있게 된다.

모든 영역을 극대화하는 것이 최적화와 일치하는 것은 아니다. 이는 부분 최적화일 뿐이다. 상충 의사결정들은 이상적으로 주주, 고객, 공급자, 거래대상, 종업원, 환경단체 및 공동체 등의 모든 이해관계자들에 대한 균형을 이루도록 한다. 어떤 조직적 기능도 다른 기능을 희생하고 이득을 얻어서는 안된다.

항상 변화하는 고객 선호, 니즈, 수요는 끊임없이 우선순위를 변화시키고 경쟁하게 한다. 재무 예산편성과 같은 오늘날의 관리시스템들은 갈등과 가치가 균형이 되도록 설계되지는 않는다. 이들은 통제를 수행하는 요소로서 균형을 맞추는 요소는 아니다. 오히려 방해요소이거나 비효율적 또는 비효과적인 용어가 맞을 것이다.

의사결정은 경제적 가치가 창출 또는 파괴되는 교차점에서 이루어진다. 상충관계는 항상 평가되어야 한다. 당신은 복잡성과 상호의존들이 너무 압도적이어서 성과관리는 아주 많은 노력이 필요하다는 의견을 받아 들일 수도 있다. 나는 성과관리가 좋은 모델링과 리포팅에 관한 것이라고 결론짓는다.

용량 관리

용량관리는 생산계획 담당자들이 가지고 있는 수많은 자료에 의한 비공식적인 원칙 중의 하나이다. 근본적으로 용량관리는 기대수요와 자원수준을 일치시키는 것을 의미한다. 이는 실제로 미사용 용량관리를 위한 규칙으로서, 그 목표는 불필요한 비용으로 제거하거나 수요를 늘려 용량을 채우는 것이다.

항공산업은 이 원칙을 위한 역할모델(role model)이다. 단기적으로, 이륙시의 빈

좌석은 영원히 수익 기회를 잃어버리게 된다. 따라서 가격탄력성이 민감한 차별적 고객군별로 변동가격을 적용하여 가격을 최적화하는 원칙을 사용하게 된다. 장기적으로는, 모든 노선의 승객요구를 만족시키기 위하여 너무 많은 비행기를 보유하는 것은 오히려 이익을 감소시키게 된다.

대부분의 조직들은 직감에 의한 장비구입과 인원수를 규제한다. 예를 들면, 고객 대기 시간이나 대기 열이 지나치게 길면, 고객서비스 직원을 증원한다. 만일 우수한 직원이 저녁시간 이후에도 업무를 수행하고 있다면, 증원을 고려하게 되는 것이다.

성과관리에 보급된 정량분석은 비공식적 업무(informal practices)를 향상시키는 엄청난 잠재력을 가지고 있다. 수익률이 낮으면 수익 증대의 기회도 줄어든다. 용량관리는 언젠가 모두에게 매우 익숙한 단어가 될 것이라고 장담한다.

예측

예측이 자세한 수준까지 모두 실현된다면, 많은 고민거리가 사라질 것이다. 직원과 불확실성에 대한 보험적 성격으로 자원을 제공하는 불필요한 추가 원가가 제거되고, 고객서비스 수준이 향상될 것이다. 예를 들면, 도매업자와 소매업자가 그들 소비 경로의 정확한 수요를 시간대별로 알았다면, 재료 처리 속도(예를 들면, 현금회전율을 높이는 재고회전율)는 교통정체가 심한 LA에서 시속 500Km 속도로 자동차 경주를 벌일 수 있는 인디애나폴리스로 이동하는 것과 같은 효과가 있을 것이다. 즉 미래에 예정된 수요에 대한 불확실성이 최소화되면, 각 품목에 대한 계획된 공급과 배송은 적기에 이루어 질 수 있고, 추가적인 자원은 더 적게 요구될 수 있다.

나에게 있어, 예측에 대한 더 큰 경쟁력은 고객, 항목, 일자 별로 정량적 예측의 수행이 가능한 오늘날의 컴퓨팅 시스템의 힘과 연관되어 있다. 그 모든 데이터는 거기 어딘가에 있다. 필요한 것은 그것을 이용하고 전환하려는 의지이다.

최종 생각

이 책 전반에 걸쳐서 관리자와 종업원이 전략을 이해할 필요성, 기술력이 더 이상

성과관리를 이행하는데 장애가 아닌 이유와 같은 몇몇 주제들이 반복되었다. 내가 결론 짓고 싶은 주제는 상충되는 의사결정이 왜 이 책의 중심 메시지인가 라는 것이다.

개인, 기업, 상기업, 그리고 정부는 끊임없이 선택 과정을 거친다. 전략은 선택 그 자체이다. 선택을 하고 의사결정을 내릴 때 갈등이 자연스럽게 대두되고, 최종의사결정시 선택 가능한 옵션들을 저울질하게 된다. 컴퓨터, 데이터관리, 정량분석, 그리고 분석이론은 성과관리가 용이하게 성과를 거둘 수 있도록 하는데 장족의 발전을 해왔다. 성과관리는 상충 의사결정들을 측정하고 비교하여 항상 최고의 가치 창출을 할 수 있도록 관리자와 종업원들에게 뚜렷한 방향과 계산능력을 제시한다.

Part I에서, 기본적인 관리적 접근방법과 방침에 대한 융합을 주장했었다. 이는 뉴톤의 정량적 방법과 다윈의 행위론이다. 이들은 모두 사람에 대한 것이므로 행동에 대한 변화관리 원칙 적용의 중요성을 강조하고 존중하고 있다. 이제 정량적 분석의 대가이며, 노벨 수상자이고 프린스턴 대학의 수학자인 존 내쉬(John Nash)를 간략히 소개하고 마치고자 한다. Nash는 이해관계의 상충이 있을 때 합리적인 인간들은 어떻게 행동해야 하는지 설명하는 이론을 제시했다. 다음은 Nash의 일생을 담은 아카데미 수상작인 영화 뷰티플 마인드(A Beautiful Mind) 중에서 발췌한 말이다.

"나는 숫자를 좋아한다. 왜냐하면 숫자가 가지고 있는 진실과 아름다움은 동일한 것이기 때문이다. 방정식들이 아름답게 보이기 시작할 때 당신이 성공하고 있다는 것을 알게 된다. 그리고 그 숫자들이 세상이 돌아가는 비밀을 가르쳐 줄 것이라는 것을 알게된다."

용기, 의지, 주의적 태도, 그리고 계산된 위험을 취하는 결단력 있는 리더십을 보유한 경영진들은 완전히 통합된 성과관리시스템들의 초기 채택자가 되고 성과관리의 완전한 비전을 달성할 것이다. 그렇지 못한 경영진들은 뒤처지게 될 것이다.

■ 역자 소개 _

○ 주순제 sjjoo@lgcns.com

한양대학교 회계학과(1996)
한양대학교 대학원 회계학과 석사(1999)
한양대학교 대학원 회계학과 박사(2003)
前, 한양대학교, 한양여자대학, 안양과학대학 강사
前, 한양대학교 겸임교수
前, TMS with IT Vision 이사
現, LG CNS Entrue컨설팅사업부문(Entrue Consulting Partners) 경영 컨설턴트
저서 「초보자를 위한 친절한 회계책」, 「활동기준원가 시스템의 활용방안」,
　　　「세상에서 가장 재미있는 원가이야기」, 「세상에서 가장 재미있는 회계이야기」
　　　「쉽게 알자! 계정과목」(공저), 「쉽게 알자! 경리」, 「기업회계정보의 이해」(공저)
　　　「아직 PC를 모르는 기타 여러분」(공저)
역서 「경영의 흐름이 보이는 회계」

○ 김도훈 dhunkim@lgcns.com

고려대학교 경영학과(1992)
고려대학교 대학원 경영학과 석사(2001)
前, 연세대학교, 포항공대 강사
前, (사)기업정보화지원센터 강사
現, LG CNS Entrue컨설팅사업부문(Entrue Consulting Partners) 경영 컨설턴트
BI/CPM Practice Leader

○ 강혜영　kanghy@lgcns.com

한양대학교 회계학과 (1995)
미국공인회계사(AICPA) (2004)
現, LG CNS Entrue컨설팅사업부문(Entrue Consulting Partners) 경영 컨설턴트

○ 이수연 suyounlee@lgcns.com

경희대학교 경영학과(1996)
경희대학교 대학원 경영학과 석사(1998)
경희대학교 대학원 경영학과 박사(2002)
한국과학기술원 테크노경영대학원 post-doc. (2003)
前, 경희대학교 겸임교수
前, 투이정보기술 금융/보험 컨설턴트
現, LG CNS Entrue컨설팅사업부문(Entrue Consulting Partners) 경영 컨설턴트
저서 및 강의 한국생산성본부, 정보산업연합회 IT Governance, SLA, IT ROI 강의

○ 김성렬   srkim@lgcns.com

전북대학교 경영학과 (1999)
공인회계사(KICPA) (1999)
前, LG CNS Entrue컨설팅사업부문(Entrue Consulting Partners) 경영 컨설턴트
現, LG CNS 경영관리본부 재경담당 과장
논문 「전략이행수단으로서 BSC의 성공요소」(EJIT, 2005)

■ 감수 _

○ 김윤건 kevin.kim@sas.com

공군중앙전산소, LG CNS, 한국오라클 및 SAS Korea에서
15년간 성과관리/경영계획/관리회계/BI/ERM 영역에서
솔루션 컨설팅 및 프리세일즈 수행
하나로텔레콤, 현대제철 ,한국통신 등에서 SEM프로젝트 수행
現, 한국쌔스소프트웨어(SAS Korea) Performance Management 담당

전략적 성과관리
IT 성과극대화를 위한 비즈니스 인텔리전스

1판 1쇄 발행 | 2008년 3월 6일

지은이 게리 코킨스
옮긴이 주순제 외
감 수 김윤건

펴낸곳 엠플래닝
출판등록 제 9-00116호
주소 서울시 강북구 미아동 137-101
전화 0505-158-6174
팩스 02-989-3010
이메일 books@mplanning.co.kr
홈페이지 www.mplanning.co.kr

값 30,000원
ISBN 978-89-954407-8-3

잘못된 책은 구입하신 서점에서 바꾸어 드립니다.